2017 年贵州大学"贵州省农林经济管理国内一流学科
建设项目（编号：GNYL[2017]002)"

2018 年贵州大学中喀研究院项目"乡村振兴战略落地
模式与利益链接机制研究"

伍国勇 等 著

NONGCUN CHANQUAN GAIGE YU
XIANGCUN ZHENXING ZHANLÜE DUIJIE YANJIU

农村产权改革与乡村振兴战略对接研究

人民出版社

前　言

　　习近平总书记在十九大报告中首次提出"乡村振兴战略""深化农村集体产权制度改革，保障农民财产权益，壮大集体经济"。将农业农村农民问题置于关系国计民生的根本性问题的高度，要求始终把解决好"三农"问题作为全党工作重中之重。振兴乡村要求坚持农业农村优先发展，按照产业兴旺、生态宜居、乡风文明、治理有效、生活富裕的总要求，建立健全城乡融合发展体制机制和政策体系，加快推进农业农村现代化。2018 年 9 月 26 日，中共中央、国务院印发了《乡村振兴战略规划（2018—2022 年）》，明确了从党的十九大到二十大，是"两个一百年"奋斗目标的历史交汇期，既要全面建成小康社会、实现第一个百年奋斗目标，又要乘势而上开启全面建设社会主义现代化国家新征程，向第二个百年奋斗目标进军。要紧密结合 2020 年中国贫困人口全部脱贫的战略目标，全面实现小康社会，高质量促进农村发展乡村振兴，各地采取了区别于过去农村工作的措施与方法。①

　　早在 2014 年 11 月，农业部、中央农办、国家林业局印发《积极发展农民股份合作赋予农民对集体资产股份权能改革试点方案》，确定在

---

　　①　中共中央、国务院：《乡村振兴战略规划（2018—2022 年）》。

全国 29 个县（区、市）开展试点。到 2017 年，29 个试点地区试点工作已经结束。2017 年，试点地区又新增了 100 个县（区、市）。2018 年农村集体经济产权改革试点继续增加到 300 个，首次开展集体产权制度改革"整省整市"试点（吉林省、江苏省、山东省、贵州省七个市），2021 年完成改革。那么，农村集体产权制度改革的重点有哪些？又将如何稳步推进？怎么促进精准扶贫、乡村振兴？这些问题是摆在全国人民面前急需解决的紧迫性问题，关系到乡村振兴战略的有效落地，关系到精准扶贫的伟大使命在 2020 年高效达成。[①]

本书立足点就是如何将农村产权制度改革与乡村振兴战略落地结合起来，让产权成为乡村振兴的重要利益链接点和促进农村发展的源动力。让农民拥有产权，等于拥有土地一样的保障功能，让城市居民有渠道拥有产权，也等于促进农村与城市"二元结构"的融合，让城市生产要素充分流入农村，才是农村改变发展振兴的根本动力。

本书结构安排上分三篇，上篇是"综合研究"，以农村集体产权改革为主线，紧密结合乡村振兴战略的"五个振兴"内容，从产权设计、产权配置、模式搭建与改革建议等方面全面阐述了农村集体产权改革与乡村振兴战略的机制与模式，就产权改革与产业振兴、产权改革与组织振兴、产权改革与人才振兴、产权改革与文化振兴、产权改革与生态振兴等"五大振兴"进行研究，有理论分析，有实践研究，有案例剖析，有链接机制，有模式提炼，也有政策建议和措施；中篇是"专题研究"，分别对农地制度改革与精准扶贫的对接、农村基层治理体系促进乡村振兴、精准扶贫促进乡村振兴关键问题进行研究、体制机制

---

① 农业农村部：《关于商请确定农村集体产权制度改革试点有关事项的函》（农经函〔2018〕2 号），见 http://www.moa.gov.cn/govpublic/NCJJTZ/201807/t20180712_6153986.html。

改革与乡村振兴投融资模式研究，设计利益链接机制，分析发展问题，提出政策建议；下篇是"实施方案"，即实践案例及操作方案。以笔者为全国第八个国家级示范区"贵安新区"委托制作的"农村集体产权改革实施方案"为背景，分析了农村集体产权改革的总体要求、实施步骤、管理办法以及操作方案等，展示了四个不同类型的案例。为农村集体产权改革在乡村振兴应用提供了操作思路。

本书认为：第一，乡村振兴是未来农业农村发展的主基调主战略，是新时代中国农业农村发展的重大战略转折；第二，乡村振兴的内容是"五个振兴"，关键是人才振兴，核心是组织振兴，载体是生态振兴，路径是产业振兴，目的是文化振兴。"五个振兴"相互影响相互作用和紧密连接有机整体，连接的基本方式就是"产权改革"；第三，乡村振兴的基本思路是"促进三个聚集"，即生产要素向农村聚集、人才队伍向农村聚集、公共资源向农村聚集，只有城市资源全面导向农村，全面涌进农村，乡村才能真正振兴；第四，乡村振兴的保障是体制机制改革，包括农村产权制度改革、农村土地制度改革、投融资体制机制改革、农村人才发展体制机制改革、农村公共服务（特别是教育医疗等）体制改革、农村基层治理体制改革等。

本书适用于农村社会基层治理、农林经济管理、农村与区域发展方面的研究生与教师参考，也适用于区域经济学、政府治理、社会学、管理学、经济学方面的教学研究参考用书，同时适用于精准扶贫、基层政府管理、农业与农村发展等方面的政府机构和研究机构制定政策参考。

另外，本书得到我校农业经济管理、农村与区域发展研究生陈晨、余玉语、任秀、孟晓志、孙小钧、张承艺、张佳伊等人在调研、数据整理、初稿撰写等方面的支持和辛苦付出；本书也吸收了部分专家的贡献及宝贵意见（第四章为汪霞副教授供稿、第八章为马良灿教授供稿、第九章为王华书教授供稿、第十章为汪磊教授供稿。当然文献标注不一定完整，有挂一漏万之处请作者见谅，其他信息见注释和参考文献）；本书得到 2017 年贵州大学"农林经济管理国内一流学科建设项目（编号：GNYL［2017］002）"专项出版资金资助，本书调研及研究得到 2016 年贵州省软科学项目"农村产权改革与精准扶贫的对接研究（编号：黔省科合字 2016［002］）"、2018 年贵州大学中喀研究院重大招标课题"乡村振兴战略落地模式与利益链结机制研究"联合资助。同时，在贵州省教育厅人文社科重点研究基地贵州大学中国喀斯特地区乡村振兴研究院安静、现代和浓郁的学术环境熏陶下完成初稿撰写校对工作；在香港中文大学中国研究服务中心丰富的资料储备、细致周到的学术服务下，查阅、矫正、完善和最后审定了很多内容，使本书资料丰富程度和完整性进一步提高，在此一并感谢。

伍国勇

二〇一九年一月

目　录

上篇　综合研究

中篇　专题研究

下篇　实施方案

上　篇

综合研究

第一章　产权链接机制研究的理论基础与分析框架

第一节　农村产权改革的基本理论梳理

一、马克思产权理论

从"产权"名词来源考证，马克思在其著作中并没有提出明确的概念范畴，马克思对产权的研究总是寄托于所有制中。《马克思恩格斯全集》用"Eingentum"或"Einentum recant"表述财产关系，英文释义为产权或者财产权，中文版用"所有制"代替这两个词组，财产关系、财产权、产权在文中多次出现。马克思产权理论是基于生产资料所有制产生的一系列关于人与人之间利益问题的研究，马克思通过经济学研究，在以劳动价值论为基础，剩余价值论为核心的体系上，产权理论是生产力和生产关系、经济基础和上层建筑相互作用基础上产生的。马克思采取先研究劳动力—资本矛盾后研究供给—需求矛盾的方法，继承发展了古典经济学的劳动价值论，将产权理论建立在古典理论基础上，深刻揭示按照"天赋人权"理论建立的资本主义经济，其内在矛盾和运动规律是资产者利益大于劳动生产要素及其所有权的。

马克思系统分析了历史上出现的各种产权形式，指出产权是包括所有权、占有权、支配权、使用权和收益权等各种权利集合的权利束。诸如所有权、占有权等既可以统一于一个权利主体，也可以分别归属于不同主体，采取分离的形式或进行不同的权利组合。马克思分析资本主义以前的生产方式，提出独立的农民和个体生产者属于产权集中于同一权利主体的自然经济相适应的产权形式。随着社会化大生产的发展，资本主义企业中的所有权与使用权开始分离。在研究亚洲土地所有制时马克思分析了公有制产权形式，特别强调共有权实现形式是可以多样性的。"这种以同一基本关系（即土地公有制）为基础的形式，本身可能以十分不同的方式实现出来"。"在亚细亚的（至少是占优势的）形式中，不存在个人所有，只有个人占有；公社是真正的实际所有者；所以，财产只是作为公共的土地财产而存在。"① 对公有制国家，国家是最高的地主，主权是全国范围内集中的土地所有权，不存在私有土地的所有权，但是存在着对土地的私有和共同的占有权和使用权。产权形式要求与生产方式相适应。马克思认为产权起源于社会生产实践活动，是一种生产力发展不断变化的历史过程。指出"人们借以进行生产、消费和交换的经济形式是暂时的和历史性的形式""各个人借以进行生产的社会关系，即社会生产关系，是随着物质生产资料、生产力的变化和发展而变化和发展的""社会物质生产力发展到一定阶段，便同它们一直在其中活动的现存生产关系或财产关系（这只是生产关系的法律用语）发生矛盾。于是这些关系便由生产力的发展形式变成生产力的桎梏。那时社会革命的时代就到来了"。马克思认为生产力和生产关系形成的社会动力是产权演变的动力来源，当旧的生产关系不能适应新的生产力水平并阻碍了生产力发展的时候，新的且与生产力相适应的生产关系就将取代原来的生产关系。在此基础上，必将形成新的产权形式。所以，产权形式具有与当时生产方式相适应的时代性。

---

① 《马克思恩格斯全集》第30卷，人民出版社1995年版，第475页。

二、西方经济学产权理论

西方经济学家认为，产权关系首先是个人对财产的一种排他性占有关系，这种占有关系在给权利主体带来经济利益的同时也会产生交易成本；所以产权制度的形成和变迁是个人交易成本约束下追求利益最大化而进行自发交易的产物。西方经济学建立在以效用价值论为基础，边际效用为核心的分析体系上。产权理论借用新古典经济学的哲学基础和经济学基础，具有维护资产阶级生产资料资本主义私人占用的制度合法性和合理性的缺陷。把产权的法律属性上升到最高的高度，故意略去产权的实质和核心，忽视对物的所有或占有的问题，这也是一些学者质疑西方经济学产权理论取向私有化的原因。西方经济学产权研究中作为交易关系的产权制度是以资本主义市场经济制度作为首要条件和背景的。现代西方产权理论从市场经济运行的具体机制、经济个体的交易行为和契约关系、法权关系、成本收益关系等方面来分析产权关系。具体化、定量化和微观化的研究方法使得西方经济学主要从微观层面分析产权关系，是一种微观个体的分析范式，主要体现在科斯关于社会成本的论述中。①

西方产权思想最早可以追溯到古典经济学，亚当·斯密说："各个人都不断地努力为他自己所能支配的资本找到最有利的用途。固然，他所考虑的不是社会的利益，而是他自身的利益，但他对自身利益的研究自然会或者毋宁说必然会引导他选定最有利于社会的用途。"② 由他所代表的阶级本性所代表，斯密认为私有制是理所当然。这也是新旧古典经济学没有把产权理论的私有性当作研究重点的原因。将产权理论重新引入经济学的是制度经济学派的奈特和康芒斯，他们分别指出新古典经济学完全理性人的

---

① 《马克思经济学与西方经济学产权理论比较研究》，见 https://wenku.baidu.com/view/5f542896ed3a87c24028915f804d2b160b4e863c.html。

② 亚当·斯密：《国民财富的性质和原因研究》下卷，商务印书馆 2009 年版，第 28 页。

假设不完全成立，产权交易的有效性取决于交易秩序，而交易秩序的有效性取决于法律对于私有产权的肯定，即他们同斯密一样主张产权的私有性。70 年代，科斯论述政府管制不是克服外部性市场失灵的唯一手段，私有产权下的市场也具有克服该缺陷的功能。科斯三定理阐述了交易成本和产权对市场中资源配置的重要性。继科斯之后，德姆塞茨认为提供外部性内部化的激励是产权在促进资源配置效率方面的作用，而公有产权边界模糊是许多外部性产生的原因。比如，共有产权导致的公地悲剧在私有产权下不会出现。现实中私有化仍存在其他外部性，但是单个所有者相比多个所有者具有优势，这种优势体现在所有者数量的增加会增加内在化的成本。

西方经济学产权理论认为资本主义私有制合乎理性，私有产权能引导人们实现将外部性内部化的激励，是最优的、最具效率的。公有产权的不明晰必然导致公有产权的滥用，使资源配置达不到最优状态。因为判定该产权是否有效率，核心问题是看它能否为它支配下的人们提供比外部性更大的内在刺激。在公有产权下，由于共同体的每个成员都有权分享共同体所具有的权利，人们在公有产权条件下追求自身利益最大化的结果是公共财产的低效率。[①] 建立在抽象人性论和个人主义方法论基础上的西方经济学产权理论，私有权是经济学家们一直研究的经济范畴，他们把产权视为源自超历史的人的自利本性，是具有独立财产权的理性人为实现个人利益最大化建立的契约关系，而特定契约关系的形成是比较不同契约安排的交易成本的结果。产权是一种人为的制度安排，法律创造了产权，人创造了法律。所以产权本身不是在历史中生成和变迁的，而是脱离生产状况、生产方式和生产过程的。西方产权理论认为产权制度是人类的一种创造，当制度变革带来的预期收益大于预期成本时，行为主体便会推动制度变迁。

---

① 《马克思经济学与西方经济学产权理论比较研究》，见 https://wenku.baidu.com/view/5f542896ed3a87c24028915f804d2b160b4e863c.html。

因此，资本主义的财产制度不是历史发展的产物，而是历史发展的起点；不是生产发展的结果，而是生产发展的前提；不是客观经济条件生成的，而是人的自然本性规定的。[①]

三、西方财产权理论

　　梳理西方财产权理论主要涉及两种财产权学说，普芬道夫的自然财产权理论和洛克的财产权理论。普芬道夫是 17 世纪最重要的自然法学家，他从自然法的角度论述了私有财产发展的过程，人们在区分"你的"和"我的"之前，首先必须有私有财产权。首先生活在自然状态下的每个人们是自由且是自己的主人，其次每个人为了自己的生存生活要将财产权扩展到维系生存和生活的必需品上，从而产生了私有财产权[②]。普芬道夫认为出于自然中的人为了身体的生存和保护自身的整体性必须从自然界中获取生存物品，包括从植物和动物中获取的可利用物质，但是，"这些物品在开端被认为是由上帝无差别地恩赐给人类中的每一个，它们并不特别地属于这个人而不是另一个人"。这种原初的自然物品安排是共享的，不分你我，每个人都有为了自我生存随意取用的权利。就像动物为了自身的生存从自然界中获取能量一样。这种自然状态下，即使没有财产，也存在某种"不确定"的权利，这种权利逐渐转变成现今完全意义上的权利是自然发展的结果，所以是自然产生财产权。另一方面普芬道夫意识到财产权可能存在着个体和共同体之间的内在冲突，确立的财产权应满足"限制条款是人们应该根据人类的条件以及为保持和平、安宁和好秩序的需要而对自然物品进行安排"。或者说人们要获得财产权就必须得到他人的认可。

---

　　① 齐朝婷：《马克思经济学与西方经济学产权理论比较研究》，《经济与法》2010 年第 5 期。
　　② 梅金兰：《论我国对私有财产权保护之完善——以西方财产权理论与视角》，《法制与社会》2013 年 1 月 15 日。

　　洛克的劳动财产权理论认为私有财产权主要源于不可剥夺的人身权及其劳动，所以财产权是人的天赋权利。洛克率先鲜明地将财产权作为个人权利的首要内容，通过对前人的反思与批判，提出自己独特的财产权理论。在洛克看来，人从一出生就享有生存权，可以利用土地及其上的一切，又拥有自然权利，财产权、自由权、生命权三者紧密联系，财产权基于劳动结果存在。在洛克的《政府论》第五章这样论述财产权起源问题，"人们既然都是平等和独立的，任何人就不得侵犯他人的生命、健康、自由或财产"。再者和普芬道夫区别的是洛克致力于研究人类对共有自然物品享有财产权。洛克提出了自己的劳动财产权理论，该理论论证步骤是：首先人的生存需要和每个人对自己的人身享有一种所有权，再者我们推断他身体的劳动和他双手的工作可以正当地说是他的，最后根据每个人对自己人身和劳动的所有权就可以推断出其他的所有权。《政府论》尤以提出"劳动在万物之母的自然所完成的作业上面加上一些东西，这样它们就成为他的私有的权利了"。财产权的神圣性，使得保障财产权成为政府最重大和最主要的目的。洛克提出近代最早的权力分立理论实现保障私权、限制公权的目的，主张立法权、对外权和执行权分开，以立法权克制行政权。马克思对于洛克的财产权给予了高度的赞同，但是对于洛克财产权某些方面的不彻底也提出了自己的批判性论断，诸如对财产权合法性来源的批判、对劳动确立原则、劳动价值论、财产关系理论的批判。

　　无论是普芬道夫还是洛克的观点都揭示了私有的财产权应该是每个人单独享有的，是人类生存和发展一项必要的基本权利。财产对应着生活所需的物质资料，一旦缺失人们会从失去生存保障到自由意志无法实现，最终导致人类社会无法稳定发展和繁荣。① 产权的制定、制度的保护会使人

----

① 梅金兰：《论我国对私有财产权保护之完善——以西方财产权理论与视角》，《法制与社会》2013 年 1 月 15 日。

们的生存得到一定的保障，不会因一直担心自己的财产会被夺走，陷入一种不稳定的状态。普芬道夫阐述的自然状态为即使没有私有财产权，也存在着某种"不确定的"财产权；洛克阐述的社会的延续即人类为了生存必须把共有的东西变成私有的，这也是人类的生命权是私有财产权产生的逻辑前提。

四、新制度经济学产权理论

新制度经济学产权理论把对产权的安排与资源配置效率之间的关系作为研究对象，是现代西方产权理论的主要内容，是由 20 世纪 60 年代美国经济学家科斯对传统西方新古典经济学和福利经济学的一些根本缺陷进行反思、批判和修正的基础上提出的，在经过 70 年代至 80 年代威廉姆森等多位经济学家丰富和发展后逐渐形成的。"科斯定理"是 1966 年施蒂格雷总结科斯发表的《社会成本问题》的中心思想概括的，这个定理的核心是重点关注产权界定在市场交易和资源配置中的作用。因为企业财产及其产权是市场经济运行的重要基础，所以企业理论是产权研究的主要内容。那个时代，对企业财产权利的称谓虽然存在差异，权利边界划分也各不相同，但关于所有权、产权、出资人权利、股东权利这四个基本概念划分清晰。但是以科斯为代表的新制度经济学产权理论从形成以来争议不断，争论者各执己见。

科斯提出现实生活中存在"交易成本"，市场、企业和政府三种交易制度如何选择取决于它们之间关于成本之间的比较。正交易费用情况下，法律在资源配置方面起着决定性作用，这是解决产权问题的关键。科斯第一定理：假定市场交易费用为零，只要产权初始界定清晰，无论其属于谁，都可以通过市场交易使资源配置达到最优。该定理基础上的第二定理：在交易费用大于零时，不同的产权界定，会带来不同效率的资源配置，产权制度的设置是优化资源配置的基础。科斯提出产权制度的重要性以及交易费用在市场中的重要作用。

德姆塞茨对新制度经济学产权理论做出其他方面的补充贡献,《关于产权的理论》首先提出产权是使自己或他人收益或受损的权力。产权的主要功能是让相互联系的人们尽可能承担外在费用、外在收益以及货币形式和非货币形式的外在性,这种外在性既包括有益方面也包括有害方面。产权发展的动力来自经济价值的变化、新技术迟于开拓新市场产生的变化和旧的产权无法适应新的市场变化。目前对于产权理论过分强调经济外部性,这虽然能解释一些经济现象,但是对私有产权安排的考虑也是有必要的。

综上,新制度经济学的产权理论是以私有制为基础和既定条件的。具体内容:第一,新制度经济学的产权理论是沿着如何使资源配置更具效率这一主线展开的。新制度经济学的产权理论从自利主义出发,集中研究了以个人主义、功利主义和极端自由主义为原则的个人竞争中的资源配置问题。第二,新制度经济学的产权理论以交易为基础,在交易费用理论的基础上,着重分析了不同的产权安排对经济行为的影响,并将产权制度安排效率的高低与交易费用的大小相联系。第三,新制度经济学的产权理论认为,产权是一种由法律规定和实施的由使用权、收益权等权能组成的排他性独占权,它不是在历史形成的生产方式和生产关系基础上产生的,而是反映人的超历史的自然本性的法律基础,也就是说,法律创造和决定了产权。第四,新制度经济学的产权理论认为,产权与制度变迁有着密切关系,其中产权占据主导地位而非支配地位,产权的调整往往是诱使制度变迁的主要原因。[①] 新制度经济学的产权理论核心内容是强调个人主义、契

---

① 白云扑、惠宁:《马克思经济学与新制度经济学产权理论的比较》,《经济纵横》2013 年 1 月 10 日。

约主义和成本收益的方法，具有较强实用性的特点；产权变化是诱导制度变迁的主要原因，是法律创造和决定了产权。产权变化的动因一是在相对价格和个人偏好发生变化时，人们通过改变契约增加自身收益，最终诱导产权制度变迁；二是意识形态偏好的变化会导致产权制度的变迁；三是产权制度的变化其实是资本制度下的微调。

第二节　农村产权改革助力"五个振兴"的分析框架

《中共中央　国务院关于实施乡村振兴战略的意见》提出实施乡村振兴战略，是党的十九大做出的重大决策部署，是决胜全面建成小康社会、全面建设社会主义现代化国家的重大历史任务，是新时代"三农"工作的总抓手。[①]乡村振兴中产业兴旺是重点、生态宜居是关键、乡风文明是保障、治理有效是基础、生活富裕是根本，摆脱贫困是前提，这些标准铺就的阶梯使得我国有望稳步实现 2020 年、2035 年直至 2050 年的乡村全面振兴——"农业强、农村美、农民富"。实现乡村振兴战略的总体要求中产业兴旺、生态宜居、乡风文明、治理有效、生活富裕的总要求，就是建立健全城乡融合发展体制机制和政策体系，统筹推进农村经济建设、政治建设、文化建设、社会建设、生态文明建设和党的建设，加快推进乡村治理体系和治理能力现代化，加快推进农业农村现代化，走中国特色社会主义乡村振兴道路，让农业成为有奔头的产业，让农民成为有吸引力的职业，让农村成为安居乐业的美丽家园。[②]农村产权改革就是立足乡村振兴的最终目标，以农业、农村、农民为研究主体，以农村产权改革和乡村振兴的对接为研究内容，具体分析如何通过产权改革实现乡村振兴的链接机

---

① 《中共中央 国务院关于实施乡村振兴战略的意见》，《人民日报》2018 年 2 月 5 日。
② 《中共中央 国务院关于实施乡村振兴战略的意见》，《人民日报》2018 年 2 月 5 日。

制（如图 1-1）。

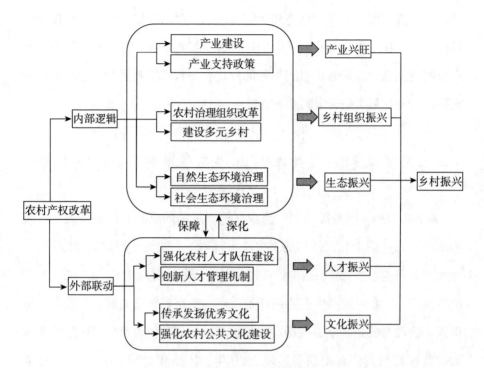

图 1-1　农村产权改革与乡村振兴的链接机制研究逻辑框架

一、产业、治理、生态振兴的内部逻辑

（一）农业产业兴旺与产业振兴

作为乡村振兴的重点，产业兴旺是统筹推进我国农村经济建设，实现农业农村现代化的关键。《中共中央　国务院关于实施乡村振兴战略的意见》中产业兴旺整体被纳入提升农业发展质量，培育乡村发展新动能规划中。整体要求是必须坚持质量兴农、绿色兴农，以农业供给侧结构性改革为主线，加快构建现代农业产业体系、生产体系、经营体系，提高农业创新力、竞争力和全要素生产率，加快实现由农业大国向农业强国转变。具体内容：一是夯实农业生产能力基础，二是实施质量兴农战略，三是构建农村一、二、三产业融合发展体系，四是构建农业对外开放新格局，五是促进小农户和现代农业发展有机衔接。[①] 习近平总书记曾强调实施乡村振兴战略是一篇大文章，需要统筹谋划，科学推进。乡村产业振兴、乡村人才振兴、乡村文化振兴、乡村生态振兴、乡村组织振兴这"五个振兴"要进行系统部署、明确其要求，只有凝聚人心、鼓舞士气才能更进一步推进实施乡村振兴战略。乡村振兴中产业振兴是源头、是基础。发展才是硬道理，产业振兴是硬杠杠。产业兴旺，才能吸引资源留住人才、才能富裕农民繁荣乡村；产业不兴旺，失去基础的乡村振兴将是空中楼阁，乡村的发展得不到保障，振兴就无从谈起。

实现产业兴旺，要立足我国现代农业发展的基础。乡村产业发展方面，农业始终是重点，粮食安全始终是我国首要保证，我国能养活世界三分之一的人口不是没有原因的。国家走向现代化进程不能缺少农村、农业的参与；农业农村现代化不仅有效保障国家粮食安全，促进农民有效增收，助益农业可持续发展，还能为乡村人民带来福祉，真正全面建成小康社会，实现社会主义现代化。实现产业振兴要向农村新产业新业态方向上寻发展，乡村振兴不仅是农业振兴而且是百业振兴。农村产业发展不拘泥于农业，紧紧围绕一、二、三产业融合发展，大力开发农业多种功能，发展乡村旅游、休闲农业、观光农业、农村电商，延长产业链、提升价值链、完善利益链；积极引导返乡农民，高校毕业生下乡进行创业就业，促进农村新产业新业态可持续高效发展。开发农产品生产、加工、流通、销售一体化产业链，增强农民在市场中的话语权，降低农民和大企业交易时的利益损失。健全农产品产销稳定衔接机制，加快推进农村流通现代化。产业振兴要以农民增收、消除贫苦为目的。检验产业是否振兴的标尺是农民收入是否提升，如果产业只是增产没有增收，这样的发展没有效益可

---

① 《中共中央 国务院关于实施乡村振兴战略的意见》，《人民日报》2018 年 2 月 5 日。

图，产业就没有振兴。农村在进行产业发展过程中，注重因地制宜地发展富民产业，调整从前利润低的产业；同时完善利益联结机制，建立多途径的利益分配方式，比如保底分红、股份分红等，让农民合理自愿分享产业更新增值收益；注重培育新型农业经营主体和扶持小农生产的关系，将目光从大农户身上转移一部分投放到小农户身上，保障小农户的利益权益，坚持把小农户引入到现代农业发展的轨道上来，促进小农户和现代农业的有机衔接。实现产业兴旺要建立健全农业支持保护制度和农业社会化服务体系。完善农业支持保护制度可以维持农业的稳定，为四个现代化同步发展消除隐患；防范农业系统性风险，加强现代农业产业体系、生产体系、经营体系安全的保障力度。健全农业社会化服务体系，一方面农业现代化的发展、产业兴旺的推动需要社会化服务助力，它是产业兴旺的另一道重要保障；另一方面农业社会化服务是农村发展新旧动能的有生力量，借助社会化服务体系，可以运用各种社会力量帮助小农主体获得较大规模效益。

农村产权改革是为了探索农村集体所有制有效实现形式，创新农村集体经济运行机制，保护农民集体资产权益，调动农民发展现代农业和建设社会主义新农村的积极性。一方面是为了巩固社会主义公有制、完善农村基本经营制度。农村集体经济是集体成员利用集体所有的资源要素，通过合作与联合实现共同发展的一种经济形态，是社会主义公有制经济的重要形式。另一方面是维护农民合法权益、增加农民财产性收入。农村集体资产包括农民集体所有的土地、森林、山岭、草原、荒地、滩涂等资源性资产，用于经营的房屋、建筑物、机器设备、工具器具、农业基础设施、集体投资兴办的企业及其所持有的其他经济组织的资产份额、无形资产等经营性资产，用于公共服务的教育、科技、文化、卫生、体育等方面的非经营性资产。这三类资产是农村成员主要财产，是农业发展的重要物质基础。[①]明确资源产权是解决一些地方集体经营性资产归属不明、经营收益不清、分配不公开、成员的集体收益分配权缺乏保障等突出问题的有利途径。着力推进经营性资产确权到户和股份合作制改革，对于切实维护农民合法权益，增加农民财产性收入，让广大农民分享改革发展成果，实现全面建成小康社会目标有重要意义。在全面加强农村集体资产管理中，开展集体资产清产核资、明确集体资产所有权、强化农村集体资产财务管理都涉及产业发展，为产业兴旺的开展打下夯实基础，为农村产业的发展实行多方保障。

农村产权改革工作推进乡村振兴目标的实现，产业振兴倒逼农村产权改革工作的现状，农村产权改革和产业振兴具有内在链接的因果性。农村产权改革涉及四个核心要素：清产核资、确权颁证、组织创新、经营模式创新。四项核心要素的保障措施是现代农业保护支持政策和多种经营主体并存，这得益于"三产"融合、"三体"完善和农村产业适度规模经营。农村产业发展机制完善，农民利益得到保障，家庭开展的富民产业利润提升，家庭收入提高。

（二）农村治理机制改革与乡村组织振兴

作为乡村振兴的基础，治理振兴在《中共中央　国务院关于实施乡村振兴战略的意见》中整体被纳入加强农村基层基础工作，构建乡村治理新体系。整体要求是必须把夯实基层基础作为固本之策，建立健全党委领导、政府负责、社会协同、公众参与、法治保障的现代乡村社会治理体制，坚持自治、法治、德治相结合，确保乡村社会充满活力、和谐有序。具体内容：一是加强农村基层党组织建设，二是深化村民自治实践，三是

---

① 中共中央、国务院：《关于稳步推进农村集体产权制度改革的意见》，中华人民共和国农业部公报，2017年1月20日。

建设法治乡村，四是提升乡村德治水平，五是建设平安乡村。[①]乡村组织振兴的提出是新时代对我国农村新发展的需求，城乡发展不平衡，乡村发展滞后制约着我国城乡发展一体化，所以，在全面建设小康社会的决胜阶段，建设城乡一体化，统筹城乡共同发展，实现乡村组织振兴成为必要条件。

乡村组织振兴提出的背景有以下几点：一是基层党建新形式下面临的挑战，党的十九大报告提出要使基层党组织建设成为宣传党的主张、贯彻党的决定、领导基层治理、团结动员群众、推动改革发展的坚强战斗堡垒。基层党建是我国组织建设的基础，关系着我国管理活动的稳定，地基没有打好，谈何高楼林立。党建活动，党组织要发挥领导作用，坚持政治引领、组织引领、能力引领、机制引领。但是新形势下基层党建面临着无法匹配社会发展的问题，农村经济发展跟不上社会的步伐，农民技能、素质跟不上社会的进步。二是基层治理主体多元化，各主体间关系难以协调。随着农村改革不断推进，农村出现了许多生产组织，比如农业大户、农业协会、经济联合体、家庭农产、合作社等经济组织。各个管理组织和党委、村委、群众交流沟通过程中，由于管理工作的不统一，出现利益主体矛盾，各利益分配难以均衡。三是农村基础服务水平有待提高，乡村组织中最核心的是公共服务水平。不同于城市社区完善的基础设施，农村以村庄为单位的区域，很大一部分没有卫生站、休闲娱乐活动场所、便利店等，村庄内生活的老人和小孩的活动被限制在贫瘠的范围内。现今面对着人民生活水平的提高，在农村生活的人民已经不满足物质生活的需要，而追求精神层面的提高，对提供农村各种服务提上基层管理的日程。

当今，在建设农村基层组织的过程中面临着许多挑战，阻碍乡村振兴

---

① 《中共中央　国务院关于实施乡村振兴战略的意见》，《人民日报》2018 年 2 月 5 日。

的推进。一是农村基层党组织面临的挑战：基层党组织与乡村治理结构的协同性问题、基层党组织与乡村治理主体的融合性问题、农村基层党组织与乡村治理体系的法制化问题、农村基层党组织与乡村治理方式的创新性问题。二是民间社会组织面临的挑战：民间社会组织参与乡村治理的网络缺失、民间社会组织参与乡村治理的信任缺失、民间社会组织参与乡村治理的规范缺失。三是集体经济组织面临的挑战：合作社运营方式落后，盈利能力低下，农民专业合作社成员大会权力弱化，监督体系形同虚设，专业人才极度缺乏，发展后劲不足，融资渠道狭窄、难度大，缺少发展资金，集体经济组织代表——合作社方面"空壳社""挂牌社"问题突出。

农村产权改革涉及探索农村集体经济有效实现形式要因地制宜，并且切实加强农村集体产权制度改革的领导，农村产权改革的顺利实施不仅要有有效的经济组织也要有完备的行政管理组织。建设有效的农村集体经济组织，要发挥集体经济组织在管理集体资产、开发集体资源、发展集体经济、服务集体成员等方面的功能作用，维护好农村集体经济组织的合法权利，处理好国家、集体和农民三者之间的利益分配，依据农村现有资源发展多种集体经济形式，引导农民有序进行产权流转交易，规范产权流转市场秩序。乡村振兴的产业、组织、文化、人才等各方面相互促进，共同助力，缺少任何一方面，建设乡村振兴都会缺失重要一环。作为乡村振兴的领导者，组织振兴在乡村振兴的作用更是非同小可，如同海上航行的巨轮，没有掌舵者，设备多么完善的巨轮也会迷失方向。优秀的乡村组织模式，不仅使社会稳定，也为农村经济发展创造良好的生存环境。从人员分类上考虑农村产权改革和乡村组织振兴的逻辑关系，参与实施农村产权改革的基层党员发挥宏观政策意见参与基层党组织；集体成员通过微观层面个体行为参与农村集体经济组织；其他成员参与除其他两种方式外的其他方面参与民间社会组织；最后三者在权责清晰、组织有序的作用机制下流畅实施组织行为，最终达到组织振兴。

（三）生态环境治理改革与生态宜居

作为乡村振兴的关键，生态宜居是实现生态文明建设的要求，良好的生态环境是农村最大的优势和宝贵的财富。《中共中央　国务院关于实施乡村振兴战略的意见》中生态宜居属于推进乡村绿色发展，打造人与自然和谐共生发展新格局。要求是必须尊重自然、顺应自然、保护自然，推动乡村自然资本加快增值，实现百姓富、生态美的统一。具体内容：一是统筹山水林田湖草系统治理，二是加强农村突出环境问题综合治理，三是建立市场化多元化生态补偿机制，四是增加农业生态产品和服务供给。[①]生态环境一直是世界人民普遍关注的重要问题。生态环境的不断恶化使人们不得不重新认识环境的重要性，保卫地球家园的重要性，要想人类继续生存、社会经济持久发展，人们必须和自然和谐相处达到可持续发展。

我国乡村振兴中的"生态宜居"一词并不是凭空出现，而是由于我国不断发展的社会、经济、生态需要逐渐形成的。从十六届五中全会国家对农村生态方面提出了"村容整洁"，这个简单直接的要求是由于当时我国正处于求发展阶段，农民生活不富裕，没有足够的能力解决农村污染问题，国家对于农村的规划不够重视导致。后来从国家提出"建设新农村"到如今的"生态宜居"足以证明我国经济发展，人民素质提高，各个层面皆已重视农村生活环境状况。我国是农业大省，农民是国家重要组成部分，生活富裕的农民已经由停留在追求温饱阶段，上升到追求生活环境美好和村庄可持续发展的阶段。农村生态环境对于当地农民也是一种可利用的经济利益，全国发展起来的田园村庄、旅游度假村庄正是使农民发家致富的一种重要途径。并且农村环境的破坏、资源的透支、承载力的下降会

---

① 《中共中央　国务院关于实施乡村振兴战略的意见》，《人民日报》2018 年 2 月 5 日。

使我国整体生态环境受到威胁，所以乡村振兴提出的现阶段"生态宜居"是农村可持续发展的关键。但是现阶段我国生态环境存在诸多问题，生态形势不容乐观、生态经济发展严重滞后、生态制度建设存在不足、生态文化建设滞缓。本书通过产权改革寻求解决生态环境，实现生态宜居的目标。

产权经济学涉及生态领域早在20世纪70年代就有学者进行研究，我国生态产权发展研究相比国外较少，并且学者仅仅是将产权的概念引入到生态宜居中，如何将产权运用到生态环境中，生态产权如何细分，生态产权的改革造成的正负影响即生态产权制度这些都没有涉及。农村产权改革主要涉及生态环境的利用和保护，如何利用和保护生态环境又影响着生态宜居状况。农村进行产业发展要因地制宜，因地制宜要以生态环境、生态资源状况为基础，同时在资源环境条件下增加农业生态产品和服务供给，合理利用生态环境实现最优生产组合；在产业发展的过程中对于农村突出环境要加强综合治理。明确权利的使用者和承担者，实现生态环境"谁破坏、谁保护、谁利用、谁补偿"宗旨，有利于建立市场化多元化生态补偿机制。产权改革的组织治理达到综合治理的目的，促进生态环境中建立市场化多元化的生态补偿机制、统筹山水林田湖草的系统治理，使农村突出的环境问题得到加强治理。产权改革中涉及的制度供给作用于可持续发展方面，保障生态环境和经济发展合理、有序、持续进行，既达到了增加农业生态产品和服务供给，也实现了统筹山水林田湖草的系统治理。这几个方面的交互促进最终促成生态宜居，例如中南村公益林的生态产权改革，该村对于一直存在的集体山林管理问题进行分配到户的改革，最后全村获得了比以往集体统一经营更多的收益，使生态公益林的生态经济效益发挥到最大，更重要的是增强了农民的生态公益林保护意识，最终全村农民获得了一个生态环境宜居的村庄。

二、人才、文化振兴的外部联动作用

（一）农村人才管理机制改革与人才振兴

实现乡村振兴人才是关键。人才振兴的实施是有序实现乡村振兴的重要保证，乡村振兴战略需要人才的参与。《中共中央　国务院关于实施乡村振兴战略的意见》中总体要求是要把人力资本开发放在首要位置，畅通智力、技术、管理下乡通道，造就更多乡土人才，聚天下人才而用之。具体内容是：一是大力培育新型职业农民，二是加强农村专业人才队伍建设，三是发挥科技人才支撑作用，四是鼓励社会各界投身乡村建设，五是创新乡村人才培育引进使用机制。[①]实现乡村振兴的道路中政府各组织部门和组织干部肩负使命，责任重大。党的十九大报告强调：选人用人要坚持事业为上。作为乡村振兴的核心力量，作为政府组织部门，基层干部要拥有宽阔的视野、境界和强大的气魄，应对乡镇状况针对性的挑选干部人才。聚焦乡村发展，坚持以事择人、依事选人，围绕乡村振兴配强班子、选好干部，进一步提高识人的分辨度和透晰度。把那些有基层情怀、群众感情，善于引领发展、攻坚克难，不驰于空想、认真抓落实的干部选上来、用起来，建好农村发展的"指挥长"。选好人才后，统筹培养、管理、使用，提供施展平台发挥人才全部实力，进而为乡村打造一支能吃苦、懂发展、会发展、具有奉献精神的高素质专业化干部队伍，带领广大人民群众实现新时代乡村振兴的美好蓝图。

如何使用人才和保障人才任用到实处，要加强基层党建工作，促进乡村振兴产业发展。我国在中国共产党的带领下逐步发展实现一个又一个举世瞩目的成就，解决一个又一个阻碍民生的难题，如今实现乡村振兴仍然需要坚持党的领导。只有把基层党组织建设成为坚强的战斗堡垒，党建

---

① 《中共中央　国务院关于实施乡村振兴战略的意见》，《人民日报》2018 年 2 月 5 日。

优势才能真正转化为乡村产业发展的核心竞争力，从根本上找到破解"三农"问题的突破点。各组织部门作为农村党建的主要责任单位，在全面从严治党向基层下行的过程中，[①]要重点提升组织部门组织能力，切实找到党建和"三农"问题的融合点、切入点和出发点。通过制度建设、载体创新、等方面的深化，打造一支服务群众实力过硬的干部队伍。人才振兴要把选优育强和培养"能带富、善治理"的基层带头人作为首要任务，打好人员基础，创新组织机构，激发党员活力，探索发展党建＋发展、党建＋脱贫、党建＋电商等脱贫致富产权改革新模式。让党建活力充分发挥助力产业发展，增加农民家庭收入的能力。基层人员虽然身处基层，但是更接近群众、直接服务于群众，在基层活动中发挥政策的领头羊作用。我国一直将人才工作作为各部门管理的优先进行方向。解决人才瓶颈，要坚持对人才的使命引领和问题导向培养的统一。一方面考虑到人才是个巨大的宝藏，要充分挖掘使宝物焕发耀眼光彩，加强农村专业化人才队伍的选拔、培养和使用，在大力培养新型高素质农民的同时也打造一批懂农村、爱农村和爱农民的人才专家。另一方面在引进人才时要挖掘人才需求导向，同时加大政策配套设施，打造适应农村发展的人才政策体系，创建人才集聚效应，让人才愿意留在农村寻求发展，实现"吸引人才——留住人才——激发人才潜能"的闭环流动。使农村既有致富产业发展、又有人才带领，广大农民的积极性和创造性将会无限的迸发，农村发展焕发新气象。

研究农村人才振兴模式的逻辑思路是农村产权改革中人才振兴有其必要性，它是解决"三农"问题的助力系统，"三农"问题是农村发展的核心要素，扎实的人才基础推动"三农"问题逐步解决；人才是农村可持续发展的核心力量，是实现乡村振兴的智力保证。我国贫富水平差距的拉大

---

① 周念群、杨立新、周红霞：《乡村振兴战略中人才支撑问题研究》，《济南职业技术学院学报》2018 年 8 月 15 日。

导致人们逐渐认识到农村发展对于国家整体经济发展的重要，农村人才的认识和发展经历了农村人才激活和潜力释放—农村人才大量流失导致农村人才贫乏—农村人才即将进入全面发展阶段。虽然随着社会发展、教育体系的完善，农村人才涌动，但是凸显的城乡差距使得人才更愿流向城市，主要是文化程度较高的青壮年，为了未来自身发展、家庭生活质量的需要、子女教育等问题，更愿向大城市寻求工作机会。遗留在农村的多半是老年人、留守儿童和照顾家庭的妇女，农村劳动力的质量和数量呈现两极分化，劳动力显现结构性短缺、集体素质偏低、缺乏现代农业发展需求人才、缺乏懂科技会管理型人才。实现乡村振兴，农村需要以生产型、技术带动型人才为主的人才群体，处理好农村人才集聚机制不健全、人才市场体系不成熟、人才科研教育体系不完善、人才投资资金匮乏分散、人才激励机制缺乏等问题。农村产权改革和人才振兴对接机制，产权改革涉及集体资产范围确定，需明确集体资产所有权关系，防止集体资产流失。股权改革涉及盘活集体资产，发展新型产业、明确成员产权利、责任和利益，以此建立市场化的现代产权制度促进农村市场化发展，有序融入我国市场经济。农村产权改革内容涉及农村一、二、三产业相关职业的需求，主体是妇女儿童和老年人的农村必须留住本地人才，吸引外来人才，培养发展农村专职人员。这些人才涉及职业农民、技术方面的人才、销售方面的人才、物流方面的人才、财务方面的人才、管理方面的人才等。多方发展的人才保障农村社会、经济、生态各方面的可持续发展，最终实现国家乡村振兴的伟大目标。

（二）创新优秀文化建设与文化振兴

乡风文明作为乡村振兴的保障，是使农村改变新面貌长盛不衰的关键点。《中共中央　国务院关于实施乡村振兴战略的意见》中乡风文明整体被纳入繁荣兴盛农村文化，焕发乡风文明新气象。总体要求是必须坚持物质文明和精神文明一起抓，提升农民精神风貌，培育文明乡风、良好家风、淳朴民风，不断提高乡村社会文明程度。具体内容一是加强农村思想道德建设，二是传承发展提升农村优秀传统文化，三是加强农村公共文化建设，四是开展移风易俗行动。① 新时代"三农"工作，乡风文明是乡村振兴战略的重要组成部分，是乡村振兴之"魂"，要想实施乡村振兴必须高度重视乡风文明建设。因为只有把乡风文明和乡村振兴建设有机结合起来，二者达成良性互动，共同进步，才会深化乡村振兴内涵，增强乡村振兴动力和活力，乡村振兴战略实施才能稳步有序推进。不同于乡村振兴其他几项具体要求，乡风文明早在 2005 年十六届五中全会的新农村建设方针中就已提出"生产发展、生活宽裕、乡风文明、村容整洁、管理民主"要求。十九大报告实施乡村振兴战略重提乡风文明，可见乡风文明在我国农村发展中具有重要意义。

我们要明白乡风文明在乡村建设中是长期任务，不可能短期达到目标，更不可能揠苗助长，这也是实施乡村振兴战略的核心难点，各方面都需要我们坚持不懈的努力。但是长期以来乡村建设都是重视经济发展，乡风文明更是没有得到长足发展，以致村庄整体素质不高，道德出现滑坡。一些村庄出现德孝文化、诚信文化不胜从前，守望相助传统消失，邻里矛盾、干群矛盾加剧，种种矛盾的积累辐射成为影响社会稳定的因素。所以乡村文明不仅是乡村建设的重要内容，也是我国社会文明建设的重要基础。当我们物质生活需求满足时，对于美好生活向往就是我们追求的精神世界。作为构建和谐社会的重要条件，不能急功近利，也不能搞"面子工程"。建设乡村文明要注意把传统和现代文化融合渗透，并且将其和农村生产生活交织在一起，演变成人民的信仰和习惯，不自觉地改变人们的

---

① 《中共中央 国务院关于实施乡村振兴战略的意见》，《人民日报》2018 年 2 月 5 日。

行动。乡风文明对乡村振兴的其他几项有着重要的影响，乡风文明与产业兴旺互为因果，产业兴旺是物质前提，乡风文明是精神保障，两者相互促进。文化综合素质的提高不仅使农业和农产品拥有不一样的内涵，而且对于有特色农产品的乡村具有品牌价值，建设文明乡村，提高农民收入，改善人民生活。生态宜居首先要做到乡村拥有好的文化环境，农村生活生产方式健康文明、环境友好。乡风文明和生态宜居的关系互为促进，彼此缺一不可。乡风文明和乡村的治理关系更为密切，乡村治理更加有效，乡村文明建设才能成功。充分利用中国传统文化建设家风、家训、村规民约、道德示范等，才能构建自治、法治、德治的治理体系。此外，乡风文明在中国进入新时代以后具有了全新的内涵。一是新时代的乡风文明是传统与现代的融合。习近平总书记在十九大报告中指出，中国特色社会主义文化，源于中华民族五千多年文明历史所孕育的中华优秀传统文化，熔铸于党领导人民在革命、建设、改革中创造的革命文化和社会主义先进文化，根植于中国特色社会主义伟大实践。乡风文明建设正是在传统与现代的结合中形成时代特色。① 乡风文明不仅要传承优秀的家风、村风，继承和发扬尊老爱幼、邻里互助、诚实守信等优秀传统文化，同时也包含了"五位一体"和"五大发展理念"等新内容。二是新时代的乡风文明要实现乡村文化与城市文化的融合。不仅要体现乡村传统民俗、风俗等乡村文化，也要让农民在原有村庄基础上享受现代城市文明。三是新时代的文明乡风建设要体现中国文化与世界文化的融合。文化自信，首先要体现在对乡村文化的自信，中国乡村是文化宝库，蕴含着丰富的生态文明理念，中国的文明乡风建设在吸纳世界文明成果的同时也要对世界文明作出中国贡献。

　　文化振兴是乡村振兴的重要分支，在文化振兴方面，本文论述四个

---

① 朱启臻：《乡风文明是乡村振兴的灵魂所在》，《农村工作通讯》2017 年 12 月 19 日。

方面：农村产权改革中牵涉股权明晰、产业适宜、权责分明、管理持续四个方面，分别对应文化振兴的物态文化复兴、心态文化复兴、制度文化复兴、行为文化复兴。股权明晰和产业适宜通过产业兴旺达到保护传统文化和文化教育投入；权责分明和管理持续通过治理有效分别对应非人际关系化管理和传承文明风俗；这四项作用机制链接物态文化复兴、心态文化复兴、制度文化复兴、行为文化复兴，最终统一于文化振兴。其中物态文化复兴模式是人类的物质生产活动方式和产品的总和，是可触知的具有物质实体的文化事物。心态文化复兴模式是人类在社会意识活动中孕育出来的价值观念、审美情趣、思维方式等主观因素，相当于通常所说的精神文化、社会意识等概念，这是文化的核心。制度文化复兴模式是人类在社会实践中组建的各种社会行为规范。行为文化复兴模式是人际交往中约定俗成的以礼俗、民俗、风俗等形态表现出来的行为模式。这四种文化层面覆盖乡村文化的方方面面，体现在产权改革各个文化行为上。

三、产权改革与"五个振兴"的联动关系

乡村振兴涉及的产业振兴、乡村组织振兴、生态振兴、人才振兴和文化振兴"五个振兴"，结合农村产权改革具体内容可分为两部分，分别是内部逻辑振兴和外部联动振兴，内部振兴保障外部振兴推进，外部振兴进一步深化内部发展，形成生生不息的大循环发展。乡村振兴的指导思想"产业兴旺、生态宜居、乡风文明、治理有效、生活富裕"作为乡村振兴战略的总要求，统筹推进农村经济建设、政治建设、文化建设、社会建设、生态文明建设和党的建设，发展农村治理体系和治理能力的现代化，打造农业农村现代化，走出一条属于中国农村的社会主义乡村振兴道路。实现生活富裕，要优先发展农村教育，农村教育问题不改变，农民素

质无法提高，人才输出达不到标准，所以乡村振兴必须要依靠人才。[①]

产业兴旺是乡村振兴的经济基础，即使在不发达的农村也不仅限于单一的农业，而是用长远眼光看待农村一、二、三产业融合发展，所以产业发展必须着眼于现代农业的生产体系、经营体系、产业体系的构建和完善。打造绿色化、优质化、特色化和品牌化的农产品，提升农产品的附属价值，增加农民收入渠道、提高农民收入水平。生态宜居是乡村振兴的环境基础，随着农民收入的提高，对生活环境质量要求也在不断提高。乡村生态宜居不仅是对自然环境的保护、开发和利用，也是"绿水青山就是金山银山"的生动体现。乡风文明是乡村振兴的文化基础，也是乡村德治的本质体现。乡村治理一方面依靠国家法律法规，另一方面依靠乡规民约的约束。传统文化和现代文明交织融合也是我国农业农村现代化发展的精神需要，形成中国特色的乡村文明体系是乡村振兴战略中的研究重点。治理有效是乡村振兴的社会基础，区分乡村治理和乡村管理，一个是发展乡村的多元参与性和协同性，一个是主导性和服从性。乡村治理主要是和农民打交道，由于基层农民基本条件差异性较大，乡村治理应该机动灵活并且需获得广大农民群众的认可。人才振兴是乡村振兴的关键，通过完善农村教育体系，培养农民成为新式职业农民，挖掘培养农村本土人才，建立完善人才返乡激励机制，吸引各类人才流向农村。乡村振兴中这五项内容是相互联系的有机体，相辅相成，互为助力。我们不仅要把握明确的科学内涵，还要从农村产权改革的角度把握好它们之间的内外逻辑和相互关联性，将产权改革的具体内容和乡村振兴的目标有机联系在一起，探索农村产权改革和乡村振兴链接机制。

---

① 刘晓雪：《新时代乡村振兴战略的新要求——2018 年中央一号文件解读》，《毛泽东邓小平理论研究》2018 年第 3 期。

（一）路径保障

实现乡村振兴的最终目标"生活富裕"需要协调好产业兴旺、乡村组织振兴、生态振兴和人才振兴、文化振兴之间的关系。从农村产权改革角度内部逻辑分为产业兴旺、乡村组织振兴和生态振兴。产业兴旺的多元产业建设和产业支持政策，乡村组织振兴的农村治理组织改革和建设多元乡村，生态振兴的自然生态环境治理和社会生态环境治理，这三方面是建设乡村振兴的基础要素。产业兴旺为乡村振兴打下经济基础，一方面农民富有了，乡村建设才有资金来源；另一方面产业发展推动农村资本、技术和人才等生产要素向农村流动，充分调动农民积极性、创造性，促使小农户发展现代农业，改变旧式农业生产经营模式。乡村组织振兴以有效的治理方式稳定社会关系，区域社会、经济、生态各方面的发展必须孕育在稳定的社会环境中，产生在有效的治理中，治理有效是乡村振兴的基础。法治、民治和自治的"三治"结合是我国乡村治理模式的创新，是从民主管理乡村到有效治理乡村的重要新举措。生态宜居为乡村奠定良好的发展环境，尊重自然、顺应自然和保护自然，推动农村自然资源充分循环利用，加快资本增值，实现百姓生活水平提高和生态环境改善的统一。人类的生活发展离不开大自然的馈赠，农耕方式虽然改变但是自然资源仍是农民发家致富的物质来源。产业兴旺、治理有效和生态宜居紧密结合且直接影响乡村振兴的发展，生态宜居是产业兴旺的标志，乡村组织振兴和生态振兴共同构建乡村治理的综合格局。这几方面共同保障人才振兴和文化振兴的顺利开展。

（二）路径深化

人才振兴和文化振兴可规划为外部联动，文化振兴属于更深层次的精神保障，人才振兴通过培养吸引农村发展人才，为乡村振兴建设做出智力保证。如果说产业兴旺、乡村组织振兴和生态振兴是为乡村振兴这座大厦打好地基，人才振兴为乡村振兴搭建整个房子的骨架，那么文化振兴就决定乡村振兴的发展高度。人才振兴需要强化农村人才队伍建设和创新人才管理机制，文化振兴的传承发扬优秀文化和强化农村公共文化建设是在乡村充分发展的基本条件下为乡村建设添砖加瓦，打造中国特色新农村发展蓝图。人才和农村队伍建设保障乡村振兴，农村教育对于乡村发展起着举足轻重的作用。要以长远眼光看待农村发展，用开放的视野培养和吸引有用人才，建设更优惠的政策服务人才群体，完善切实的激励机制支持人才队伍，从而构建多元的人才支撑网络，培养造就一支懂农业、爱农村、爱农民、会发展的工作队伍。[1]关于人才队伍建设，2018 年我国发布的中央一号文件提出了五项具体任务：一是要大力培育新型职业农民。要全面建立职业农民制度，实施新型职业农民培育工程。二是要加强农村专业人才队伍建设。特别是要扶持培养一批农业职业经理人、经纪人、乡村工匠、文化能人和非遗传承人等。三是要发挥科技人才支撑作用。加快推进农业农村的现代化，走中国特色社会主义乡村振兴道路，根本出路在科技创新，科技创新需要科技人才，必须探索新机制，发挥好各类农业科技人员的作用。四是要鼓励社会各界投身乡村建设。主要是要建立有效激励机制，吸引社会各类人才以各种方式参与乡村振兴的伟大事业中来。五是要创新乡村人才培育引进使用机制，主要是"三大机制"：多方式并举的人力资源开发机制；城乡、区域、校地之间人才培养合作与交流机制；城市医生、教师、科技文化人员定期服务乡村机制。[2]从我国社会主义新农村建设到乡村振兴战略提出，精神文明建设是一个长期过程，必须不断坚持和完善发展。我国是一个有着上下五千年历史的悠久大国，历史的长河

---

① 栾相科：《深度解读中央一号文件：全面谋划新时代乡村振兴的顶层设计》，《中国经济导报》2018 年 2 月 13 日。

② 栾相科：《深度解读中央一号文件：全面谋划新时代乡村振兴的顶层设计》，《中国经济导报》2018 年 2 月 13 日。

中孕育了璀璨的物质和精神文化，农村乡风文明即要求将我国传统文化结合时代条件让优秀的传统文明焕发新生力量。产业兴旺、组织振兴和生态振兴保障人才和文化振兴的同时，人才和文化的长足发展也在促进产业兴旺、乡村治理和生态完善各方面更加适应农村发展，解决它们在发展过程中出现的大小问题，完善整体发展机制[①]。

---

① 刘晓雪:《新时代乡村振兴战略的新要求——2018 年中央一号文件解读》,《毛泽东邓小平理论研究》2018 年 3 月 31 日。

第二章　农村产权改革助推产业振兴链接机制研究

第一节　产业振兴的科学内涵

一、产业振兴是乡村振兴战略落地的基础保障

在我国长期的农村建设历程中，产业发展一直处于不同发展阶段的中心环节，是实现其他农村、农业、农民发展目标的物质基础。对于新时期背景下提出的"乡村振兴战略"而言，"产业兴旺"仍是重点。乡村振兴实现的基础是切实实现农业转型升级，推动农业内涵式发展。目前，阻碍乡村振兴实现的主要原因有：第一，"三农"发展动力缺乏，接续不足。第二，我国农业科技创新能力有待提升。第三，农业改革滞后。而产业兴旺就是"提升农业发展质量，培育乡村发展新动能"。乡村要振兴、扫除"三农"发展障碍，首先就需要"产业兴旺"。

产业兴旺必须坚持质量兴农、绿色兴农，以农业供给侧结构性改革为主线。而深化农业供给侧结构性改革，提升农业发展质量，势必将为"三农"的发展培育新动能，有助于发展导向的根本性改变——从过去经济政策制定中以增产为导向变为以提升为导向，这是破解农业转型升级难题、推动农业内涵式发展的关键举措。

乡村振兴关注的新时期产业发展内涵丰富，不仅同传统的发展理念一

样重视基础的农业生产能力问题，注重实施质量兴农战略，更注重结合今后"三农"发展中关键、基础性的问题。包括：构建农村一、二、三产业融合发展，以促进产业链、价值链、利益链"三链"价值延伸，解决好农产品销售问题等；构建农业对外开放格局；促进小农户和现代农业有机衔接等。

正因如此，做好产业兴旺是实施乡村振兴战略的重中之重，"产业兴旺"是"乡村振兴"的基础。

二、产业振兴是实现农业农村现代化的关键所在

党的十九大报告提出，我国在2020年要全面建成小康社会；从2020年至本世纪中叶分为两个阶段，先用15年时间基本实现社会主义现代化，再用15年时间把我国建设成为富强民主文明和谐美丽的社会主义现代化强国。但根据目前的发展趋势，如果我国仅依靠城镇化完成人口的基本即便到2050年实现80%的城镇化率，农村仍还有3亿人口。我国的现代化发展过程，并不意味着乡村要牺牲自身发展、走向衰落。国家在走向现代化的进程中不能缺少农业、农村的参与，否则代价沉重。农业农村的现代化不仅可以有效保障国家粮食安全，促进农民有效增收，还有助于农业可持续发展。实现农业农村现代化，才能为乡村人口带来福祉，才能真正全面建成小康社会，实现社会主义现代化。

农业农村的现代化关键在于产业兴旺。在于以下几点：培育新型农业经营主体，解决小农户的发展问题；构建现代农业的产业体系、生产体系和经营体系；完善农业的支持保护体系；健全农业社会化服务体系；农村产业融合发展。而这些关键点对应着农业农村产业兴旺要素中的主体、路径、保障机制等。实现产业兴旺，是达成农业农村现代化的关键。

三、产业振兴才能满足城乡居民对美好生活的向往

实施乡村振兴战略，大力提升农业发展质量、培育乡村发展新动能，不仅有利于解决整体社会经济发展不平衡，也是为了促进城乡发展一体化、解决"三农"问题，实现同步富裕、全面小康。乡村的全面振兴，关键要能破解城乡二元结构，真正落实城乡融合发展。因此，乡村振兴战略绝非是同"城镇"无联系的政策；相反，乡村振兴战略同城乡居民息息相关。而作为乡村振兴战略关键的产业兴旺更应当成为新型城镇化战略的有机组成部分。

党的十九大报告提出，新时代我国社会主要矛盾已经发生转化。随着经济水平的快速发展，城镇化率的不断提高，对于城乡居民而言，"新矛盾"往往对应着城乡居民对农业农村美好生活的需要同农业农村不平衡不充分发展之间的矛盾。而城乡居民对农业农村美好生活的需要大致可归纳为三类。首先是对农产品质量和食品安全水平的要求不断提高；其次是对精深加工农产品、订单农业模式的需求增加；最后是对休闲农业、乡村旅游的需求。

"产业兴旺"的具体内容涵盖对上述需求的满足。为提升农业发展质量，必然要实施质量兴农战略，加强农业科技创新领域的产学研；推进农业绿色化，并实施食品安全战略。同时为了培育乡村发展的新动能，产业兴旺还将布局休闲农业和乡村旅游；发展乡村共享经济、创意农业；重点解决好农产品销售中的问题，以及提升农产品加工业能力，激发农业农村的内生动力，更好地满足城乡居民需求。解决乡村振兴的痛点，不仅要在乡村内下功夫，也需要在乡村外出力。乡村振兴中的产业发展绝非仅局限于农业农村的布局。农业农村产业兴旺，将进一步促使城乡发展一体化、缓解发展中的不平衡，同时充分激发农业农村的发展潜力，破解发展不充分的难题。产业兴旺将促使乡村成为生态城市发展的新领域，成为满足城

乡居民对美好生活需要的新天地。

第二节　产业振兴的具体内容

一、产业振兴要以农业为中心拓展路径

农业是我国全面建成小康社会的基础，乡村振兴目标的提出是为了实现农业转型升级，推动农业内涵式发展。"产业兴旺"作为乡村振兴的重中之重，是实现农业农村现代化的关键所在。新时期，提升农业发展质量、培育乡村发展新动能，需要发展现代农业，并构建现代农业产业体系、生产体系、经营体系。十九大报告中关于农业方面的内容，对现代农业"三大体系"的构建也有了新的要求。

虽然学理界有观点认为现代农业产业体系其实已经包含了农业生产体系与经营体系，但"三大体系"各有侧重。在产业兴旺的版图中，现代农业生产体系重在发展、培育、提升农业生产力；现代农业经营体系则重在完善新型农业生产关系。正是这两者的稳固带来了现代农业产业体系的发展。

目前，农业仍然是我国现代化过程中的短板，农业农村产业发展问题突出。第一，在农业生产能力方面，国家粮食安全面临挑战；农业科技创新体系亟待完善；农业从业者结构有待优化。第二，质量兴农任重道远：种植养殖生态健康发展意识不足；农业发展中产学研需加强融合；食品安全战略实施过程一直坎坷。第三，农业产业链、价值链、利益链有待开发；农产品销售问题较突出；农村一、二、三产业融合发展体系尚未健全。第四，农产品国际竞争力不足。第五，小农户难以真正联结现代农业发展。破解这些难题，务必构建现代农业"三大体系"，加快农业农村现代化建设。因此在今后相当长的一段时期内，乡村振兴的农业农村产业发展都需

要结合现代农业"三大体系"的构建推进。

二、加强小农户与新型农业主体同现代化农业对接

新时期我国农业现代化发展过程面临着严峻环境:"五化"(农村空心化、务农老龄化、要素非农化、农民兼业化、农业副业化)、"双高"(高成本、高风险)、"双紧"(资源环境约束紧、青壮年劳动力紧缺)问题普遍存在。突破农业经营的制约条件,解决好"谁来种地"及"怎样种地"的问题,践行产业兴旺理念,真正实现农业转型升级,必须培育、发展新型农业经营主体,打造新型农业经营体系,并加强新型农业经营主体同现代化农业的衔接。振兴乡村,发展现代化农业,推动农业农村产业兴旺,都离不开现代农业经营主体。我国的新型农业经营主体,一般是指包括专业大户、家庭农场、农民合作社及龙头企业在内的农业经营组织。这些经营主体涉及农业生产的各个方面,并在不同的经营模式或流通阶段有各自的优势。

家庭经营是新型农业经营主体的基础。相较于其他经营形式,以专业大户和家庭农场为主的家庭经营发展规模适度,不易出现因规模过大造成的土地生产率降低或监督成本过高的问题。合作经营模式以农民合作社为代表,可有效帮扶多种主体提升农业生产管理之外的市场交易能力,解决小农户和家庭农场难以应对的事情。规范化的农民合作社在农资采购、农产品销售等市场环节中发挥着重要作用。而在末端的农产品加工、物流环节,因对资金、技术等管理能力需求较高,唯龙头企业能胜任。农业产业化龙头企业不仅可以塑造农产品品牌,还能打通多种新型农业经营主体间的利益关系,推动产业发展、加快实现农业现代化。

培育新型农业经营主体,是打造新型农业经营体系的"必由之路"。作为现代农业"三大体系"有机组成部分,新型农业经营体系促使多种新

型农业经营主体结合自身优势在产业链中分工发展，并在农业经营中寻求有效的交易方式。产业兴旺需要发挥新型农业经营主体带动作用，培育专业化、市场化服务组织，就不能忽视新型农业经营主体同现代农业发展的衔接问题。

三、建立完善的农业支持保护制度和农业社会化服务体系

（一）完善农业支持保护制度

实施乡村振兴战略的重点在农业农村产业，传统的农业生产模式已无法满足人们日益增长的生活需要。现代农村产业的发展不仅受到自然风险、市场风险、社会风险等现代农业面临的多重挑战，需实现的目标也愈加多元。加快发展现代农村产业需要农业支持保护制度提供风险屏障；夯实农业生产能力基础，确保国家粮食安全，迫切需要完善农业支持保护制度，调动起种粮积极性。

完善我国农业支持保护制度的重要性不仅是现代农业发展的客观需要，也有明显的中国特色。完善农业支持保护制度是稳步实现"四个现代化"同步的前提条件。按照"两个一百年"奋斗目标的安排，未来15—30年内我国城镇化进程将进一步推进，仍有大量农村人口存在，农业社会还需平稳过渡。完善农业支持保护制度可维持省级农业的相对稳定，为"四个现代化"同步发展消除隐患。由此可见，完善农业支持保护制度成为防范农业系统性风险，加强现代农业产业体系、生产体系、经营体系安全的保障工具。

（二）健全农业社会化服务体系

发展农业现代化，推动产业兴旺，还需要社会化服务的助力。农业社会化服务作为乡村振兴的重要战略实践，是产业兴旺的另一重保障。党的十九大报告提出"鼓励多种形式适度规模经营，培育新型农业经营主体，

健全农业社会化服务体系";《中共中央 国务院关于实施乡村振兴战略的意见》也提出"重视社会资源力量的深度介入,鼓励城乡要素自由流动和交换"。而农业社会化服务作为新旧动能转换和产业兴旺的有生力量,本就是为满足农业生产需要,运用各种可利用的社会力量,帮助规模较小的农业经营主体获得大规模效益的社会化农业经济组织。健全我国的农业社会化服务,一方面可以保持家庭经营作为新型农业经营主体中的主体地位,另一方面也让各种社会要素获得对传统农业产业进行现代化改造、升级的途径。完善农业支持保护制度,健全农业社会化服务体系,对于推动构建现代农业"三大体系"的保障作用不容忽视。

第三节　培育乡村产业发展新动能的难点[①]

我国作为传统农业大国和人口大国,农业农村产业发展在国家战略中占有重要地位。乡村振兴战略实践、农业产业发展规划,都需要立足农业农村产业的功能和城乡融合发展、产业转型升级等需要。其中,农村产业兴旺发展是乡村振兴战略实施过程中重要的问题。农村产业发展问题的解决对于农村产权改革也有着重要影响。农村的产业发展,一般是基于农业农村现存的生产活动中,生产组织方式的演进。目前,随着我国经济发展模式的转变,深化改革、加快产业结构调整是今后相当长时期内的目标,农业农村发展也面临新的挑战和转型需求。尤其是农村产权改革和乡村振兴战略的提出,对农村产业发展提出了更高的要求;产业兴旺的实现对于农村产权改革的落实与乡村振兴战略的推进也有基础性作用。

---

① 邵书慧:《湖北农村产业结构调整难点与对策探讨》,《科技创新月刊》2014年11月10日。

一、土地交易规模小组织程度低

农村产业转型升级的固有障碍源于土地交易规模小，农民组织程度低，管理化水平不高。即便当前，"小农经济"仍是我国广大农村地区的典型模式，随之产生的组织化、管理化程度低下对农村产业各方面转形成功阻力不小。其一，农产品囿于农业生产的特点和农产品自身独特属性，其营销风险一直较大。小农经济下的农户缺乏一定的组织化而难以预判或根据市场形势及时调整种植和销售策略；而如果农户生产什么、生产出来能否适时销售的问题不能积极解决，农村产业难以实现"转变"，走出困境。其二，天灾风险。在农村产业结构调整过程中，往往会受到各种自然灾害，如病虫害、洪涝、干旱、地震、冰雹等天灾的侵害，给农业生产造成重大损失。其三，资金风险。单独的家庭进行农业结构调整时，往往会受到资本的制约，农户缺乏资金，对土地投入少，农民很难得到市场资金的帮助。

二、农民的主体作用难以发挥[①]

农民在农村产业结构调整中始终处于被动地位，客观上降低了农民作为市场主体对农村产业结构进行调整的效果。作为市场上买卖的一方——农民本应是市场的主体，但由于农民文化水平低、经营能力差导致市场主体意识没能很好形成，属于典型的弱势群体。这些客观上降低了农民作为主体对农村产业结构进行调整的效果。在农村产业结构调整中，往往强调政府的主导作用，而忽略农民的主体地位，这种做法一方面与市场经济运行的基本法则不相符，另一方面挫伤了农民调整产业、增加收入的积极性，这种状况给农村产业结构调整带来相当大的压力。

---

① 邵书慧：《湖北农村产业结构调整难点与对策探讨》，《科技创新月刊》2014年11月10日。

三、政策失灵与寻租阻碍农村产业结构调整

当前农业产前业、产中业和产后业的管理涉及多个行政管理部门，导致政策制定、执行和协调矛盾多，这种情况正是诺斯所揭示的政府政策失灵。我们不得不承认，因为地方政府面临着稳定粮食生产的任务，农村产业结构调整是实现目标的手段。政府寻租行为的存在，阻碍了农村产业结构的调整。[①]

四、农业推广不适应农村产业结构调整

纵观国际国内农产品市场，农业科技含量的高低，已成为农产品市场竞争力强弱的决定性因素。在我国，农业市场竞争力弱，优质高效农业技术少，农业科技投资欠缺，后劲不足，再加上科技成果转化率低。若不改变此种状况，农村产业结构调整很难推进。基于这一原因，农村产业结构的调整，对农业科研的今后走向提出了新的挑战。

五、消费结构变化增加农村产业发展难度

目前国内，尤其是东部地区的农业综合生产能力大大提高，一方面农产品结构性的供过于求的局面已形成，一些需求弹性小的农产品严重过剩。另一方面人们消费结构由温饱型消费向小康型消费转变，居民的恩格尔系数降到 0.4 以下，人们对农产品的品质有了更高的要求，新、特、奇、名、优、安全的农产品成了需求的新宠，而现在的农业生产结构并不能满足这一需求。农产品供给结构与需求结构的严重失衡给农业产业结构的调整带来新的压力。

---

① 邵书慧：《湖北农村产业结构调整难点与对策探讨》，《科技创新月刊》2014 年 11 月10 日。

第四节　产权改革与产业兴旺链接机制

一、农村产权改革与产业振兴链接的内在逻辑

农村产权改革与农村产业结构优化调整、转型升级发展不仅有协同推进的可能性，而且内在具有衔接的可能性。对二者逻辑关联的梳理不仅有助于产权改革工作和乡村振兴战略双重推进，也是现实农村工作需要倒逼的结果。

党的十八大以来，经济建设领域的健康可持续发展问题受到不断重视，农业同其他产业及经济部门间的结构性问题成为工作重点，改善需求结构、优化产业结构等成为促进区域协调发展的新动向。农业生产和农村产业发展中的土地供给不足、土地成本上升等矛盾也成为农村实现产业兴旺的重大障碍。

一直以来，中央和地方不断探索实施农村产权改革试验和试点。2013年正式提出的"三权分置"，即将原土地承包经营权分为承包权和经营权，实行所有权、承包权、经营权分置并行，着力推进农业现代化。除此之外，2016年底推出的《关于稳步推进农村集体产权制度改革的意见》，正是我国全面启动农村集体产权制度改革的一面旗帜。

就当前我国农村产业发展的需要及土地产权带来的阻力分析，我国农村产权改革还存在多方面值得优化解决的问题。首先，从农村产权改革的内容上看，大多数地区处于确权颁证和平台搭建的初期，从整体上看，具有覆盖面窄、改革不彻底的特征。同时，产权改革各地做法不一，其材料不具有一致性和互通性，许多地方没有实现土地、台账、证书、合同等的一致性，可能成为下一阶段改革的隐患。

其次，从农村产权改革的形式来看，改革消耗了大量的直接和间接成

本，这些投入对基层政府来说是一份巨大的压力，降低了基层政府的改革动力。同时，随着国家对农村事务干预加深，基层自治制度已名存实亡。新时期的产权改革若缺少基层治理的配合易放大农村产业发展和改革的风险。

最后，全国范围内的农村产业发展存在区域间的不平衡，尤以东西部经济差异较大带来的西部地区改革进度滞后和成效甚微为突出问题。囿于自身较弱的改革基础和条件，外加中央财政和政策的支持匮乏，西部贫困地区的土地产权改革乏力，农村产业发展的动力也因此不足。同时，受限于市场配置作用减弱，农民手中的资产难以转变为资本，农村产业发展的资本投入不足，更加难以进行产业结构调整和优化升级。因此，农村产业发展的滞后也是农村产权改革的重要障碍。

简言之，我国目前的产权改革面临一系列综合问题。在农村产业领域，产权改革的深化推进是"乡村振兴，产业兴旺"的内在需求；农村产业的结构优化也有助于产权改革工作的进一步开展。

二、农村产权改革对产业兴旺的作用路径

由上分析可知，农村产权改革与农村产业发展具有内在链接的合宜性，笔者尝试对农村产权改革的核心要素和保障功能进行分类，发现其均可与精准扶贫的四大环节形成具体的链接领域，本段试图从四个方面解答农村产权改革是具体通过何种措施、途径以及如何作用于精准扶贫的问题。

结合培育乡村产业发展新动能的难点，及上述农村产权改革与农村产业发展链接机制构建逻辑的梳理可知，农村产权改革同农村产业结构性调整具有内在关联。农村产权改革的核心要素同"产业兴旺"的几大指标均可形成具体的链接。

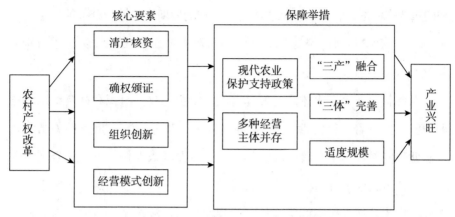

图 2-1　农村产权改革对产业兴旺的作用路径

（一）清产核资、确权颁证：乡村产业发展中财产性权益实现的基础

农村产业相关生产资料的产权明晰，是生产资料交易流通的先决条件。产权改革中重要的确权过程，就是为了更好地赋予农户和相关产业企业完整的排他性财产权利，最大限度地保障农村产业相关物质基础。农村产权改革的起始阶段主要工作内容，就是将农村集体土地、林地、水利工程、农民房屋等原来归属不明的资产进行重新界定，在明确权属、勘界测量、依法公式、登记造册的基础上，分别核发土地承包经营权证、宅基地使用证等产权证明，让这些产权的实际占有者切实享有应得的主体利益。

确权颁证、清产核资是厘清产权边界、赋予农村产业发展、经营主体合法财产性权力的前提，这个过程要在确保稳定、尊重历史、实事求是、民主协商的大框架下进行，涉及空间测量、档案管理和归类、信息变更注销、登记录入等环节，必然需要消耗大量的人、财、物力。此环节与农村产业调整生产结构、准备转型升级环节为相似阶段，有着高度重叠和关联性。当下，农村产业发展面临土地交易规模小、农民在农村产业结构调整中的地位难以发挥主体作用等问题，政府的政策失灵与寻租更阻碍了农村产业结构调整。土地与其他集体资产作为农村产业发展经营主体财产性权利的重要来源之一，其确权状态将直接影响到后期产业转型升级的稳定。

（二）组织创新、经营模式创新：农村"产业兴旺"需以管理创新为基础

现行制度下，村集体同时发挥着经济组织、政治组织和社会组织的三重功能，拥有着"经济性""党务性"以及"政务性"三重属性。当农村产业处于发展或转型阶段，大量的政策、资源涌入农村，土地的经济属性上升、社会属性下降时，现行的农村社会结构已经不能满足现实需求。而产权与产业发展有极强的关联性，体现在农村产权改革自身就蕴含着农村产业转型发展所需的管理创新的契机。

目前各地区产权改革的实践主要是村集体"经济性"的剥离。这一组织架构层面的创新将极大排除农村产权改革和"产业兴旺"的阻碍，推动两者的发展，加深相互促进作用。"经济性"的剥离以浙江省集体产权制度改革为例，将农村集体资产折股量化，建立"三会"治理结构，形成新型集体经济组织。此组织取代了原村集体组织的经济功能，负责村集体对外的经济事务处理。通过以上实践可以总结出，农村产权改革通过促进农村"三产融合"、现代农业产业体系、生产体系和经营体系完善等，为农村产业转型升级提供了深化的契机和动力。

农村一、二、三产业落地及代农业产业体系、生产体系、经营体系的构建，往往要依靠村支两委支持配合，才能有效开展。而相关项目、政策、资源进村后遭遇的乡土社会逻辑成为农村产业发展工作阻碍重重的主要因素之一。究其原因，首先，缺少多种经营主体共存的环境，现代农业保护支持政策缺位。因此，农村产权改革带来的组织创新、经营模式创新对于农村产业的融合发展、结构性调整具有重要意义。

综上所述，农村产权改革通过组织创新和经营模式创新两方面的核心要素，为"产业兴旺"目标的实现提供了多重具体保障，如农村一、二、

三产业间的融合发展，农业现代产业体系、生产体系和经营体系的完善，农业产业适度规模经营，现代农业保护支持政策的制度和保障多种经营主体并存的环境，等等。产权改革与每一项保障功能不是简单的衔接，而是复杂的映射，并以此形成乡村振兴的前奏。农村产权改革为农村产业结构性调整及转型升级营造了良好氛围，是乡村振兴能顺利实施的内在条件。

第五节　促进产业振兴的保障措施

一、建设懂农业、爱农村、爱农民的"三农"队伍

党的十九大提出培养造就一支懂农业、爱农村、爱农民的"三农"队伍意义重大。懂农业、爱农村、爱农民的"三农"队伍是乡村振兴战略的关键，也是实现产业兴旺的重要支撑。农村产业"提升农业发展质量，培育乡村发展新动能"的要求为"三农"工作者提出了目标，也指明了工作方向。

乡村振兴战略的提出，尤其是"产业兴旺"部分的内容，本就是针对农业农村发展短板而提出。相较于工业和城市，农业自身的弱质性及农村建设的矛盾都表明：农村产业落后的关键是人才的匮乏。建立一支懂农业、爱农村、爱农民的"三农"队伍的构想既是补农村产业发展的短板，也是乡村振兴的要义；这样一支"三农"工作队伍既能够为农业农村现代化打好坚实基础，更能增强产业发展、乡村振兴中"三农"的内生动力。

二、明确农村产业结构调整的目标取向

全球性的经济危机、扩大内需、转变经济增长方式构成了湖北省农村经济结构调整的大背景。这就要求湖北省审时度势，搞好发展的规划和定

位。以农业和农村经济的振兴与崛起为目标,合理安排农业及农村经济结构调整与发展的规划,以科技为先导,充分发挥我国各地区农业独有资源优势,组织以食品加工业为支柱的产业结构体系,保护生态环境,营造绿色产品,实现经济、社会的协调发展。

第三章 农村产权改革促进乡村组织振兴链接机制研究

第一节 乡村组织振兴的背景

一、乡村组织振兴的时代背景

2018 年中央一号文件作出了新时代背景下乡村振兴的重要顶层设计，描绘出一幅美丽乡村的现代化景象。当前我国社会主要矛盾已经转化为人民日益增长的美好生活需要和不平衡不充分的发展之间的矛盾。从"不平衡，不充分"这六个字来看，城乡发展不平衡，乡村发展滞后成为制约我国城乡一体化发展的短板。为实现 2020 年全面建成小康社会，在十九大后的这几年成为全面建成小康社会的决胜阶段，要实现城乡发展一体化，就必须统筹融合，实现共同发展。

二、乡村组织振兴的现实背景

（一）基层党建新形势下的新挑战

党的十九大报告指出："把企业、农村、机关、学校、科研院所、街道社区、社会组织等基层党组织建设成为宣传党的主张、贯彻党的决定、领导基层治理、团结动员群众、推动改革发展的坚强战斗堡垒。"可以看出：必须加强基层党组织建设，以防基层党组织对于新形势下的变化认识不到位、准备不充分、应对能力缺乏、职能转变的不够及时，从而导致对于农民的指导力不足,农民的产业化、规模化经营方式达不到。

（二）农村基本服务水平有待于提高

对于乡村振兴下的社会治理,最核心的部分当然还是在于公共服务水平。随着小康水平的提高,人们越来越重视精神方面的富足,这就需要专业服务方面的推进,这种专业的服务主要是指普遍化的公共服务和个性化的个别服务。对于现阶段的生活,人们期待得到更好的教育、更可靠的社会保障及享受更好的医疗水平、精神生活更丰富等。随着城镇化及社区的发展,人们更加注重以上方面,但是,传统的老旧社区及旧农村却基础设施薄弱,社区的商业、医疗等服务水平滞后,很难满足公众的需要,这就对于乡村的各种服务组织提出了新的要求。

（三）乡村组织的概念及组织分类

乡村基层组织,是指在农村中执行一定的社会职能,完成特定的社会目标,按照一定的形式建立的共同活动的群体。传统上的农村,组织方面在性质上一般具有较强的宗法性和家族性,法定的组织较少,科层制不发达。随着农村社区的演变,农村组织的形式、结构和功能发生了明显的变化。传统的组织形式和管理方式正在由简单到复杂,由松散到严密,由家长制向科层制逐步过渡。我国的乡村组织,大致分为三类:农村基层党组织、农村集体经济组织、民间社会组织。

三、乡村组织振兴对于乡村振兴的意义

乡村振兴包括文化、组织、产业、人才等方面的振兴,每个方面都会对乡村振兴发挥很大的推动作用,从而形成一种合力。组织作为乡村振兴中的领导者、牵头人,更是起到了非同小可的作用。然而,当前我国在乡村发展中,既有自身整体结构的问题,外部环境的变化又为乡村振兴提出了新的挑战。从1978年改革开放以来,我国的乡村社会的外部环境以及内部结构

都发生了巨大的变化，如何在这种变化中把握好前进的方向，探索乡村组织结构的变化，这是实现乡村振兴过程中必须面对的问题，也是亟待解决的现实情况。那么，乡村组织的振兴对于乡村振兴的意义又在哪里呢？

基层党组织发挥着政府行政组织的作用。在农村社会的发展中政府的作用既涉及经济方面，也涉及政治方面。在经济方面主要是为乡村的发展创造良好的经济环境，政治方面则是政策的制定及积极的引导作用，这种经济政治相结合对乡村发展起到了很好的促进作用。集体经济组织主要包括合作社等，起到的作用主要涉及经济方面，也会涉及与基层党组织的合作，二者起到了一个合力的作用。民间社会组织也是乡村治理的参与者、贡献者，对乡村发展也起到很好的推动作用。由此可见，乡村组织振兴为乡村振兴的推进提供了组织保障和方向指引。

第二节　产权改革与乡村组织振兴链接机制

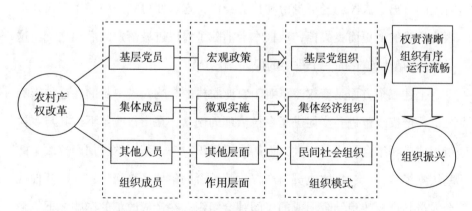

图3-1　农村产权改革与乡村组织振兴链接路线图

为了进一步激发农业农村发展的活力，建立"归属清晰、权责明确、保护严格、流转顺畅"的现代产权制度是内在的要求。党的十八届三中全会提出"完善产权保护制度""赋予农民对集体资产股份占有、收益、有偿退出及抵押、担保、继承权""建立农村产权流转交易市场，推动农村产权流转交易公开、公正、规范运行""推进城乡要素平等交换"，这是对于农村集体产权制度改革提出的新要求，也是党领导下的新部署。在新形势下，农村集体产权改革具有重要的意义。

第一，产权改革是建立城乡要素平等关系的需要。建立交易的先决条件是界定明确的财产权利，若权利界定不清晰，资产权利的转让和重新组合就无法实现。所以，只有通过改革的手段，在农村建立清晰明确的产权制度，才能为集体资产进入市场和平等的交换奠定制度基础。第二，产权制度的建立是增加农民财产性收入和扩大内需的要求。就目前农村的情况来看，在其收入的构成中，财产性收入的占比是最小的，而这正是未来的潜力所在。通过产权改革这一工具，将极大提高农民的房屋、土地等固定资产的市场价值，进一步扩大内需、刺激消费，实现经济的持续发展。第三，产权制度改革对于城镇化进程具有很大的促进作用。产权制度的完善有效的分离了农民的经济身份和社会身份，这就使得农民的集体产权并不因为户籍的变更而丧失掉，从根本上消除了农民进城落户的后顾之忧，这是推动新型城镇化的一个重要的保证。

上述三个方面是产权改革对于农业农村的影响，进一步的在这种影响之下，产权改革进一步促进了乡村治理的创新，在产权改革下，其与乡村组织成员相结合形成了三大方面的乡村组织：一、基层党员加产权改革的基层党组织；二、集体成员与产权改革结合的集体经济组织；三、其他社会人员与产权改革结合形成的民间社会组织。在产权改革的影响之下，乡村组织可以进一步地达到最终的权责清晰、组织有序、运转顺畅的目标，促进乡村的组织振兴。

一、农村基层党组织面临挑战

（一）基层党组织与乡村治理结构的协同性

农村基层社区是一个多元、复杂、特殊的领域，如何处理好基层党组织、村民自治组织、乡村社会组织、村民之间的关系是乡村发展过程中面临的难题。就乡村社会治理实践来看，基层党组织与其他治理主体之间关系还有待于进一步理清，不同主体间存在能力差异，社会参与也呈现出一种非均衡态势，这种非均衡集中体现在各基层组织和党组织在人员配置、组织机构、资源支持等方面的不平衡。从关系和实践过程来看，基层党组织强大的领导力和基层社会组织的软弱性形成鲜明的力量对比，所以两者在农村实践活动中无法构成平衡的治理结构以及协同的互动关系。[①]农村中各种组织，比如社会组织、经济组织和民间力量等各种组织发挥的作用受到很大的局限，而这些组织在很大程度上代表着广大群众的利益。村基层党组织在社会治理实践中存在对农村治理事务"直接包办"和"直接替代"的趋向，弱化了基层社会自治组织功能的发挥，这不利于农村社会治理的多元、健康、持续发展。所以，如何在保证基层党组织的领导能力基础上，找到基层党组织与其他各种组织之间的平衡点，是实现乡村振兴过程中必须要处理的问题。

（二）基层党组织与乡村治理主体的融合性

尽管农村基层治理实践中，创新性的出现了"互联网＋""联村治理"等多种成功的案例，但是普遍来看，农村社会治理各主体尚未有效整合，各主体存在"选择性参与"，即乡村治理参与的范围、广度和深度各不相同：一是农村基层自治组织职能发挥不足，基层群众性自治组织在服务、管理等方面需要完善和整合；二是农村社会组织整体发育不足，当前存在农村

---

① 蔡文成：《基层党组织与乡村治理的现代化：基于乡村振兴战略的分析》，《理论与改革》2018 年 5 月 19 日。

社会组织自身的组织能力较弱、参与治理的主动性不强等比较突出的问题；三是村民有效参与农村基层社会治理的空间和渠道有限，大多数农民在心理、情感上不愿积极、主动参与农村基层社会治理事务。基层政府作为基层的主要治理主体，对于基层治理应发挥积极的引导和保障作用。[①]

（三）农村基层党组织与乡村治理体系的法治化

改革开放以来，法制化在农村基层的社会治理中稳步推进，社会治理规范逐步健全，制度不断完善，法制化进一步发展。但一是实践中仍缺乏规范化和约束机制，从而导致监督主体的各种权利得不到有效的保障；二是基层党组织不善于运用法律手段来解决基层社会产生的各种问题，基层党组织运用法律手段的能力欠缺；三是在保障民生方面，没有健全的法律体制，法律方面的教育、服务、援助等达不到社会发展的要求；四是法制环境不完善，在乡村中，"遇事找法律、办事找法律、解决问题找法律"的氛围并没有塑造起来。所以健全农村治理的法制化是加强农村基层党组织社会治理的有效保证。

（四）农村基层党组织与乡村治理方式的创新性

农村社会治理是一个极其复杂的过程。在乡村治理创新方面，必须在传统农村基层社会的基础上进行管理模式、方式、方法的变革和发展，形成具有中国特色的乡村治理体系。但是，就目前的情况来看，我国的农村基层党组织在创新社会治理方式、优化社会治理环境等方面做的还远远不够，在治理方式上，把重担放在了"管制"，而忽视了"协调"，这是治理过程中普遍存在的一个现象。

首先，面对突发情况，农村基层党组织应对能力不足，尤其是对于当下各种社会矛盾和冲突，应有赖于使用合理合法的方式，把握恰当的时机

---

① 蔡文成：《基层党组织与乡村治理的现代化：基于乡村振兴战略的分析》，《理论与改革》2018 年 5 月 19 日。

解决问题，这些正是基层党组织在治理过程中缺乏的方面，最终会引发一些关联性的矛盾和问题，引起不必要的纠纷；其次，基层党组织存在治理方式不够多样、治理方法不够完善的问题。多元化和网络化是现代乡村治理的显著特征，但是就当前的基层党组织面对治理的情况并没有形成相应的运作、保障、监督机制，治理体系不完善，导致对于有些在治理中出现的问题无法应对；再次，农村基层党员干部能力素质方面存在一定水平的欠缺。基层党员干部所面对的对象是广大的农民，农民具有强烈又独特的群体特征，广大的基层党员干部需对他们的生活习惯、思维方式等充分了解，采用"柔性"的方式进行乡村治理；最后，乡村治理呈现出动态化、多元化、利益化等特征，不断变化的乡村情况，使得治理的难度越来越大，挑战也越来越大，这就对基层党组织的水平提出了更高的要求。所以，基层党组织若要加强社会治理能力和水平，必须对于治理的方式、手段等进行创新。

二、民间社会组织面临的挑战

（一）民间社会组织参与乡村治理的网络缺失[①]

实现乡村治理的善治，需要积极的培育多元化的参与主体。近年来，乡村治理的模式越来越从一元化的主导发展到多元共治。农村民间组织的发展壮大，推动了农村民主建设和农村经济社会发展，对乡村治理的作用也渐趋增大，使其成为乡村治理的主体重要一极。但农村民间组织的进一步发展壮大也受到组织内外部环境的制约，这就造成了它们在参与乡村治理的过程中，受到机制不足的影响，其主要表现在：首先，参与渠道不畅通。我国的乡村民间组织发展有了长足的进步，但是相对于国外的发展而言，还有很大的差距。我国的很多民间组织从发展之初就在法律的保护之

---

① 张春华：《民间农村组织参与乡村治理的解释路径与工具选择——社会资本理论分析视角》，《理论与改革》2016 年 7 月 18 日。

外，这是我国农村民间组织所面临的法律困境，因此很多组织的发展并没有走合法的注册程序。其次，参与能力和水平不高。在乡村治理中，有少量的治理主体或个别基层组织为了某些不正当利益不可避免会削弱乡村治理的治理绩效。要想提升乡村治理的效果，就必须不断地有治理主体的加入。农村民间组织参与乡村治理机制的不足，导致农村民间组织应有的作用无法发挥，不利于农民通过组织积极参与治理的积极性和责任意识的培育，不利于社会力量的整合，不利于社会网络的发展，就无法形成较强的凝聚力以提升治理的效率。

（二）民间社会组织参与乡村治理的信任缺失[1]

农民对组织信任与否，信任的程度如何是该组织生存和发展的根本，也是农村民间组织的生命线。农民如果失去这种信任，轻则会造成组织涣散，重则引发二者之间矛盾的对立，甚至会面临组织解散的风险。农村民间组织虽然有了长足的发展和进步，但是组织自身管理体制并不完善。第一，从农村民间组织的自身状态看，民间组织的自身规模和内部结构不够完善，缺乏科学的决策机制和进入及退出的机制，对于财务公开也缺乏相应的制度。第二，民间组织缺乏有效的监督制约机制。有效的监督制约，对于民间组织起到了很好的规范作用。如果监督机制缺乏就会导致组织内部出现混乱的局面，影响乡村组织对于乡村治理的贡献。

（三）民间社会组织参与乡村治理的规范缺失

对于民间组织在制度上的认同可以很好地规范组织的行为。农村的民间组织是农民自发组织形成的，但是形成之后的运营和调整规范需要政府的允许和帮助。可以从多个角度来分析民间社会组织的规范行为，一是从政府管理的角度，政府对于民间组织还缺乏认识，对于乡村组织的地位和

---

① 张春华：《民间农村组织参与乡村治理的解释路径与工具选择——社会资本理论分析视角》，《理论与改革》2016 年 7 月 18 日。

作用界定不清楚；二是立法的角度，目前关于民间组织的立法项目相对较少，在法律上并没有界定出民间组织的地位、作用、职责等；三是管理不到位，民间社会组织实际上已经客观存在，但是可能相关的政府部门并没有重视，没有进行统一的注册登记，对于民间组织的管理一直处于混乱状态。此外，民间组织自身的管理制度不完善，弱化了其在乡村治理中作用的发挥，阻碍了其进步过程。

三、集体经济组织面临的挑战

（一）合作社运营方式落后，盈利能力低下 [①]

农民专业合作社必须具有一定的盈利能力才能够实现长期发展。就我国来看，农民专业合作社普遍运营能力较差，致使整体盈利能力低下。盈利能力低下的原因主要表现在以下几个方面：第一，树立品牌的意识比较弱，很多合作社产出的农产品并没有形成自己的品牌，消费者的认识度不够高，对于销量的影响比较大，导致合作社的盈利能力上不去；第二，发展目标不明晰。很多农民专业合作社都是"成规模化的农户经营"，仅仅是将土地连片，而无长久规划；第三，生产层次低，产业链短。农民专业合作社大多生产初级农产品，没有对自身农产品深加工，致使产品附加值低。上述三点导致合作社的盈利能力极其有限，从而影响合作社的运营。

（二）农民专业合作社成员大会权力弱化，监督体系形同虚设

有关于合作社的专业法方面规定：农民专业合作社成员大会选举和表决，实行一人一票制，成员各享有一票的基本表决权，成员大会选举或者作出决议，应当由本社成员表决权总数过半数通过。但是，在执行的过程中，却出现了很多由主要人员说了算的情况，合作社中的许多事务都是由带头人

---

① 吴海江、郭涛涛：《浅谈农民专业合作社面临的问题及对策——基于对新乡市部分农民专业合作社的调查》，《现代经济信息》2017 年 7 月 5 日。

一人说了算，没有结合大多数成员的意见。合作社普通成员的权力被弱化，地方政府在农民专业合作社发展过程中"重发展轻规范、重建设轻指导、重扶持轻监管"的问题较为突出。这些情况的存在严重阻碍了合作社的发展。

（三）专业人才极度缺乏，发展后劲不足

农民专业合作社主要从事农业生产，工作环境相对艰苦，盈利能力较弱致使其对人才的福利没有太好的保障，故合作社在对外部人才的吸引上始终处于弱势，而且农民专业合作社成员基本由当地农民构成，其自身文化水平和专业能力有限，因此农民专业合作社对管理人才、技术人才、销售人才普遍缺乏。

（四）集体经济组织代表——合作社方面"空壳社""挂牌社"问题突出

合作社在成立后，有些专业合作社有名无实，并没有起到合作社的作用，没有进行相应的生产活动，其中存在两大类问题：一类是出于非生产性目的成立的合作社，另一类则是因为经营不善而实际解散的合作社，但是并没有登记注销。这些"空壳社"和"挂牌社"的存在对于政府的决策行为会产生消极影响。首先，许多宣称为了生产目的而注册成立的合作社实际没有进行有效的农业生产，但是却存在套取国家资金的行为；其次，许多合作社被心怀不良的组织所利用，进行诸如非法集资等犯罪活动；最后，大量存在的有名无实的合作社会影响政府的决策行为，容易造成政府决策方面的偏差，影响决策实施的效果。

第三节　乡村组织振兴的保障机制

一、基层党组织

（一）树立农村基层党组织的乡村治理理念

习近平总书记曾提出应坚持系统治理、依法治理、综合治理、源头治理的总体思路。所以以农村基层党组织为中心的乡村治理，必须树立系统治理、依法治理、综合治理和源头治理的新理念，提高农村基层社会的法制化、社会化和专业化水平。坚持综合系统治理的方案，总体规划，有序推进。坚持使用综合治理的方式，农村基层党组织要强化道德的约束，规范乡村社会行为，调节各利益主体之间的关系，依靠社会和各种社会组织的力量，形成一股强大的合力。此外，还要坚持源头治理的理念，就像环境治理一样，要坚持保护优先的原则，基层党组织针对治理过程中出现的问题，应该追溯问题的最终源头，在短期治标的基础上实现长期的治本，这样就能在根本上解决农村社会发展的各种不稳定的问题，确保了乡村发展充满活力。

（二）优化农村基层党组织的乡村治理体系

党的基层党组织来源于基层，但是只有扎根下去，通过发挥党组织的服务功能进行农业再生产的活动，让农民真正享受到改革发展的成果，才能吸引村民积极地参与到乡村治理中，实现共治，进一步推动乡村社会治理的现代化。《中共中央　国务院关于实施乡村振兴战略的意见》明确指出："必须把夯实基层基础作为固本之策，建立健全党委领导、政府负责、社会协同、公众参与、法治保障的现代乡村社会治理体制，坚持自治、法治、德治相结合。"党在基层社会治理中仍然是处于核心地位，要积极发挥党的核心领导带头作用，加之社会及公众的参与，形成一股强大的合力。法制是乡村治理的基础，发挥法律的"硬治理"作用，强化法律在农民权益的维护、市场运行的规范、农业保护的支持、生态环境的治理等诸多方面的权威性作用。德治是乡村治理的灵魂，加大乡村的思想道德建设并且融入新的风气元素，丰富了农村的文化生活。自治是乡村治理的核心，始终坚持村民的自治行为，加强对于农村自治组织的规范，健全创新充满活力生机的治理机制，形成多元协作互动、优势互补、共建共享的基层治理新格局。

（三）提升农村基层党组织的乡村治理能力

基层党员干部的工作能力是中国共产党执政能力的重要体现，对于党的执政能力建设具有重要的意义。人是社会治理的主体，提升乡村治理的质量关键还是得靠提升基层党组织成员的自身能力。因此对于党员干部基层组织成员又提出了新的要求。一是对于党员发展工作的优化，在数量上对党员的总量进行控制，在质量上对党员的素质进行提升，以公平、公正、公开的方式发展新的优秀青年、农村致富带头人等加入党组织，优化乡村党组织的结构，从而夯实乡村治理的基础。二是制定有吸引力的政策条件，吸引高校毕业生到事业机关单位、优秀干部到农村任职，建立健全乡村领导干部选拔任用制度，积极为基层干部的实践和成长搭建一个良好的平台。三是加强对党员基层干部的教育培训工作，强化法制、党性、服务意识等方面的教育，加大对于基层干部的培养和提升，激发他们的活力，以培养出对于乡村治理具有综合能力和素质的党员干部。

（四）创新农村基层党组织的乡村治理方式

党的组织形式与工作方法是根据党的政治任务和主客观环境与时俱进的，必须有创造性和灵活性。日益复杂的农村社会环境，对于农村基层党组织成员的能力要求提出严峻的挑战。一是要完善乡村党员干部服务联系群众工作机制，实行农村党员干部普遍联系农户制度，健全领导干部接待群众来访制度，了解群众诉求和意见建议，疏通乡村治理方式创新的源头活水。二是要加强乡村治理的信息化和网络化建设，充分运用现代科技水平，把科技元素加入乡村治理中去，增强吸引力与影响力。三是要坚持以基层党组织为中心，在制度化、规范化、常态化方面的矛盾化解机制，形成完善的乡村治理组织框架，构建完备的利益保护机制。

（五）营造农村基层党组织的乡村治理环境

提高农村基层党组织的治理水平，必须要完善现存的基层党组织的治理网络，不断寻找基层党组织设置的创新方式，依托村民的各种代表性会议形成多层次的基层治理格局，从而实现基层党组织横向与纵向的双向延伸，形成优势互补、共建共享的新格局。此外，还要把监督机制纳入正确的轨道中来，让监督机制常态化、规范化，加大对于小微基层权力的腐败惩治力度。在完善和健全基层党组织治理网络和监督机制的基础上，逐渐打造理念创新、过程规范、结构合理、制度优化的乡村治理环境。

二、民间社会组织

（一）促进公众参与，培育好社会网络

随着社会的发展，市场化进程逐步加快，越来越多的农民选择加入组织，农村的组织化水平越来越高，组织化水平提高之后的农民开阔了眼界，积极进行人际信息方面的交往，农村发展进一步形成网络化。由此，我们可以得知，农村民间组织承载着乡村振兴发展的重任，同时对于乡村成员之间的合作与互动也起到了连接作用，成为新时期乡村治理的另一主体。在民间组织的乡村治理方面我们要积极的做出成效。

第一，引导农民积极参与民间组织，提高组织的参与度。社会网络的充分发展，有利于保障广大农民的利益，降低了某些因为不正当利益而损害治理效果的行为的发生率，这样也就增加了农民对于社会组织的信任。社会网络如果要实现良性发展，那么民间组织的互动就必不可少，那么就产生了这样一个问题：如何加强农村民间组织之间的互动？这就要求首先要打破各类民间社会组织原有的状态，民间组织原来是基于村落的小规模的组织，打破组织间的沟通障碍，建立链接工作站点，取长补短，有机网络服务体系才能够形成。

第二，对于农民参与民间组织，需要积极地引导，政府要逐步改变以往的"大包干"的做法，简政放权，与社会组织实现共同治理，加强民间组织的培育，让农民了解加入组织后能实现什么样的效果，增加农民的自主性。这就要求必须创新农村民间组织的运营模式。实践证明，农村在发展中不断出现的"协会 + 企业 + 农户""协会 + 合作社 + 企业 + 农户"等模式，极大地促进了农村经济的发展，满足了农民的众多的需求，促进了新的村落共同体的进一步形成。

第三，加大民间组织建设宣传力度并且做好组织培训工作。一方面，针对不同的对象，采用不同的方式有侧重的宣传讲解关于民间组织的知识。对于广大的村民而言，加大宣传力度是为了激发他们的积极性，增加他们的参与度，所以宣传内容的重点在于乡村组织的发展与农民之间利益的关系。另一方面，在民间组织内部要积极地做好对于农民的培训，不断地强化他们参与乡村治理的能力，这样才能真正地提高治理水平。

（二）提高透明度，重建社会信任

第一，完善农村民间组织内部治理结构、法人结构、信息披露制度、财务披露制度，做好信息公开，保证农民的知情权，只有做到了公开透明，农民才会信任组织。健全的信息披露与监督制约机制，对于提升农村社区社会组织的公信力和美誉度具有极为重要的意义，也是其正常运作和健康发展的必要保障。

第二，加强农村民间组织内外部监督机制建设。要建立健全监督制约机制，坚持外部监督与内部监督相结合。外部监督主要是指职能部门和村委会行政监督。内部监督，主要是发挥监事会和组织成员的作用。

第三，可以基于家庭信任建立一些民间组织。因为以家族或乡邻建立起来的组织它的优势就是凝聚力非常强、整合度非常高，这能够减少组织的很多交易费用，也能够减少组织运转的监督成本。

（三）加强立法与制度建设，规范社会资本运行 [①]

社会资本的运行效率直接影响农村民间组织参与乡村治理的效果，所以为了提高乡村治理的绩效水平，必须完善立法和相关的法律制度，从而规范社会资本的运行。第一，为农村民间组织创造生存与发展空间，进一步明确农村民间组织的法人地位。要从财政、技术上予以支持，逐渐放宽对民间组织成立的条件限制，但不能干涉农村民间组织的管理运营，要加强民间组织参与乡村治理方面的法律建设，将参与治理行为纳入法治轨道，逐渐规范民间组织的活动，这就要求明确参与治理的形式、范围、程序等内容。第二，深化农村民间组织制度建设，推进相互结合式农村民间组织建设。加强制度建设，注重引导培育。在制度建设上，一是组织管理体制上要基于方便组建和强化监管的原则。二是完善农村社会组织内部治理结构。在组织重大事项决策时，应通过组织内部民主讨论和集体议和来决定。

三、集体经济组织

（一）加强培训指导，提升运营能力

由于农民专业合作社运营能力差，盈利能力低，因此加强合作社教育，构建完善的合作社教育体系势在必行。政府相关部门应该加强对于合作社成员的培训，也可以开设相关方面的课程。在教育培训方面，一是通过开设相关的课程，培育合作社内部管理人员的整体素质，提升他们的市场意识和品牌意识；二是搭建一个学习平台，进一步加深合作社之间的交流学习。此外，除了相关部门对于合作社的培训加强之外，合作社自身也要通过努力完善自身的建设，一方面找准市场定位，明确自己的产品优势；

---

①　张春华:《农村民间组织参与乡村治理的解释路径与工具选择——社会资本理论分析视角》,《理论与改革》2016 年 7 月 18 日。

另一方面，创品牌，树信誉，增加产品的附加值。

（二）完善监督制度，保障集体权益

针对农民专业合作社建立一套有效完整的监督机制非常有必要，一方面能够推进合作社健康成长，帮助其做强做大，另一方面有助于保障合作社不同社员的利益，避免产生经济纠纷。监督机制的建立需要从内部和外部两方面着手：从内部来看，充分发挥成员大会权力，重大事项集体商议，并通过一人一票的方式予以表决。从外部来看，上级主管部门要根据相关规定，对合作社的监督办法做出明确解释；引进外部审计制度，通过定期检查或不定期抽查等多种方式对合作社的财务及经营状况进行审查，以规范合作社经营。[1]

（三）大力培养内部人才，积极吸引外部人才

农民专业合作社的发展，人才是关键。针对合作社人才匮乏的问题，可以从培养内部人才与吸引外部人才两方面着手。从内部看，首先，综合合作社内具有长期种养殖经验的成员，大家互相交流提高；其次，定期邀请专业技术人员对合作社内成员进行培训。从外部看，首先，人才的吸引对象主要定为本专科院校毕业的当地学子，邀请其加入合作社，一方面能够为合作社带来新鲜血液，另一方面能帮助这些学子返乡创业；其次，可以与当地的科研院校合作，将合作社作为其实习科研基地，引进高校师生和高素质科研人员，对合作社的技术及经营管理进行指导。

（四）规范合作社管理，完善登记注销制度

首先，工商管理部门完善注册登记流程，避免为了追求数量而忽略质量问题；其次，相关的主管监督部门应该定期对于合作社的情况进行评估，对于合作社的情况有一个大致的了解，对于不满足要求，不符合规定

---

① 吴海江、郭涛涛：《浅谈农民专业合作社面临的问题及发展对策——基于对新乡市部分农民专业合作社的调查》，《现代经济信息》2017 年 7 月 5 日。

的合作社，及时要求其整改完善，问题严重者，合作社予以注销；最后，行政执法部门加大联合执法力度，对于利用合作社名义套取国家扶持资金的违法犯罪活动严厉打击。[①]

第四节　典型案例：浙江"枫桥经验"[②]

浙江枫桥镇作为"枫桥经验"的发源地，近年来，在乡村治理方面表现突出基于公众参与、社会协同的治理理念，持续稳步的推进社区、社会组织、社工"三社联动"，扎实的创新公众参与平台的建设，发展培育了"枫桥镇调解志愿者协会""枫桥大妈"等乡村社会组织，覆盖了经济建设、社会民生等多个方面，较好地体现了社会组织在乡村振兴中的积极作用。当然，也不乏存在很多的问题，下面就枫桥镇为例，总结提炼乡村社会组织发展的经验，分析在此过程中存在的问题，为经验的推广提供建议，以更好地推动社会组织稳步健康的发展。

一、枫桥镇社会中组织发展的动因与方式

（一）政策支持

持续的推动社会治理中社会组织应该发挥的作用，从上而下都十分重视，并且付出了实际行动，降低相关组织依法申请的门槛，减少审批的环节。并且对一些无法进行登记的社会组织实行备案管理，如《诸暨市社区社会组织备案管理暂行办法》（诸民〔2013〕97号）规定：辖区内社区社会组织的主管单位是社区居（村）委会，主要负责辖区内社区社会组织

---

① 吴海江、郭涛涛：《浅谈农民专业合作社面临的问题及发展对策——基于对新乡市部分农民专业合作社的调查》，《现代经济信息》2017年7月5日。

② 陈钢勇：《协同治理背景下乡村社会组织培育发展研究——以诸暨市枫桥镇为例》，《江南论坛》2017年12月15日。

的日常管理和备案的指导、服务工作；辖区内社区社会组织备案的管理机关是镇乡人民政府、街道办事处，负责辖区内社区社会组织的备案、变更、注销工作。社区民间组织只要符合一定条件的，并且经社区居（村）委会初审和镇乡人民政府、街道办事处审查通过，就可以成为合法的社会组织。另外，诸暨市相继出台了《政府向社会力量购买服务的实施办法（试行）》（诸政办发〔2015〕80号）、《政府向社会力量购买服务指导目录（2016—2017年度）》（诸财预〔2016〕182号）、《关于进一步加强社会组织党建工的通知》（市委办〔2016〕87号）等政策文件，为社会组织发展营造了良好的政策和制度环境。①

（二）村镇推动

枫桥镇是"枫桥经验"的发源地，多年来，枫桥一直致力于丰富和完善"枫桥经验"，建立示范区，形成政府、市场、社会等多层次治理格局。枫桥镇把治理的重点放在了基层民主自治和社会共治，积极地发展民间社会组织。2015年制定下发了《关于进一步加强社会组织培育发展的实施意见》，明确的制定出了发展的目标、工作实施步骤以及从乡镇到村的工作安排，并进一步明确各个组织的任务。建立起了由党委和政府牵头，各个社团和组织协同参与的考核管理制度，建立健全了备案管理机构，落实了相关人员的具体工作内容。召开由党委组织负责牵头的社会组织成立大会和组织人员落实选举会议，既为组织的发展提高了声誉，又体现了党政对于社会组织的重视。2017年，枫桥镇着手探索新的社会组织方式，建立了镇级社会组织服务中心，目的在于培育发展在社会治理领域、社会公益事务领域，有行业影响力，有发展潜力，社会急需的孕育型、初创型、支持型社会组织，在硬件服务、后勤服务等方面提供大力协助。

①　陈钢勇：《协同治理背景下乡村社会组织培育发展研究——以诸暨市枫桥镇为例》，《江南论坛》2017年12月15日。

（三）社团引领

诸暨市的团市委、妇联和工会等党委组织及枫桥镇的其他相关的镇村组织全力支持社会组织的发展，积极主动承担其应承担的责任。例如妇联参与了"枫桥大妈"志愿队、"巾帼创业"协会、"反家暴"协会等社会组织成立的全过程，较好地发动了广大妇女积极参会，维护合法权益，贡献社会价值，还相继举办了月嫂业务培训、村淘创业等方面的培训。这些活动以构建和谐的劳动关系为目标，不断强化企事业单位的工会组织，建立外来员工联络员和劳资争议调解员队伍，推行思想政治工作条例。团市委大力培育发展青年社会自组织，指导和协助枫桥镇建立义工联合会、青年志愿者协会等社会组织，组织参与诸如 G20 峰会等重大活动志愿者，联合乡镇的社团组织，发挥了其应有的作用。①

二、枫桥镇社会组织存在的主要问题分析

（一）发展层次偏"低"

枫桥镇 237 家社会组织中，备案 226 家，占 95.4%，在市民政局登记 11 家，仅占 4.6%，且未参与等级评估。这些数据表明社会组织在实际运行中存在一些问题。此外，社会组织具有专职资格的从业人员相对缺乏，具有专业背景的从业人员更是寥寥无几，且管理组织人员老龄化严重，缺乏新鲜有活力的血液，导致了社会组织在运行中缺乏系统性、连贯性和创新性。组织化、规范化程度较低，对于个人资源、个人能力的依赖程度较高，一旦负责人的工作发生变动，就会陷入较大的麻烦之中，导致运转效率低下甚至瘫痪。

---

① 陈钢勇：《协同治理背景下乡村社会组织培育发展研究——以诸暨市枫桥镇为例》，《江南论坛》2017 年 12 月 15 日。

（二）组织规模偏"小"

虽然部分镇级社会组织人数较多，如枫桥镇应急志愿者协会、"枫桥大妈"志愿服务队、枫桥镇网络舆论志愿者协会，但是46家登记或备案的镇级社会组织中，50%的会员人数在50—150人之间，28.8%在15—50人之间；而191家村级社会组织中，116家人数不足15人，占60.6%。同时，绝大多数社会组织经费严重短缺且无来源。目前备案的226家社会组织中，有155家没有运行经费，占68.7%，超过3万元的仅有3家，占1.4%。从以上数据可以看出，虽然社会组织较多，但是组织的规模却较小，不成体系的小规模的组织发挥的作用极其有限，管理方面也不会达到应有的效果，所以应该适当扩大各类民间组织的规模。

（三）管理运行偏"散"

部分社会组织内部管理运行的机制不健全，规范性较差，237家社会组织中，制定章程的31家，仅占13.1%，且一些社会组织章程千篇一律、简单照套，流于形式。配套的日常管理制度在一些组织中不健全，例如像财产管理、项目收费、会员培训等规章制度和社会组织内部的自我管理、自我约束机制没有形成。乡村治理业务指导和监督存在不足，没有发挥指导性作用。

三、乡村社会组织发展的路径和对策

（一）健全乡村社会组织"一体化"协作推进机制

要建立乡村社会组织一体化机制，必须协调推进。第一，要发挥市级的主导作用，在市级层面，要从长远的大局出发，统筹社会基层治理工作，建立对于乡村组织具有培育创新能力的工作组，建立社会组织建设和管理工作会议制度并且要督促相关的管理部门做好配套设施的完善工作。同时，因为乡村社会组织的发展是一个综合的过程，目前还处于起步阶段，可以根据村镇的情况，选择性的进行试点，效果好的逐步推广。第二，要落实镇级的相关工作，市级层面起到的是统筹规划的作用，在乡镇一级就要更务实一些，把各个工作列入重要的日程，建立乡镇一级的领导小组，并且与市级层面和村级层面进行对接，做好中间输送作用，明确发展的目标，建立系统的服务体系。第三，促进组织的自我发展。积极地推进组织的自我发展，但是要在一定的规范约束之下。发挥市级和镇级领导小组的引领作用，推进各个社会组织内部自我管理、自我协调，根据发展的需要完善组织内部的章程和服务功能，建立民主的管理制度，在保证组织独立性的情况下，增强组织的团体协作能力。

（二）健全乡村社会组织"规范化"网络指导机制

在机制建设的过程中，同样需要统筹好各方面的工作。第一，构建三级指导体系。加快建设市级、县级、乡镇级的组织服务站，并且明确各个工作站的服务对象和工作职能。各个服务中心要委托有专业能力的人或组织来进行管理。第二，建立枢纽型社会组织，借鉴成功地方的经验，组建具有枢纽性作用的联合性审计组织，负责行业内的监管、指导和服务职能。第三，建立上下级社会组织之间的指导协作体系。要充分发挥市级层面人才的优势、资源的优势、组织能力的优势，鼓励他们经常到乡村组织中进行业务指导，引领下级组织可以充分在基层发挥作用。

（三）健全乡村社会组织"标准化"发展评价机制

第一，分步推进这项工作。由于乡村对于社会组织的认同度不够高，工作人员方面也相应的缺乏公民志愿精神，针对这种情况，可以实施"先发展、后规范，先备案、后登记"的培育发展方式。枫桥镇的发展模式值得借鉴，通过党政牵头推动——建立社会组织——规范内部管理——政社有序分离——加强依法监管的发展模式，加快扶持一批社会组织参与社会治理，提供公务服务，逐步扩大社会组织影响面，提高群众认同度。第二，分类管理。针对当前乡村组织存在的问题，如结构不合理、发展不平衡、活动不规范等，应该坚持分类整理的原则，有重点的进行整改工作，强化组织内部的建设，促进其进行正常的活动。第三，分级评估。努力的引导运行较好，作用较大的社会组织进行登记，并对其进行评估。同时，镇一级的乡村组织也可以采用类似的办法，努力的培育出一批有能力、有影响力的社会组织。

（四）健全乡村社会组织"实用化"人才培育机制

第一，选择有知识，组织能力强的领头队伍。面向乡村、社会中的退休干部、教师、企事业单位人员等乡贤群体进行会员召集行动，通过政府这一层面，真正招募到有能力，热心公益事业的组织人员，并且安排在关键岗位。第二，壮大工作队伍。除了吸引乡贤外，社会精英也必须要考虑的一个群体，将有一定社会知名度、具有较强动员能力的企业管理者邀请及纳入社会组织的队伍中，担任名誉的管理者，借助其力量组织开展社会活动，可以起到更有力的宣传作用，对于社会上的年轻人也是具有很大的吸引力。第三，加强务实培训。全面的依托于已经构建好的社会组织平台，加强对于主要负责人、组织成员等能力的培训。

（五）健全乡村社会组织"多元化"保障服务机制

第一，强化资金保障。市级层面与镇级要设立专项组织发展基金，有重点的对于新创立的社会组织进行扶持。镇级要结合市里的政策文件制订乡村社会组织承接政府职能目录，通过定向委托方式将小额项目交由基层社会组织承担。对于镇级的乡村组织可以适当地降低准入门槛，以扩大投资项目的主体范围。第二，强化场地方面的保障。加快建设镇级社会组织服务中心和公益街，为部分镇级社会组织提供日常办公和活动场地，各行政村也要积极地筹建一批"一室多能""一站多用"的村级社会组织活动场所，在租用场地上，对于办公的社会组织要在经费上予以支持。第三，强化信息方面的保障。信息化平台的建设可以依托于政府公众号，并且及时更新动态，展示工作人员的风采，提供各类有效的服务信息，从而提升社会组织在社会中的信誉度和知名度，更有利于组织的推广工作。第四，强化地位保障。要充分发挥各类媒体的作用，利用电视、广播、互联网等新闻媒体，宣传报道优秀的乡村社会组织和涌现出的典型，定期评选组织中的优秀成员和先进集体，并进行表彰，扩大影响力。

（六）健全乡村社会组织"常态化"监督管理机制

监督管理机制"常态化"是健全乡村组织的必经之路。第一，建立监管体系。应该明确对于乡村社会组织的日常监管主体和责任，需要登记的社会组织由主管部门负责登记备案，村一级的社会组织由乡村服务点负责。第二，要创新监管的方式。需要进一步完善备案、登记、年终检查等制度，健全评价监督体系，提高服务对象评价指标分值，把关注的重点放在社会效应和群众认可度方面，对于不履行责任、不作为的社会组织，实行有序退出机制。第三，监管范围的扩大。明确规定社会组织应该及时的进行信息公开，完善重大信息变更和信息公开制度，并且在媒体或组织官网进行信息发布，积极主动地接受群众和社会各方面的监督。

第四章　农村产权改革助力农村人才振兴链接机制研究

第一节　人才振兴的背景研究

一、研究背景与意义

（一）研究背景

人才作为第一资源，直接制约和统领着其他资源的开发和利用。党的十九大报告明确指出，人才是实现民族振兴、赢得国际竞争主动的战略资源。"人才兴则事业兴，人才强则乡村强"已成为全社会的普遍认识。长期以来，受"学而优则仕""劳心者治人，劳力者治于人""万般皆下品，唯有读书高"等传统观念的束缚，社会上存在着重知识轻技能、重理论轻实践、重科学轻技术等倾向。当前，全国各地人才争夺战中人才发展导向呈现出"海外化""尖端化""专业化"等趋势，与城市人才建设相比，乡土人才存在着数量不足、层次不高、结构不合理、管理不规范等问题，人才培养一直是整个人才队伍建设的弱项。

我国是一个农业大国，农业农村农民问题是关系国计民生的根本性问题，党和政府始终把"三农"问题作为重中之重。乡村要振兴，必须要培育一支能够支撑乡村发展的人才队伍，让乡土人才在乡村发展过程中发挥示范作用。随着脱贫攻坚进入关键时期，乡村发展已成为我国决胜小康社会的短板所在。党的十九大报告明确提出实施乡村振兴战略。2018年中央一号文件进一步强调，实施乡村振兴战略，必须破解人才瓶颈制约，造就更多乡土人才。长期以来，我国城乡二元结构使得农村成为人才的"洼地"，绝大部分人才从农村流向城市，农村"空巢化"、农业"边缘化"、农民"老龄化"——"新三农"问题更是日益突出。人力资源的流失，尤其是乡土人才匮乏制约着乡村建设各方面的发展。因此，培育乡土人才，振兴乡村，是破解乡村振兴难题的有力突破口。由于历史因素，区位条件以及经济发展等因素的影响，作为全国贫困范围最广，贫困程度最深，脱贫难度最大的内陆省份，贵州面临着乡土人才规模偏小，层次不高，收入偏低，结构失衡，管理不规范，激励不足等现实难题。在此背景下，通过发掘和培育贵州乡土人才，破解村级人才队伍结构老化、文化偏低、能力不足等难题，探究贵州乡土人才成长的一般规律，是助力决胜贵州脱贫攻坚，实现乡村振兴的客观需要。

（二）研究意义

党的十九大报告中明确指出："大力实施乡村振兴战略，需要培养造就一支懂农业、爱农村、爱农民的'三农'工作队伍。"其中，乡土人才作为联结农村优秀的乡土文化与厚重的人文创造的交汇点，在脱贫攻坚和全面建成小康社会中发挥着不可替代的独特作用，是懂农业、爱农村、爱农民的"三农"工作队伍中不可或缺的重要力量。乡土人才的概念最早可追溯至20世纪80年代，散见于各级党政部门的文件及领导讲话，但主要停留在宣传层面，实际操作层面并未落地，围绕乡土人才的标准、分类、培养、成长、使用以及开发等尚且缺乏系统性的研究框架。本书结合贵州乡土人才的发展实际，从社会学、管理学、经济学等多维学科切入，借助人力资本理论、产业扶贫理论以及可持续生计理论，遵循乡村振兴的基本内涵，以及人力资源管理的一般规律，结合贵州农村发展的现实需要，综合运用结构访谈法、案例分析法以及比较分析法，探究贵州乡土人才识别、评价、成长、使用、开发以及激励等过程的一般规律，剖析当前制约贵州乡土人才成长的梗塞因素，为优化贵州乡土人才的培育机制提供有益的参考借鉴。

二、研究现状与方法

乡土人才是我国特有的人才类型，国外没有与之对应的学术概念，也无相应的研究机构和研究成果。尽管乡土人才的概念早在 20 世纪 80 年代已经提出，但国内学术界真正意义上的研究始于党的十九大报告提出乡村振兴战略之后。国内乡土人才的理论与实践处于起步阶段，由于各省的"三农"问题各不相同，经济社会发展也不同步，学术界以及各省的具体做法都处于摸索阶段。为了使国内研究现状的梳理更加具有针对性，因此，这里的研究现状主要从省内外加以梳理。

（一）省外研究概况

省外学者的相关研究主要集中在两个方面：一是偏重于宏观层面的理论研究。徐经验、吴振辉（2005）认为农村乡土人才是指在我国农村涌现的从事农业科研、技术推广的"土专家""田秀才""土能人"。当前我国县市科技创新和服务体系还不健全，科技推广能力较弱，不能满足农民对农业适用技术的迫切需要，客观上迫切需要培养乡土人才。曲直、刘照亭（2008）认为在新的历史背景下，"三农"的大发展呼唤更多、更优秀的农村乡土人才，因此，制定和实施整合培养对策，大力开发和利用农村乡土人才，是各级政府和农业部门的又一项重要课题；一是偏重于微观层面的案例分析。和颖（2010）以丽江为例，分析了乡土文化人才的培养对传承少数民族非物质文化、发展民族文化特色产业以及塑造农村乡风文明的重要意义，并论述了云南少数民族乡土文化人才的培养模式。邱泽奇、邵敬（2015）分析了税费改革后，政府试图以项目加资金的方式为村庄注入发展活力与构建秩序，在市场经济与传统社会文化等多重力量的作用下，乡村社会产生了多种行动逻辑。并以某地"乡土人才职称评定"试点项目为例，探讨了不同的社会主体的行动规则，以及由此产生的社会秩序新格局：政府、市场、社会各自沿着自己的行动规则，三种秩序并行于乡土社会。常一青（2015）分析了武陵山区乡土人才队伍的特点及乡土人才队伍建设存在的问题，提出了完善乡土人才工作机制，优化人才队伍组成结构，增强人才培训实效性，搭建乡土人才队伍建设平台，创新乡土人才激励机制等建议。张敬波、刘立海（2015）以河北省阜城县为例，分析了该县坚持走"精准扶贫、产业先行、产业扶贫、人才先行"的产业化、人才化扶贫的路子，以发展壮大瓜菜产业为主导，以培育用好县域乡土人才为基础，以"领军人才＋产研基地""技术人才＋示范园区""销售人才＋专业协会"的乡土人才叠加模式引领了农业产业化、区域化、现代化发展。

二是偏重于实践层面的案例分析。江苏是全国第一个从省级层面部署安排乡土人才工作的省份，是全国乡土人才开发的先行者。2018 年 8 月，江苏省委办公厅、省政府办公厅印发了《省人才工作领导小组关于实施乡土人才"三带"行动计划的意见》，从乡土人才的寻访推荐、梯次培养、职称评审、技艺传承，到传统技能进职校、搭建成果展览平台、加强资金扶持等方面，制定了一系列扶持政策，使得乡土人才与领军人才一起，成为江苏备受关注、重点扶持的人才群体。2018 年 1 月，江苏省人才工作领导小组挂牌并就专题研究部署乡土人才发展工作。

（二）省内研究概况

由于贵州乡土人才比较匮乏，实践中亮点不多，省内关注的学者较少，乡土人才的研究文献也很少。肖震（2006）认为乡土人才开发是人才资源开发中极具潜力的一个新的增长点。农村乡土人才，作为农村先进生产力的代表，是推广和普及农业科学技术，把农业科技成果转化为现实生产力的带头人，可以为贵州农业和农村经济发展提供有力的人才支撑。袁黔华、陈瑶、马力（2009）认为贵州农村人才队伍数量严重不足，队伍学历、职称结构均不能满足实际需求，服务能力不强。并结合贵州实际提出了加快贵州农村中医药乡土人才培养的多种模式、培养方案、招生对象和方式方法等建议。彭建兵、袁峥（2018）认为少数民族乡土人才是建设社会主义新农村的主力军，是同步建成小康社会的重要力量，并以贵州省黔西南州为例，提出了加强乡村文化中心建设是提升少数民族乡土人才科学素质的基础路径；持续加强技能培训是提升少数民族乡土人才科学素质的关键路径；努力加强"三下乡"活动是提升少数民族乡土人才科学素质的重要路径。

（三）研究述评

综上所述，相关研究提供了很好的思路与方法的借鉴，然而，结合文献分布的特征来看，省内外学者关于乡土人才的研究数量偏少，研究内容大多聚焦于乡土人才的概念界定，特征描述以及作用分析，较少结合人才培养的一般规律，乡土人才的自身特征，缺乏从多维学科维度，理论高度进行研究框架的搭建，同时缺乏与精准扶贫大背景的有机结合。尤其是围绕贵州乡土人才培养、评价、成长、使用、开发以及激励等系列内容的研究十分鲜见。

（四）主要研究方法

第一，结构访谈法。课题组利用节假日时间，结合贵州省农村乡土人才的建设实践，事先拟定好有关乡土人才建设的结构性访谈提纲，深入到贵州省正安县、从江县、大方县等具有代表性和典型性的乡村，通过实地走访，与乡土人才面对面访谈，与政府职能部门座谈，与受到乡土人才帮扶的贫困户进行详谈，全面了解政府部门识别乡土人才途径与程序，了解乡土人才的成长规律，以及贫困户对乡土人才的认可度等资料。

第二，案例分析法。案例研究包括以县域为对象的案例研究，即以大方县和独山县为案例分析对象，梳理两县在培育乡土人才过程中的具体做法。此外，还包括以赤水市传帮带＋专业技能型的乡土人才杨昌芹带领周边群众脱贫的案例，贵州省盘州市淤泥彝族乡岩博村党委书记党建＋经营管理型乡土人才脱贫攻坚的案例，以及返乡创业＋生产管理型乡土人才郑传玖带领周边群众脱贫的案例。通过剖析多个典型案例，结合县级层面的人才政策、乡土人才对产业发展以及乡土人才开放和使用的管理机制等，深入了解这些乡土人才的成长过程，提炼出贵州省乡土人才成长的一般规律。

第三，比较分析法。江苏省作为全国最早识别、培育、开发和使用乡土人才的省份，在发现人才、培育人才、使用人才、政策扶持等诸多方面有着较为成熟的经验，课题组通过对比分析贵州、江苏两省在乡土人才的人才识别、平台搭建、政策扶持、传带机制、人才激励等系列过程中的异同点，找出贵州与江苏在乡土人才培育过程中存在的不足，提炼出适合贵州省情的乡土人才成长规律和培育路径。

第二节　核心概念与基本理论

一、核心概念

（一）乡土人才的概念及内涵

从新中国成立以来各时期劳动人事政策梳理中可以发现，学历或职称已经成为人才的唯一标准。按照如此严格的标准，农民几乎不可能进入到人才概念的范围。乡土人才的提法尽管在 20 世纪 80 年代就开始提出，但是真正被吸收进的官方文件是《国家中长期人才发展规划纲要（2010—2020 年）》（以下简称《人才规划纲要》）。《人才规划纲要》指出："统筹抓好党政人才、企业经营管理人才、专业技术人才、高技能人才、农村实用人才以及社会工作人才等人才队伍建设，培养造就数以亿计的各类人才，数以千万计的专门人才和一大批拔尖创新人才。"《人才规划纲要》中人才被划分为六大类：党政人才、企业经营管理人才、专业技术人才、高技能人才、农村实用人才以及社会工作人才。农村实用人才的作用与地位开始被凸显出来，尽管农村实用人才与乡土人才有部分重复的内容，但二者之间不能完全等同。

乡土人才是农村开发应用和推广普及先进科学技术、把科技成果转化为现实生产力的带头人，是引领农民开拓市场、创业致富的引路人，是活跃在农业和农村经济发展第一线的具有一定科学文化知识或一技之长，对推动农业和农村经济社会发展作出突出贡献的农村能人。一般而言，广义乡土人才概念是指扎根和活跃在民间传统工艺、现代实用技术、古建园林技艺等领域，掌握特殊技艺的能工巧匠、善于开拓创新的经营能人、拥有一技之长涉及生产层面（如种植、养殖、捕捞和加工能手等）、经营层面（如企业经营人才、农村经纪人和农民合作经济组织带头人等）和工艺层面（如技能带动型和文体艺术类人才等）等在内的农村各类人才。农村乡土人才是农村开发应用和推广普及先进科学技术、把科技成果转化为现实生产力的带头人，是引领农民开拓市场、创业致富的引路人，是活跃在农业和农村经济发展第一线的具有一定科学文化知识或一技之长，对推动农业和农村经济社会发展作出突出贡献的农村能人。为将乡土人才与"农村实用人才"（六支人才队伍）区别开来，凸显该群体的特殊性和重要性。本书进一步对乡土人才的特征和内涵进行界定。作者认为乡土人才一般应该具备五个特征：（1）具备一定的实用技能；（2）在当地能够起到模范带动作用；（3）对当地农村经济发展有较大贡献；（4）得到当地群众的普遍认可；（5）具有一般人才具有的创新性。为了更好地识别乡土人才，还必须廓清乡土人才概念的几个误区：（1）虽然乡土人才身处农村，但职业身份并不一定局限于农业生产者，也可以是手工业者或其他职业；（2）乡土人才的专长所在是技艺技能，能够进行具有一定知识含量的劳动。[①]农村乡土人才是本地农村土生土长的，能够服务本地的，有一定技术或管理能力，能以此做为主要谋生手段的农村人群。扎根在农业生产第一线，是学习、应用、传播先进实用技术的重要力量。

（二）人才培育的概念及内涵

既然将乡土人才纳入人力资源体系，就应该遵循人力资源管理的一般规律，并结合乡土人才的自身特点来进行培育。一般而言，从人的维度出发，人力资源管理的目的就是要实现"选人、育人、用人、留人、淘汰"的全过程。具体而言，"选人、育人、用人、留人、淘汰"是人才培育成长的核心内容，同时也是人才培育的一般规律，乡土人才培育同样也遵循这个内在规律。结合人力资源管理的核心内容和一般规律，我们可以定义乡土人才培育的概念，就是通过行业评优、技能比赛、专业认证、专家评审、群众推荐、自我申报等多种途径来选出符合要求的乡土人才（选人）；通过技能培训、职称评定、政策帮扶、外出学习、田间授课交流等方式给乡土人才广阔的平台和空间，不断提升乡土人才的知识视野，专业技能，增大乡土人才的人力资本（育人）；通过岗位提拔、产业发展、创业发展等方式，并结合乡土人才的自身特点，与当前的精准扶贫紧密结合，充

---

① 李之凤：《关于农村乡土人才资源开发的研究》，《甘肃农业》2008 年 2 月 15 日。

分发挥乡土人才在脱贫攻坚中的自我价值（用人）；通过不断提高乡土人才待遇、优化乡土人才管理机制，增大物质奖励力度、加大社会宣传等方式，积极为乡土人才排忧解难，以感情留人，最终将乡土人才留在农村，为本地农村的经济社会发展提供智力和技术支撑，从而切实推动本地农业农村的经济社会发展（留人）。

二、基本理论

（一）人力资本理论[①]

人力资本（Human Capital Management）理论最早起源于经济学研究。20世纪60年代，美国经济学家舒尔茨和贝克尔创立人力资本理论，开辟了关于人类生产能力的崭新思路。该理论认为物质资本指物质产品上的资本，包括厂房、机器、设备、原材料、土地、货币和其他有价证券等；而人力资本则是体现在人身上的资本，即对生产者进行教育、职业培训等支出及其在接受教育时的机会成本等的总和，表现为蕴含于人身上的各种生产知识、劳动与管理技能以及健康素质的存量总和。人力资源理论的核心内容包括：（1）人力资源是一切资源中最主要的资源，人力资本理论是经济学的核心问题；（2）在经济增长的贡献中，人力资本的作用大于物质资本的作用。人力资本投资与国民收入成正比，比物质资源增长速度快；（3）人力资本的核心是提高人口质量，教育投资是人力投资的主要部分。不应当把人力资本的再生产仅仅视为一种消费，而应视同为一种投资，这种投资的经济效益远大于物质投资的经济效益。教育是提高人力资本最基本的主要手段，所以也可以把人力投资视为教育投资问题；（4）教育投资应以市场供求关系为依据，以人力价格的浮动为

---

① 杨菲：《LEY企业人力资源培训与开发体系研究》，《学术论文联合比对库》2014年3月29日。

衡量符号。

（二）可持续生计理论

"可持续生计"概念最早可追溯至 20 世纪 80 年代末世界环境和发展委员会的报告。1992 年，联合国环境和发展大会将此概念引入行动议程，主张把稳定的生计作为消除贫困的主要目标。[1]1995 年，哥本哈根社会发展世界峰会和北京第四届世界妇女大会进一步强调了可持续生计对于减贫政策和发展计划的重要意义。[2]可持续生计被提出后，成为世界各地 NGO、发展工作者及学界总结多年经验后，在参与式工作理念的基础上开发出的理论框架，具有较强的系统理论。可持续生计分析框架（SL）将生计资本划分为人力资本、自然资本、物质资本、金融资本和社会资本五种类型，描述了农户在市场、制度政策以及自然因素等造成的风险性环境中，如何利用大量的财产、权利和可能的策略去提升生计水平；反映出农户生计资本结构、生计过程和生计目标之间的交互变化和相互作用。[3]具体而言，生计资本包括人力资本、物质资本、金融资本、自然资本、社会资本等五种类型；生计策略包括收入状况、生活消费状况、生产投入状况等；生计后果包括贫困状况、对生态环境的影响等；社会化服务包括需求情况、供给情况。生计资本、生计策略以及生计后果前后具有严格的逻辑关系，是分析可持续生计的重要内容。由于书重点研究贵州省乡土人才的培育机制，而贵州作为全国扶贫攻坚的主战场，乡土人才的培育离不开脱贫攻坚这个大环境，因此，研究需要引入可持续生计理论，同时，可持续生计理论中的生计资本本身还包含人力资本，与乡土人才培养高度相关。最后，

---

① 吕蕾、黄玉、王大鹏、王晓峰：《城市化进程中失地农民安置措施研究》，《经济研究导刊》2011 年 4 月 25 日。

② 杨军昌：《侗族传统生计的当代变迁与目标走向》，《中央民族大学学报（哲学社会科学版）》2013 年 9 月 15 日。

③ 赵立娟、史俊宏：《可持续生计框架下的灌溉管理改革问题分析》，《贵州大学学报（社会科学版）》2012 年 1 月 25 日。

从全球贫困治理的研究趋势来看，各国学者普遍将可持续生计作为研究贫困问题的重要切入点，认为只有真正做到生计可持续，贫困问题才能真正得到解决。

第三节　贵州省典型乡土人才成长机制现状分析

一、贵州乡土人才建设概况

（一）贵州农村劳动力资源情况

贵州是一个农业省份，同时也是全国脱贫攻坚的主战场。包括建档立卡贫困户在内的农村劳动力是贵州脱贫攻坚的主体力量。长期以来，受经济发展、地理区位、就业机会等因素影响，贵州农村劳动力外流严重，农村人力资源不足，农村劳动力处于自生、自为、自发的无序状态。贵州农村大量劳动力的流失导致乡土人才外流，在很大程度上限制了乡村社会的自我发展能力。

统计表明，2015年贵州省乡村劳动力资源数193.99万（见表4-1），其中乡村就业人数为114.09万，2016年，贵州省乡村劳动力资源数减少到192.98万，其中乡村就业人数为111.10万，2016年的乡村就业人数在2015年的基础上，减少了2.6%。在这两年的乡村从业人员中，农林牧渔业劳动力是乡村人口从事最多的行业，说明目前我省多数还是以从事第一产业农业为主，同样面临着劳动力总量减少。从表4-2中可以看出，2016年乡村劳动力中每一百个人中初中学历人数最多，每一百个人中有44.82人是初中学历；其次位居第二的是拥有小学学历的人，每一百个人中有32.31人是小学学历；而高中学历以及大专学历的人则相对较少，由表4-2可知，初中程度及其以下所占比例为79.6%。因此，贵州省乡村劳动力受教育程度普遍偏低，而劳动力受教育程度偏低直接导致了贵州劳动力产业结构失衡，产业、行业人力资源结构性矛盾突出。人力资源的不足成为制约当前贵州乡村发展的一大"瓶颈"，多数乡镇基层农技部门很难引入农业农村专业人才，年龄断层现象非常严重，"招不进、留不住"现象十分普遍；基层农技队伍自身的知识老化、接受或懂得新知识的能力差，因此，高素质乡土人才的缺乏严重制约了贵州乡村振兴的实施。

表 4-1 贵州省乡村从业人员主要行业分布

	2016 年	2015 年	2016 年比 2015 年增长（%）
乡村劳动力资源数（万人）	192.98	193.99	−0.5
乡村从业人员数（万人）	111.10	114.09	−2.6
农林牧渔业劳动力（万人）	45.59	47.90	−4.8
工业劳动力（万人）	10.88	10.40	4.6
建筑业劳动力（万人）	11.28	11.59	−2.7
交通运输、仓储业及邮电通讯业劳动力（万人）	4.58	4.37	4.8
批发零售贸易业、住宿、餐饮业劳动力（万人）	11.56	11.44	1.0

表 4-2 平均每百个劳动力中文化程度分布情况

	2016 年	2015 年
文盲或半文盲	2.47	1.77
小学程度	32.31	31.59
初中程度	44.82	53.97
高中程度	8.69	7.94
大专以上	5.23	4.73

资料来源：《贵州省统计年鉴 2017》。

（二）贵州乡土人才建设概况

贵州省农村乡土人才开发工作始于 2000 年，贵州省人社厅结合贵州乡村发展的实际情况，对贵州省农村乡土人才开发工作做出了总体规划，在宏观上提供政策支持，体制上进行改革创新。自2000年，贵州省出台了一系列农村人才队伍建设、选拔和管理的政策，全面推动了全省农村乡土人才开发工作的深入开展。如2000年出台了《贵州省人民政府办公厅转发省人事厅关于加快我省农村乡土人才开发的意见的通知》，2007年农村乡土人才首次列入《贵州省人才开发需求专业目录》，《目录》把人才划分为党政人才、企业经营管理人才、专业技术人才、技能人才、农村乡土实用性人才等5类。其中，农村实用性人才的需求高达32715人。为实现靶向引才、精准引才，切实发挥人才助力脱贫攻坚的积极作用，贵州省于2018年3月发布了《贵州省助力深度贫困县与极贫乡镇脱贫攻坚人才需求白皮书》，《白皮书》中的调研范围覆盖了贵州14个深度贫困县和20个极贫乡镇，累计220个乡镇。对于贵州大多数贫困县来说，仍存在脱贫攻坚存量人才素质偏低、人才增量推进乏力、专技人才能力有限等问题，一定程度上制约了贵州省脱贫攻坚工作的推进。从脱贫攻坚人才需求总量来看，人才需求缺口较大，需求量排在前三位的是新型职业农民、乡村产业人才、乡村基础教育人才。从脱贫攻坚需要的人才年龄、学历来看，这些贫困地区对大专及以上学历的人才需求占84.15%，对30岁以下的基础教育人才、乡村文化事业人才、乡村医疗卫生人才需求占比均较高。从贫困地区人才紧缺程度来看，紧缺程度排在前三位的是乡村医疗卫生人才、基础教育人才和新型职业农民。从贫困地区需求的人才岗位类型来看，这些贫困地区最为急需财务管理人员。[1]

　　距离全省脱贫攻坚只有不到3年的时间，时间紧，任务重，贵州省在挖掘、开发和使用农村乡土人才上做了有益的尝试。由于不同的县域地理

---

[1]　王雨：《贵州省助力深度贫困县与极贫乡镇脱贫攻坚人才需求白皮书》，《贵州日报》2018年3月21日。

区位、生态环境、产业发展等条件不同，不同县域产生的乡土人才类型也不尽相同。如贵州省榕江县因地制宜制定了农业产业"1+N"总体布局，在中药材、蔬菜、稻田生态养鱼等农业产业建设方面，培育、涌现出一批有技术、懂经营、会管理的农村乡土人才。榕江县的农村乡土人才根据各自的专长，因地制宜，在技术上帮带、在产业建设上引路，发挥了辐射带动贫困户实现共同富裕的"领头雁"作用。如古州镇高文村"葱"忙村支书黎应松，利用当地资源优势以"党支部＋合作社＋农户＋贫困户"模式成立"高文村香葱产业合作社"，带动100户入社发展（其中贫困户达55户）每年每亩收入达3.6万元。此外，多数贫困县在乡村能人的领导下都开发了适合自己的脱贫致富道路，这些脱贫的成果都是乡村能人通过自身的努力带动贫困户们一起完成的。他们是乡村青年，也是一线的技术员，既自己带头学通弄懂，又善于用接地气的方式，把政策科技送进千家万户。例如大方县猫场镇的箐口村，一位走出大山的成功年轻人返回贫困的山村里用坚强的意志和精神在乡土创业，从而带动村民走上了农村可持续性发展的道路；有的村干部他们既是一线的"指挥员"，又是带动产业兴旺、农民致富的"领航员"，例如党的十九大代表、贵州省岩博村党委书记余留芬，她自掏腰包为乡村修公路，接手了村里转让的1480亩岩博林场，建起了砖厂和特种养殖场，带领着村民走上了致富的道路。

　　贵州的乡土人才文化层次不同、年龄不同、行业不同，他们对带动乡村经济社会发展的形式也不相同，有的人是把技术和创新精神带回乡村，发动村民们一起创业，一起经营，一起富裕；在一些少数民族村落，有的人挖掘当地的传统民族文化、当地的特色资源结合在外学到的技能，带动和培训乡民学技术，打造具有自己民族文化特色的产品，让不少贫困村民吃上"旅游饭"；有的人是村里的干部，一心只为乡村的发展，一心只为村民着想，他们可以为了解决村民喝水难灌溉难的问题，坚持40年开山劈石，凿出一条绝壁"生命渠"，他们一生都为乡村奉献着，服务着村民，带领村民过上幸福安稳的生活。虽然乡土人才各不相同，但是他们的初心都是一致的。

因此，结合上述分析，根据贵州省乡村建设的自身特点以及乡土人才成长的规律，将乡土人才大致分为生产型乡土人才、经营型乡土人才、技能带动型乡土人才、服务型乡土人才四种类型。其中，生产型乡土人才主要是在农村种植、养殖、捕捞、加工等领域达到较大规模，具有较高收益，并有一定示范带动效应、能帮助农民增收致富的技术人员，包括种植能手、养殖能手等；经营型乡土人才是指从事农业经营、农村专业合作组织等生产活动，有较大示范带动效应或能吸纳一定数量的劳动力就业的农村劳动者；技能带动型农村人才是指具有一技之长的能工巧匠，能将技能传授给其他农民，能带动其他农民掌握该技术，以从事该行业作为主要经济来源的农村劳动者；服务型人才主要是指在农村文化、社会保障等领域提供服务的各类人才。将乡土人才准确分类，才能因材施教，才能培育更多优秀的乡土人才；而为贫困因素不同的乡村，培育适当的乡土人才，才能抓住重点展开脱贫致富工作。乡村发展的关键在于有一大批农业科技人才和农村实用人才，尽管贵州省在乡土人才带领脱贫致富上取得了一定的成效，但是仍有不足，目前农村技能型、创新型人才依然匮乏，农村青年、返乡人员、退伍军人创业创新水平不高仍是限制乡村振兴的主要因素。

二、培育乡土人才的典型做法

通过收集大方县和独山县两县培育乡土人才的做法，掌握贵州不同县域培育乡土人才的一般路径，提炼出贵州乡土人才成长的一般规律，概括出贵州乡土人才不同的成长类型，为后续贵州乡土人才的培养路径提供参考。

（一）大方县培育乡土人才的做法 ①

近年来，随着"人才扶贫"战略的推进，大方县始终坚持把人才队伍建设摆在突出位置，通过做好乡土人才培育过程中的"引、育、用、管"等内容，形成具有大方特点的人才扶贫"新磁场"。政策方面，在引进乡土人才方面，大方县先后出台了《大方县人才引进暂行办法》《大方县吸引外流人才回归服务机制实施方案》等政策文件，政策红利不断，极大地拓宽了人才渠道，形成了广纳人才的良好氛围。自 2012 年起，大方县专门建立人才资源专项资金，县财政每年安排 100 万元，作为人才引进、培养、管理、服务所需的工作经费，并根据实际需要和财政收入的增长逐年提高。

在培育乡土人才方面，出台了《大方县关于深化人才队伍建设体制改革的实施方案》《大方县县管专家量化评审指标体系》等文件，并围绕"三化"同步目标，理顺人才培训体制，强化部门协作，打造一支结构合理、敢于创新的人才队伍。采取"引进来、走出去"等方式，分期分批选派干部到山东、重庆、江西等地进行学习培训。依托"干部教育平台"，对全县人才队伍开展回炉再造 2 万人（次），进一步提高人才的综合素质。以恒大集团帮扶大方县为契机，先后与北京大学、清华大学等著名高校签订对口帮扶培训协议。目前，已开展培训班 5 期，累计培训医护人员、教师、漆器等专业人才 250 人次。面对"高层次人才缺乏，青年专业技术人才创新能力不强"这一难题，大方县除专门建立人才培训档案，严格执行培训计划、请假管理等制度外，每年还从县直部门选派优秀人才到乡镇挂职。在职称评聘上，打破常规、简化评聘程序，对符合条件的农民技术职称做到应评尽评。大方县还采取"目标式服务、项目式管理"模式，定期

---

① 《大方县：筑牢人才扶贫"新磁场"》，见 http://rb.bjrb.cn/html。

对用人单位用人效果进行考核评价，及时了解掌握人才的思想动态。截至目前，全县通过考核分别兑现人才奖励资金600余万元，评选出县管专家29名"农民讲师""农村致富能手"等优秀乡土人才2179名，发放专家津贴10.4万元。

在使用乡土人才方面，大方县以开展"科技人才联乡帮村计划""乡土人才扶贫带富计划""圆梦小康专家行动计划"等6项计划为引领，充分调动专家团队的积极性和创造性。在全省"万名农业专家服务三农"行动计划中，大方县从卫计、农业等部门选派653人组成"圆梦小康专家"，按照"1+N""N+1"等帮带模式，开展业务指导750场（次），累计培训群众8万人次，帮助基层解决难题900余个，推广新技术、新产品、新方法60余个，转化科技成果19个，帮助基层解决发展难题951件。科技副职作用发挥方面，大方县实行"月报告、季述评"制度，倒逼科技副职主动作为，有效激发他们干事创业的热情。该项工作开展以来，科技副职帮助培育特色主导产业50个，推广普及实用技术62个。同时，大方县还充分发挥"乡土人才"带头作用，鼓励他们以"乡土人才＋项目资金＋贫困户"的模式，主动与1200余"穷亲戚"签订帮扶协议，通过"五帮模式"与贫困户一起"弯腰拔穷根、携手奔小康"。同时大力实施"情系大方人才回归"工程。2016年，全县成功吸引回乡创业人才1万余名，资金回流2亿余元，带富贫困户1万余人。①

在管理乡土人才方面，大方县坚持从问题入手，不断推进人才发展体制机制改革，充分释放人才创新创业活力。先后出台了《关于引进人才工作实绩考核办法》《大方县人才扶贫带富计划实施方案》等文件，提出若干改革举措和突破性政策，就人才服务大方县脱贫攻坚作出系统部署和宏

---

① 《大方县：筑牢人才扶贫"新磁场"》，见 http://rb.bjrb.cn/html。

观谋划，对新形势下人才强县战略作出顶层设计和制度安排。此外，还建立健全县、乡、村三级人才工作网络及各类"人才信息库"，加强对人才的动态跟踪管理；推行"三度考核"机制，对引进的人才实施考核；对乡镇或县直单位一把手细化考核、县领导班子量化考核、群众动态考核，防止"南郭先生"式的人物存在。①

通过"引、育、用、管"，以乡土人才为中坚力量的"人才扶贫"已成为大方县脱贫攻坚的中坚力量。2016年，大方县完成地方生产总值174.83亿元，同比增长13.1%；城镇常住居民人均可支配收入24240元，同比增长8.6%；农村常住居民人均可支配收入7881元，同比增长13%。

（二）独山县培育乡土人才的做法②

党的十九大以来，贵州独山县创新载体、搭建平台，着力把乡土人才培养成致富带头人，为脱贫攻坚献计出力。独山县通过走访座谈、组织推荐等形式，对乡土人才登记归类，建立种养能手、能工巧匠、营销能人、电商经营强人、民族文化传承人5类4135名乡土人才库，实行动态化管理。推行乡土人才孵化模式，加快提升能力素质，依托村级党校、乡土人才示范基地、智慧党建云、远程教育等平台培训乡土人才1.8万人次。为把乡土人才培养成带领群众致富的"金种子"，独山县定期组织乡土人才帮助各村分析贫困原因，找准致富路子，把总结的"土方法"结合新技术、新成果推广。采取项目倾斜、小额担保贷款等方式，扶持乡土人才做大做强主导产业，辐射带动群众共同致富。目前，全县共培育乡土人才"金种子"1784个，由"金种子"创办的种养殖、加工销售等专业合作社共130余个，带动2860余户贫困户稳定增收。

实施乡土人才脱贫计划，要求每个乡土人才帮扶4户贫困户、一定

---

① 《大方县：筑牢人才扶贫"新磁场"》，见 http://rb.bjrb.cn/html。

② 梁艳：《贵州独山乡土人才"破茧而出"助脱贫》，《中国组织人事报》2017年9月11日。

4 年不变，以"扶智"传授技能为主。对乡土人才结对帮扶对象、帮扶项目、帮扶目标，由村到镇进行摸底审核，报县委组织部备案，确保结对帮扶取得实效。2017 年以来，全县乡土人才共发放"帮扶联系卡"18000 多张，落实帮扶项目 178 项，帮扶贫困户 3286 户，2785 户贫困人口实现脱贫。通过分析大方县和独山县培育乡土人才的实践，可以找出两县的共同点。第一，县政府高度重视乡土人才的重要性，出台各项扶持乡土人才的政策，并依靠乡土人才脱贫攻坚；第二，识别乡土人才，为他们归类建库；第三，为乡土人才提供培养发展的平台，帮助乡土人才提升自身的能力；第四，形成传代机制，由乡土人才带领贫困村民脱贫致富；第五，大力投入资金激励乡土人才。

三、乡土人才成长的典型案例

（一）传帮带 + 专业技能型乡土人才成长

1990 年出生于贵州省印江县的全国人大代表杨昌芹，16 岁进入黔东印江民族职业学校学习。在和同学到赤水市学习竹编工艺技术的期间，她认识了贵州省竹编工艺美术大师陈文兰。通过向大师认真学习、掌握要领后，杨昌芹将传统的平面竹编工艺进行创新，将其转化为立体竹编工艺，并成为省级非物质文化遗产赤水竹编传承人。竹编杯套的原料源自赤水当地的慈竹，经过 20 多道工序完成，一个竹编杯套能够带来 100 元的收益。在杨昌芹的带动和培训下，不少村民靠着竹编脱贫致富。2017 年，赤水市成贵州首个脱贫摘帽的贫困县。杨昌芹深刻意识到，比起直接用金钱帮助少数民族农村的村民，不如深挖当地的传统民族文化与特色资源，找到脱贫致富的最佳路径。在发挥当地资源优势的基础上，杨昌芹通过向大师学习、传承继而创新技艺，成为省级非物质文化遗产赤水竹编传承人，带领村民走上脱贫致富的道路。

（二）党建 + 经营管理型乡土人才

党的十九大代表、贵州省盘州市淤泥彝族乡岩博村党委书记余留芬不仅致力于向干部群众宣讲十九大精神，还通过成立以"人民小酒"为拳头产品的贵州岩博酒业有限公司，带领岩博村于 2015 年全部实现脱贫。当初余留芬接受私营小酒坊后，不甘小打小闹，她想建一个上规模、有技术的正规酒厂，并把它办成一个能带领村民们脱贫致富的集体企业。资金周转困难时，余留芬就把自己多年的积蓄投进去，岩博酒业发展经历了一次次阵痛，余留芬却从没放弃。建立岩博酒厂时，余留芬发动村民人人参股。80% 的人参与进来后，剩下 20% 的人因没钱而无法参股，余留芬贷款替他们认股，村民只需支付利息。后来当岩博村和鱼纳、苏座两个贫困村组成联村后，余留芬又想尽办法给 2410 名村民分配酒厂股份。为了带动更多人脱贫，岩博酒厂以每斤 3 元的价格向村民收购高粱，而当时当地市场价只有 1 元 6 角。余留芬想通过提高收购价鼓励周边村的村民种高粱，让他们也能享受岩博酒厂发展的红利。同时，酒厂酿酒出的酒糟也无偿给村里收入偏低的农户喂养牲畜。①

余留芬放弃了很多次开办家族企业的机会，不断贴钱甚至将家里的房产汽车都抵押出去维持岩博酒厂，在她看来，带动所有村民都富起来比一个人富起来更有人生价值。余留芬不仅是全国优秀共产党员，三八红旗手，最美女村官，党的十七大、十八大、十九大代表，更是一个扎根农村、心系村民的农民。以余留芬为代表的千千万万名共产党员带领百姓砥砺奋进，正在彻底摆脱贫困，实现全面小康。他们正在创造更多像"人民小酒"一样的产业，让百姓过上美好生活。

---

① 李惠男、苏鸿雁、闫宏伟：《让"人民小酒"美好更多人的生活——记党的十九大代表、贵州省岩博村党支部书记余留芬》，《思想政治工作研究》2017 年 12 月 1 日。

（三）返乡创业＋生产管理型乡土人才

1. 正安县返乡创业青年郑传玖

全国人大代表、正安县贵州神曲乐器制造有限公司总经理郑传玖 1997 年和兄弟去广州打工，经过十年努力创建了广州神曲乐器制造有限责任公司，代工生产世界第二品牌吉他——依班纳和南美最强势的品牌吉他——塔吉玛。2012 年，郑传玖把工厂从广州搬回正安县，带着"大雁们"飞回家乡，他们大多是吉他制造的管理和技术人才。随后，塞维尼亚乐器、鹏联乐器、华成乐器等 8 家吉他制造企业也相继落户园区，"正安·国际吉他园"呼之欲出。[①]

郑传玖在外面打拼多年后，选择回到家乡，家乡人熟、地熟，让郑传玖很有归属感。郑传玖认为，相比发达地区，贵州的地价、水电、劳动力都不贵，回乡创业，既可以带动家乡发展，也能照顾自己的家人，是一件多全其美的事情。郑传玖希望通过返乡创业这种模式为建设家乡作出贡献，他也希望吸引在外打工的年轻人回来，发挥他们的才能，贵州的发展需要青年齐心协力。

2. 从江县苗族绣娘韦祖英[②]

韦祖英是贵州黔东南从江县马安村的"金凤凰"，人长得漂亮，苗绣手艺了得，通过创办刺绣加工合作社，带动 30 余贫困户走上脱贫致富的道路。韦祖英从小学苗绣，学什么会什么，不到 16 岁就成了村里有名气的"小绣娘"。2000 年，韦祖英南下广东，在广州一家绣花厂上班。她一心想学机械刺绣操作，白天夜里都思索着如何把这些机械操作知识全部学会，挣到钱后买一台机器回家里自己办厂。2011 年初，韦祖英与爱人陈国祥从广州返乡创业，投资了 20 万在马安村创办了自己的电脑绣花厂——

---

① 马刚、陈曦：《大山深处：小小吉他弹出大产业和弦》，《贵州日报》2015 年 8 月 31 日。
② 韦祖英：《苗族绣娘靠针线绣出致富路》，见 http://qiye.gog.cn/s。

从江县花甲电脑绣花厂，她利用打工期间学习的缝纫技术和电脑刺绣知识，先带动姐姐一起创业，并携手做了许多民族特色刺绣品、设计和销售工作。发展到今天，韦祖英已经拥有自己独立的厂房，4台绣花机，聘请几名工人。如今她的绣花厂主要制作、经营苗侗瑶民族特色服装、手工艺品、刺绣花边等共10余种产品，产品畅销广西、广州等地，年毛收入100万元。①

韦祖英不仅自己富了，2014年7月，她还与潘培辉等一起组织本村热爱刺绣的妇女创建马安刺绣合作社，免费培训学员，带动大家一起脱贫致富奔小康。如今，在韦祖英的帮助下，当地有200多名苗家妇女从事刺绣加工，马鞍村办起了专业的刺绣设计室、大型绣花厂3家，家庭刺绣作坊28家，绣品店32家，村里成立了刺绣专业合作社，刺绣成为马鞍村的支柱产业，去年全村仅销售刺绣产品人均纯收入达到2.4万余元。2017年，韦祖英被全国妇联授予"全国三八红旗手"荣誉称号；2018年1月，在贵州省第十三届人民代表大会第一次会议上当选为第十三届全国人民代表大会代表。韦祖英把苗绣当成自己的生命，一代接着一代传，在刺绣这条路上带领更多的乡亲们一起走上小康路。

3. 大方县养殖能人张习兵②

在外打工的张习兵回到家乡开办养殖场，为实现规模化经营，张习兵买来有关养殖方面的书籍认真研究，反复的学，还积极参加乡里组织的各类养殖培训活动。功夫不负有心人，目前，张习兵的养猪场有了一定的规模，养殖场占地面积2600平方米，有猪舍3栋，猪栏120个，计划总投资120万元，一期投入60万元，母猪80头，种猪4头，猪舍屋顶采用隔热板材料，全封闭管理，采用先进的自动控温，自动饮水，自动供料技

---

① 韦祖英：《苗族绣娘靠针线绣出致富路》，见 http://qiye.gog.cn/s。

② 《"淘金人"粪里寻财》，见 http://news.dayoo.com。

术，猪舍内冬季锅炉供暖，夏季水降温，养殖场还配套建设有消毒室、值班室、监控室、库房、配料室，有单独的公猪栏、妊娠室、产房、保育栏等。为将规模再扩大，学到更好的养殖技术，他还把小儿子送去贵阳畜牧兽医学校学习兽医专业知识，为养殖场下一步扩大规模做好准备。

在张习兵的影响下，周边群众也干起了养殖业，村民们在养殖中有什么疑问或难题都会向他求教。目前，和平村养殖生猪达 150 头以上规模的就有两户，100 头以下的有十多户，在听说政府需要采购猪苗给贫困户养殖时，他更是主动找到政府以保底价给大家提供猪苗。张习兵不仅掌握了过硬的技术，他的养殖场还秉承绿色环保、生态养殖的发展理念，配套建设了沼气池，同时为周边的玛瑙红樱桃和蔬菜玉米种植提供有机肥，形成环保式生产模式，由于采用科学的养殖模式，他养殖场的猪肉品质好、肉质鲜美，在市场上供不应求，今年预计出栏 800 头左右，收入可达 200 多万元，可获纯利润 80 万元。

（四）技术研发 + 生产管理型乡土人才

1. 大方县农业科技人才张光文

天麻是贵州省大方县地道特色优势品种，被称为"中国天麻之乡"，在国内具备较强的产业竞争优势。张光文于 2007 年在贵州省大方县注册大方县关水井绿色开发有限公司，以大方县地道特色品种"天麻"为主，开始从事天麻以及天麻伴生菌种（萌发菌和蜜环菌等）的种植、研发和生产。

十余年来，张光文一直致力于地方特色优势产业天麻及食药用菌的发展，围绕天麻及食药用菌产业做文章，在技术研发、产品开发、市场拓展、品牌打造等方面亲自前往全国各地学习先进技术，以技术创新促进产业增产增效，不断围绕制约天麻产业发展的技术难题进行攻关，形成了公司核心竞争技术。为保证相关技术研究的严谨性和可行性，张光文一直带领公司技术团队坚持工作在生产第一线，从技术调研、技术可行性研究到最后向广大农户进行推广、应用和培训方面做到亲力亲为，做到为产业负责、为农户负责、为科学技术的真实可行性负责。为平衡生态与发展的关系，遵循"回归自然"的生态原则，张光文积极探索"林下仿野生种植技术"，大力发展乌天麻林下生态种植业。

在一系列扶持产业发展的政策和支持人才创业的优惠条件下，张光文的公司很快得以发展壮大，现已发展成为从天麻及其伴生菌种的种植、研发、加工到销售的一条龙服务的民营科技型企业，成贵州省内天麻产业的龙头企业。公司旗下目前建有林下生态种植示范基地4000亩，建成"公司＋农户"合作基地8000亩，公司基地连接带动农户1000多户，户均年增收8000余元，常年为农户提供劳动就业岗位180余个，人均年收入1.5万元以上。

张光文通过自己的创业创新之路，立足地方实际，发展特色产业、发展精品农业，有效提升了农业产业附加值，为助推家乡经济发展尽了一份绵薄之力，让农户们有收入。

2. 福泉县肥料人才甘大禹

贵州省福泉市农村有不少养殖基地和养殖户，乡间没有及时处置的臭烘烘的猪粪牛粪，让多家养殖场和众多养殖户大伤脑筋。49岁的"乡土能人"甘大禹开始琢磨如何变废为宝。2016年3月，他在福泉市凤山镇办起了生物肥业有限公司。甘大禹从农村各家各户收购来猪粪、牛粪，添加微生物菌种自然堆积发酵，经过加工改良后制成生物肥料。当地认为，甘大禹的公司依托成熟技术，让猪粪、牛粪更具有"含金量"，既能助农增收，又有利于乡村环境整治，一举多得。甘大禹正探索建立一个"生态试验基地"，在发展自己的同时也帮助农民，保护生态。

3. 时代楷模型乡土人才黄大发

黄大发曾担任贵州省遵义市播州区平正仡佬族乡团结村党支部书记，

20 世纪 60 年代起，他带领 200 多名群众，历时 30 余年，靠着锄头、钢钎、铁锤和双手，硬生生在绝壁上凿出一条长 9400 米、地跨 3 个村的"生命渠"，结束了当地长期缺水的历史，使草王坝每年粮食产量从原来的 6 万斤增加到近百万斤，被当地群众亲切誉为"大发渠"。他带领群众树立主体意识，发扬自力更生精神，修村路、架电线、坡改梯、建学校，改变了当地贫穷落后的面貌，用实际行动践行了新时期愚公移山精神。2017 年 4 月 25 日，中央宣传部授予黄大发"时代楷模"荣誉称号；9 月，获得"2017 年全国脱贫攻坚奖奋进奖"①。

通过分析比较上述不同类型的贵州乡土人才，可以将他们的成长路径进行总结。一些乡土人才充分发挥地方特色，借助地方资源，因地制宜进行创新实践。如杨昌芹的竹编原材料来源于赤水当地的慈竹子；韦祖英身处的从江县以苗绣为主要传统技艺；张光文依赖天麻这一大方县特色优势品种进行创业。一些乡土人才通过在外打工学习，返乡后创业，将家乡打造成以某一产业见长的地区。如王瑶带领乡亲们种茶制茶，如今江西坡镇细寨村片区已经发展成为万亩茶场，普安县因此也成了贵州省为数不多拥有连片万亩茶场的中国茶县之一。郑传玖将吉他工厂搬回家乡发展，使得遵义正安县成为"中国吉他制造之乡"，并在国内吉他制造业中夺得了一席之地，出口吉他量接近国内总量的一半。还有一些乡土人才身为当地的村干部，心系村民，想出帮助村民们走出贫困的办法，通过自己的努力和付出，带领大家一起致富。如"人民小酒"的领军人余留芬、"当代愚公"黄大发。

这些乡土人才带领村民们脱贫的方式各不相同，但是他们都心系身边的贫困人口，不遗余力地帮助村民们脱贫致富。概括而言，贵州乡土人才

---

① 《"时代楷模"黄大发先进事迹文稿》，多彩贵州网通讯员之窗，见 http://txy.gog.cn/html。

的成长路径有以下几种类型：一是发挥当地资源优势，通过老年人的传帮带形成的乡土人才，如赤水市的竹编工艺传承人杨昌芹（全国人大代表）属于传帮带＋专业技能型乡土人才；二是发挥个人在乡村的影响力，属于党建＋经营管理型乡土人才，如六盘水岩博村的余留芬（党的十九大代表）；三是通过外出打工学到了相关的技能，然后返乡创业，成为乡土人才，如打造正安县吉他产业的郑传玖，当选2017年全国"三农"人物（全国人大代表），属于返乡创业＋生产管理型乡土人才等。

第四节　制约贵州乡土人才培养机制的因素分析

由于历史因素、区位条件以及经济发展等因素的影响，作为全国贫困范围最广，贫困程度最深，脱贫难度最大的内陆省份，贵州长期面临着乡土人才规模偏小，层次不高，收入偏低，结构失衡，激励不足等现实难题。鉴于在乡土人才培养建设中存在的以上问题，主要从人才培养的心理维度、时间维度、过程维度三个方面分析制约贵州乡土人才培养机制的因素。

一、人才培养的心理维度因素

（一）思维方式落后

思维方式落后是制约贵州省乡土人才建设的内在根本原因。客观地看，贵州作为全国贫困范围最广，贫困程度最深的省份，人的思维方式和认识相对发达地区滞后。省内不少县市对乡土人才的培养建设工作重视不够，往往存在雷声大、雨点小的现象，规划过虚，力度偏小，用力不均衡，上下不连贯，政策不连续，缺乏长远的规划，缺乏持久的工作力度，时紧时松。并且在不少地区，经济指标是主角、招商引资是重头戏，对于这些刚性要求抓得实落实的也不错；而对于人才培养工作一般只是象征性地提一提，缺乏刚性的工作要求，存在重物质资源开发、轻人力资源开发，重人才使用、轻人才培养，重人才管理、轻人才开发，重引进项目、轻引进人才的"四重四轻"倾向。大多数的地区还是把经济增长视为重中之重，没有把人才培养建设放在重要的位置；培养人才、建设乡土人才体制机制仍停留在口头上、文件中；有的偏远贫困地区没有或没能力为人才提供施展才华、实现自我价值的发展空间，导致大量农村劳动力向发达地区或城镇周边地区转移，不少"土专家""田秀才""乡村能人"背井离乡"跳农门"，造成大量的乡土人才错位、人力资源倒流和浪费的现象。另外，从个人的思维层面看，几乎所有人的思维还停留在传统层面上，在农村略有作为的能人以及大学毕业的大学生都没有扎根基层的思想，认为在基层实现不了人生价值，同时有部分基层干部也由于在农村无作为的思想奉献精神逐渐淡化，进取敬业精神不强，面对国家关于农村改革与发展的政策无动于衷。由于受这些思想观念的影响，部分政府部门、基层干部以及人才本身都缺乏乡村振兴的责任感与使命感。[①]

（二）小农意识明显

乡土人才最突出的一个特点就是长期生活在农村并且他们是劳动在农业生产第一线的群体，因此这些乡土人才是和当地群众有着紧密联系的关系，他们的一举一动对当地的广大群众更具有感染力与辐射力。如果有关部门能有效地利用这种感染力与辐射力，就能以点带面带动当地群众共同致富。但是在实际生活中部分乡土人才人格陈旧、固执，他们缺乏"大集体"的意识，在思想上还是根深蒂固的小农意识，对于用自己的才能去带动广大群众共同致富的观念薄弱。其次是大多数的人才安于现状，缺乏积

---

① 张天运：《欠发达县市人才队伍建设的思考》，《人才资源开发》2010 年 11 月 10 日。

极进取的精神，对于自己目前的现状非常满意——即使较不满意也不会改变，更没有继续发展壮大事业的想法。这样的思想观念不利于达成壮大乡土人才队伍的远大目标并且还会拉低乡土人才的平均水平。

（三）人才环境严峻

贵州之所以长期发展滞后于我国其他省份，存在一定的客观原因。贵州省从地势地貌来说大部分地区都是资源贫瘠、土地总量少且土地质量差、基础设施落后等。较差的生产、生活条件，使外地能人不愿进来、当地人才想方设法的走出去。由于这些客观原因的存在，贵州省想留住人才、吸引人才的难度比其他发达及较发达地区大的多。从人才个人的角度考虑，在发达的地区的收入比在相对落后的地区高，个体面对的机遇和施展自身才能的平台也要大的多。人才竞争激烈是制约贵州乡土人才培养机制的根本原因。目前，各地区人才争夺日益激烈，特别是在吸引高层次人才方面，各地政府都推出了不少政策措施和配套措施。相比之下，贵州的人才政策，仍停留在较低层次水平上，缺乏创新的人才引进政策措施，导致对人才没有足够的吸引力。然而现有的人才机制上存在的问题对已在工作岗位上任职的人才有着不同程度的影响，比如论资排辈、人才能力得不到好的发挥等，导致人才在工作过程中丧失积极性、主动性与创新性。

二、人才培养的时间维度因素

（一）自我探索期缺乏引导

当前，就整体而言，西部地区公众科学素质水平较为低下，与当下经济社会发展的要求不相适应。在乡土人才形成的初期——即自我探索期，所受教育培训薄弱。从总体来看，几乎所有的农村基础教育水平都普遍较低，并且在现有的教育体系里，初高中的知识全是基础性的知识，未涉及相关的实践性强的课程。对于初高中毕业或中途辍学的学生来说，他们未能在上学的时间内接触与农业技术以及其他技能有关的知识。因此，乡土人才在成长的初期，技能是由上一代人的传授以及自身在长期的生产生活实践中总结经验自学成才，通过正规机构培训的少，即使有相应的职高院校，但是这样的院校培训内容多集中在常规种养技术，培训内容单一导致培训不能满足乡土人才发展的自身需要。此外，农村的基础设施条件落后，在一定程度上限制了乡土人才的发展，从而引致乡土人才成长会花费大量的时间，形成的时间周期长，不利于整个乡土人才队伍的发展。

（二）集中训练期缺乏实践

制约贵州乡土人才培养机制的根本是教育培训薄弱，在人才形成的初期，贵州乡土人才多数是通过生产积累、师徒传递等方式成长起来，而经过正规专业培训的很少，这不仅与人才自身的原因有关而且更重要的是农村培训能力弱。在农村由于基础设施条件差以及资金投入不足，农广校、农机校和农技校等培训单位培训能力有限，培训多数集中在基础知识方面，与生产技能有关的培训和实践很少。还有较为严重的是培训的内容笼统、单一，没有针对性，对来参与培训的乡土人才培训一样的内容，这样的培训既不符合村民具体生产生活活动，也不符合在生产活动中遇到问题所需要的解决方案。此外，地区培训单位没有因地制宜地制定与当地相适应的培训内容，大多数的培训单位是眉毛胡子一把抓，哪种方案好就用哪一种的思维模式，发达地区与欠发达地区的培训方案不同，山地和平原地区的培训方案不同，不同的技术也有不同的培训方案。但是在实际的培训过程中却很少能真正的做到这一点，因此还是存在过于理论化的现象。在贵州大多数乡镇都没有设立技术培训学校，劳动者想要参与培训只能去县城或者外地，但是这样会增加劳动者培训的成本，因此他们会权衡这样的培训成本是否值得去，这样不仅会使培训率低，而且难以满足在农业、农村和农民的实际需要。

（三）才华展露期缺乏扶持

为什么有的乡土人才在家是"小不点"，出去闯一闯就成了"大老板"；在家养鱼养虾，出去闯一闯就成了"企业家"？因为贵州乡土人才没有一个适宜的生长环境，没有大展手脚的平台，部门资金、政策投入缺乏不利于人才能力的发挥，更不利于挖掘乡土人才的潜在能力及价值创造力。无论是依托产业发展的技术平台，还是经营管理的其他平台，大多数的人才在才华展露时多处于自生、自发、自为的状态，缺乏发挥能力的平台不仅留不住当地的乡土人才也无法吸引社会上更有能力的人才。

（四）价值创造期缺乏信息

在价值创造期及价值创造后期制约贵州乡土人才发展建设最大的因素是安于现状、缺乏相关信息来源，只埋头干活不了解、不掌握实时更新的技术信息、市场信息等。对于政府部门来说建设乡村发展带动地方经济的任务最为主要。首先，如果政府缺乏捕捉相关作物、工业产品等的市场信息，引导人才向正确的方向发展，让人才封闭在自己的观念、眼界行事，这不利于乡村人才跟上日新月异变化的速度，他们的能力在市场上得不到充分的发挥，会使得乡土人才队伍积极性受到挫败。其次，政府部门在乡土人才培养中担任开发主体的位置，当前的技术并不能经久不衰，技术的更新速度并不比市场变化慢，资金的缺乏不能引进先进的技术设备和技术专业人员，没能力给乡土人才提供前沿的技术培训平台，更不能给人才相应的技术实践，导致地区与地区之间乡土人才能力水平差距大，不利于价值创造后期人才的相互交流、经验借鉴。最后，对于在价值创造后期的人才来说，外出深造是必不可少的，但由于政府部门各方面的能力匮乏、社会参与不足，导致人才外出深造、访问的机会少之又少。极大地影响了乡土人才队伍的成长发展。

三、人才培养的过程维度因素

（一）缺乏有效识别

主要存在的识别误区是乡土人才和开发主体之间的双向认识误区：其一，开发主体对发展利用乡土人才的重要性认识不够，一谈到人才，往往把眼睛盯在大中城市的高精尖人才上，却忽视了有一技之长的乡土人才。部分地区的开发主体对乡土人才的战略意义认识不足、重视度不高，经常把乡土人才边缘化，乡土人才未能平等享受与其他人才一样的职称评定、深造等更多提升自身能力的机会，待遇落实保障不到位，存在雷声大、雨点小的现象，力度偏小，用力不均衡，形式主义多等现象，这些在某种程度上制约了贵州乡土人才培养机制的形成。其二，人才对自身的认识不够。他们认为改善乡村建设环境是政府的事，推卸自身的责任，自己只需要守着这"一亩三分地"，缺乏利用自己的能力去带动一方共同发展致富的责任感。所以想要贵州乡土人才培养机制往好的方向发展，必须提高乡土人才自身的觉悟，让其主动参与当地的相关事宜等。另外，各级开发主体尽可能的利用好部门的职能优势，积极的给乡土人才改善与创造更好的发展环境，才能留住人才，吸引人才，不断地壮大乡土人才队伍，更好的为推动乡土人才培养机制夯实基础。

（二）评价不统一

乡土人才评价体系不健全是制约贵州乡土人才培养机制的重要原因之一，一是各个地区在乡土人才评价标准体系上没有一个统一的标准，各个地区在乡土人才评价的标准上所侧重的点不一样，地区与地区之间的评价体系差异大，这些多样的评价体系会影响后期不同区域乡土人才的相互交流、经验借鉴等。二是由于现在的评价体系大多都是采用定性评价的方法，缺乏从科学的量化标准进行评价体系的搭建，现有的评价标准还处于传统的主观层面，对乡土人才评价认定有较强的主观性，这种评价体系缺乏公正、精确、客观的衡量标准，在一定程度上很容易在人才评定的过程中造成误判的现象，这样不仅会打击人才的积极性也会错失更有能力的乡土人才。三是在乡土人才的职称评审、技能鉴定方面还没有形成较为成熟的政策措施，且各地政策多有差别，不利于人才交流。[①]

（三）培养缺动力

第一，乡土人才培养主体缺乏协作能力。乡土人才培养主体所涉及的不仅仅只是社会保障局和人力资源部门，另外还有农业局、科技部门等。这些部门各司其职，对人才的培养、发展起着必不可少的作用，但是，在实际操作中对乡土人才培养没有明确的管理主体，每个部门都有与之相对应的培养方案，所以在培养过程中部门与部门之间缺乏管理主体的统筹作用，导致部门间没有具备一定的沟通、协作的能力。这样分散的培养不仅会增大人才培养的时间成本和资金浪费，还会导致人才培养的有效性低。

第二，乡土人才培养整合资金困难。贵州并没有为培养乡土人才划拨一笔特定的资金，大多数用于培养的费用主要以项目为载体进行分配，且分散在很多部门。各部门对乡土人才培训工作没有明确的管理主体，往往会出现为达到一个培养目标需整合各部门资金时，却无法组织各个部门，只能是各顾各的造成资金的浪费。

第三，乡土人才培训方式缺乏实用性。培训内容的质量关系到培养结果以及人才的发展走向，但是在现有的培养方式中，具有针对性的培养内容少，大多都还是注重理论知识的传播而没有把实践技术放在第一位。其次，随着科学技术的进步，现代农业技术在不断的更新换代，对应的知识也在推陈出新，但是现有的培训内容仍然在不断地重复过时的知识方法等，新知识的普及率极低。另外，培训资源的分布不均衡，良好培训资源

① 常一青：《民族地区乡土人才队伍建设的现状、问题及对策研究——以武陵山区为例》，《中南民族大学学报（人文社会科学版）》2015年1月20日。

大多地处交通发达或者发展较好的城镇。对相对落后地区的人才培养普及不足，导致资源闲置。落后地区想要获得较好的培训难度大，造成农民需求迫切和资源闲置之间的矛盾。

第四，乡土人才使用不合理。乡土人才最突出特点是有别于当地其他群体不可比拟的能力和优势，因此在使用的过程中应该抓住乡土人才的特点、恰到好处的利用每一个人才，发挥他们最大的优势为地方发展作出贡献。但是在实际的利用中往往会出现许多盲区：其一，绝大部分乡土人才都是土生土长的本地人，他们有别于其他引进人才群体，他们能一心一意的扎根于乡村，新农村建设工作的成效大小与他们有着直接的关联。但有些政府在使用时过多的注重引进人才，委之重任，常把"本土人才"边缘化，"本土人才"得不到重视不能发挥自身才能，时间越久会打击当地人才的积极性，不利于乡土人才的建立；其二，乡土人才不是全才，他们的文化程度不一定高，但是他们是某一方面的专家，在使用过程中应根据每个人的能力、特长委以与之相对应的工作，而不是把能人放在他不擅长的位置，这不但会影响人才能力的发挥同时还会影响整个乡土人才队伍的建设。

第五，开发和激励程度不足。贵州的经济处于发展相对滞后阶段、农民的整体文化水平普遍偏低，贵州地形条件决定了第一产业发展困难，导致城乡差距越来越大，许多初高中毕业的学生大部分选择外出务工，贵州乡村本就是传统手工艺聚集地，村中无年轻群体继承传统产业技术，传统手工艺逐渐萎缩，匠人十里八村也难寻到一位，一心想要培养人才保留传统工艺却无合适的人选。由于第一产业发展的瓶颈制约，省内大部分地区开始向旅游业、少数民族工艺品等方面转移，希望通过该类产业带动地方发展缩小城乡经济差距，但是目前留在农村的大部分是留守老人和儿童以及劳动力较弱的妇女，他们并不具备相关知识，针对地方发展所需的经营管理人才和农业科技人才等队伍建立难度大。

长期以来，贵州人才开发政策力量不足，首先，乡土人才未能真正的接受科学、规范、系统的人才培训且大部分部门的培训还停留在宣传层面，没有真正切实可行的培养方案。其次，在人才开发中乡土人才管理没有归入人才管理领域，人才职称评审方法还是单从学历为基准，缺乏科学、客观、精确的评价体系；存在乡土人才职称有别于其他专业性的职称，乡土人才职称和其他专业性的职称还不能保持一致。最后，贵州省乡土人才开发方式落后，人才的形成是自我学习、培养、实践三个阶段紧凑相连，但是贵州大部分的人才还处于自我学习和实践阶段，缺少中间培养环节，且教育培训主要靠政府，培养内容单一，经费保障不足，培养质量不佳使得乡土人才后续保障不力，影响乡土人才队伍的开发建设。

贵州省乡土人才激励动力不足，主要体现在：其一，政府部门尚未真正建立乡土人才奖惩机制，优秀的人才得不到相应的重视及奖励，一定程度上打击人才积极性。其二，社会认同度不高，人才在广阔的乡村取得傲人的成就，但是社会的认同度不高，乡土人才生长的大环境不理想，发挥作用的平台小，不利于开发人才的潜在能力，尤其是创造经济价值的能力。

第五节　域外经验：江苏乡土人才开发的案例研究

江苏是全国第一个从省级层面部署安排乡土人才工作的省份，是乡土人才开发的先行者。乡土人才既承载着优秀的乡土文化，又饱含着厚重的人文创造。十九大报告提出决胜全面建成小康社会七大战略中，就有人才强国战略和乡村振兴战略。在中央农村工作会议上，习近平总书记强调，乡村振兴要靠人才、靠资源。江苏省委常委郭文奇指出，要支持乡土人才做好传统技艺技能的家承、师承和学承，树立作品意识、精品意识，强化产品意识、市场意识，推动创造成果走进生活、走入市场、走向大众。要把乡土人才队伍建设，既作为人才项目来做，更作为党建工程、富民工程来抓，凝聚起乡村振兴的强大人才力量。

2016年以来，江苏省委、省政府陆续出台《关于聚焦富民持续提高城乡居民收入水平的若干意见》《职业技能提升行动计划（2017—2020）》等文件，对积极发掘和培养各领域能工巧匠、民间艺人等乡土人才，加强乡土人才技能培训和技艺传承，实施职业技能提升计划和乡土人才培育行动，定期举办传统技艺技能大赛等提出了明确要求。2018年8月，江苏省委办公厅、省政府办公厅印发了《省人才工作领导小组关于实施乡土人才"三带"行动计划的意见》，从乡土人才的寻访推荐、梯次培养、职称评审、技艺传承，到传统技能进职校、搭建成果展览平台、加强资金扶持等方面，制定了一系列扶持政策，使得乡土人才成为江苏备受关注、重点扶持的人才群体。到"十三五"末，江苏省拟选拔培养在全省乃至全国有一定代表性和影响力的江苏"三带"名人500名左右，在市县有一定带动力的江苏"三带"能手1000名左右，入行时间不长但具有较大发展潜力的江苏"三带"新秀3000名左右。[①]

一、江苏省乡土人才开发案例

江苏省在乡土人才开发培养方面的成功经验能够为贵州省提供巨大的参考价值。通过基于宿迁市泗洪县、如皋市、江苏丘陵地区镇江农业科学研究所等在乡土人才开发方面的经验，从人才识别、平台搭建、政策扶持、传带机制、人才激励等方面凝练江苏省乡土人才的培养机制，为后续对两省展开对比及优化贵州乡土人才的培育机制提供有益的参考借鉴。

---

① 万小珍、刘宏奇：《人才归来，乡村振兴在召唤》，《新华日报》2018年4月21日。

（一）人才识别[①]

近年来，如皋市组织开展全市优秀乡土人才信息普查，通过村级调查摸底、乡镇核实推荐、市级审核认定，按照社会服务型、生产经营型、技能带动型三大类，对全市农村种植、养殖、加工能手、经营能人、合作社带头人和农村经纪人等有丰富实践经验的"土专家""田秀才"进行了摸底筛选登记，为每名乡土人才分类定型，贴上"人才标签"，使农村实用人才的"土办法"和"祖传方"得到发掘和推广，增强了他们的自我认同感和社会认可度。通过各类实用人才的引领和带动，使得乡土人才所在村镇成为远近闻名的"荷花村""盆景村""养羊村"，促进了如皋市"一村一品"经济格局的形成。在此基础上，形成了市、镇、村三级分类管理体系和传帮带机制，打造出人才成群、产业连片的发展局面。国际花木盆景大师花汉民，带动顾庄社区成为全国著名的花木盆景生产基地，去年社区总产值突破 4.86 亿，农民人均纯收入达 3.6 万元。首届"鞠庄之星"倪张根创办梦百合家居公司，去年实现销售收入 17 亿元，吸纳村民就业 1000多人，帮助有就业能力的困难户挖掉穷根。

（二）平台搭建

泗洪县组织农业领域专家开设特色"农匠"培训班，通过"面对面"交流指导，为种养大户传授生产经验、解决常见难题，提升实用技能。组织县内泗州戏、苏北琴书、刻纸门花等非遗传承人到县文化馆、中小学校、社区村居等开设兴趣班，通过现场表演示范，帮助学员提升技艺水平。组织园区企业蓝领之星开设技能培训班，为普通工人传授生产经验和操作技巧，帮助提升工作效率。一年来，开设各类培训班 23 期，累计培训 6000 余人次。

[①] 韦红：《江苏如皋："三化"搭建乡土人才成长"快车道"》，《中国组织人事报》2017 年 10 月 16 日。

为激发乡土人才活力，发挥乡土人才作用，助推全县乡土人才在乡村振兴的实践中建功立业，结合春节、元宵、端午、中秋等重大传统节日，举办锣鼓表演、舞龙舞狮、戏曲联唱等赛事活动，增强节日氛围；结合地方农业特色，采取部门牵头、乡镇承办的形式，举办蟹王争霸赛、瓜王大赛、采莲达人等农业赛事活动，提升本土农产品知名度；结合县域"2+1"主导产业发展，举办电焊、缝纫、机械操作等比赛，传播"劳动光荣、技能宝贵"的社会正能量。一年来，举办各类赛事活动22场，1800余名乡土人才参与比赛，较好地展示了乡土人才风采。

按照乡土人才成长需求和专业需要，如皋市为乡土人才提供系统、灵活、开放的学习平台，持续加大重点人才队伍的教育培养力度，助推乡土人才的创新创优、成长成才。大力实施"148高层次人才梯队"培养工程，建立"一年一考察、两年一增选、三年一评选"3年滚动式管理制度，首期选拔70名业绩突出、有发展潜力的中青年人才进行梯队培养，对培养对象通过培训进修、组建团队、考核激励等方式加强培育，切实造就一支具有重要影响的本土高层次人才队伍。优先推荐优秀培养对象申报省、市各级人才工程，仅2016年就推荐76人次入选省"333"、南通"226"人才培养工程。建立完善以企业为主体、职业院校为基础的高技能人才培养体系，每年新培养技能人才超5000人。牵头相关条线主管部门，通过"青蓝工程""名师工作站"等方式对专业技术人才进行综合培育，不断提升专业技术人才队伍能力素质。强化农村实用人才队伍建设，充分利用农村远程教育平台、广播电视、送科技下乡等方式每年开展农村实用技术培训10万余人次。

近年来，在江苏丘陵地区镇江农业科学研究所科技服务的引导和科技园区的示范带动下，先后涌现出一批懂技术、会经营、有一定种养规模的农业结构调整的带头人。为促进这部分人更好更快的成长，该所科技人员对他们进行了全方位的重点培养，为他们量身定制了专题培训、服务计划，解决他们的品种、技术和生产管理环节面临的难题。在该所科技人员的精心指导和重点培养下，方继生、杨修林、纪荣喜、张小虎等一大批农业产业结构调整的带头人快速成长为其专业领域的"土专家""农博士"，有的已成了省市及全国劳模。此外，该所还经常组织一些学习、交流活动，通过科技讲座、实地参观、外出考察等活动不断提高他们的种植技术和经营管理水平、开阔视野。2005年7月该所专门组织了句容农业结构调整带头人远赴日本进行了考察学习。①

为推进科技更好的服务"三农"提供有效平台，江苏丘陵地区镇江农业科学研究所先后承包2200亩土地，建立了以应时鲜果、有机农业、种草养畜为主的园区基地，把园区发展作为解决"三农"问题的重要载体，将研究的科技成果，以及引进的国内外先进技术在示范园区进行组装、试验和示范。在园区的示范带动下，一部分率先掌握较先进的生产技术的乡土人才，开始大搞应时鲜果种植并不断扩大规模，并不断带动更多农民搞农业结构调整。同时，该所的科技园区还重点在丘陵地区建立了30多个技术辐射网点，充分发挥园区的科技示范、科技培训功能，切实提高农民的致富能力。

（三）政策扶持

如皋市积极推荐优秀乡土人才入选各级党代表、人大代表、政协委员，鼓励和支持优秀乡土人才在社会团体和行业协会担任职务，聘请优秀乡土人才担任经济社会发展顾问。组织开展优秀专业技术人才评选活动，开会隆重表彰，通过人才展板、人才网等集中宣传展示，运用"雉水讲坛"开展典型事迹宣讲，在全社会营造尊重知识、尊重人才、尊重创造的氛围环境。开播

---

① 曲直、刘照亭、王敬根、傅反生：《乡土人才开发的途径、制约及对策——镇江农科所开展科技服务和乡土人才培养工作的实践》，《江苏农村经济》2008年11月10日。

党建频道《天下如皋人》栏目，通过对各类优秀人才的宣传，不断提升优秀乡土人才的示范带动能力，依托走基层、挂职锻炼、"第一书记"等载体，多途径实现乡土人才与农户"无缝对接"，带动群众脱贫致富。[①]

江苏丘陵地区镇江农业科学研究所直接参与帮助指导春城丁庄葡萄合作社、白兔草莓协会、大卓桃合作社、行香草莓合作社等省、市级重点农民专业合作经济组织组建发展。这些由乡土人才引领组建的专业合作经济组织，由于合作社采取联合经营的形式，抵御市场风险的能力有了明显增强，同时也较好的提升了农民进入市场的组织化程度和经济效益，有效推动了当地农业产业化进程。[②]

（四）传带机制

当前的农业和农民面临结构调整关键时期，农民不是不想调结构增收入，而是调结构时有"技术恐慌"和"销路恐慌"。事实上，但凡结构调整做得比较成功的地方，都有一个或几个"土专家"。江苏省委十三届二次全会指出，致富带头人是带头富民的关键群体，要充分发挥现有带头人的示范带动作用，注重培养新的致富带头人，引导"土专家""田秀才"等乡土人才发挥更大的示范带动作用。丹阳市皇塘镇"草菇大王"姜建新通过 10 多年的摸索，成功攻克江苏省只能在夏秋两季培植草菇的技术难题，成为江苏省获得国家科技进步二等奖的首位农民。通过他的示范带动，丹阳市皇塘镇康家村、鹤溪村成了草菇专业村，种植草菇的农民年收入多的有 60 多万元，少的也有一二十万元。[③]

---

① 韦红：《江苏如皋："三化"搭建乡土人才成长"快车道"》，《中国组织人事报》2017 年 10 月 16 日。

② 曲直、刘照亭、王敬根、傅反生：《乡土人才开发的途径、制约及对策——镇江农科所开展科技服务和乡土人才培养工作的实践》，《江苏农村经济》2008 年第 11 期，第 60—62 页。

③ 朱新法：《江苏乡土人才引领效果明显发展亟须政策支持》，见 http://js.people.com.cn/n2/2017/0707/c360302-30434511.html,2017-7-7/2018-7-10。

（五）人才激励

泗洪县鼓励乡土人才建立工作室、组建行业协会、参加赛事活动、申报人才项目，对带徒效果好、社会反响好的给予1—5万元奖励。建设乡土人才创业孵化基地，加大乡土人才创业扶持力度，鼓励乡土人才创业创新成果与市场对接，拓宽产品营销渠道，当好产业发展的领路人。鼓励乡土人才自主创业，吸纳贫困户就业，帮助脱贫致富，对辐射带动人数多、成效显著的，给予2—5万元奖励，推荐各级评先评优。一年来，全县共有36人入选市级以上人才项目，43名乡土人才受到了县级以上表彰，带动465名贫困户脱贫致富。

为激励乡土人才，南京市高淳区在涉及螃蟹养殖、食用菌栽培、经济林果种植等10个农业产业中，评选聘任了12名乡土专家，并给予人均2万元奖励。海门市在2017年6月初评出10名优秀乡土人才，并给予每人每月1500元的津贴，旨在让这些乡土人才发挥更大的带动作用。无锡出炉"太湖人才计划"2.0版本，对拥有本土技术的人才，参照享受江苏省"333"工程培养相应待遇。

二、江苏省与贵州省乡土人才开发机制对比

结合贵州省当前的乡土人才开发培育机制，可从人才识别、平台搭建、政策扶持、传带机制、人才激励等5个维度将两省乡土人才开发机制进行对比，从而找出贵州省乡土人才培育机制中存在的不足。

在人才识别方面，江苏省的开发主体认识到开发和利用农村乡土人才的重要性，开展乡土人才摸底调查，建立乡土人才数据库，不断充实、扩大乡土人才队伍。贵州省的开发主体对乡土人才的认识不够，仍旧把视线集中在大中城市的高精尖人才上，往往忽视了有一技之长的乡土人才，导致乡土人才未能平等享受与其他人才一样的职称评定。乡土人才管理没有

归入人才管理领域，人才职称评审方法还是单从学历为基准，缺乏科学、客观、精确的评价体系。

在平台搭建方面，江苏省通过乡镇承办的各种技能赛事活动、行政部门的培训机构、农业科研单位的培训平台等，为乡土人才的培育提供了良好的环境，乡土人才也能充分展示自己的能力。贵州省乡土人才培养主体之间缺乏协作能力、资金整合困难、培训方式缺乏实用性，这些状况导致了农民接受培训的需求和资源限制之间的矛盾。

在政策扶持方面，江苏省政府高度重视乡土人才开发培养的各方面，并制定了一系列扶持政策，为乡土人才发展提供了系统化、集成式的支持服务。长期以来，贵州省乡土人才开发扶持政策不足，乡土人才未能真正的接受科学、规范、系统的人才培训，且大部分部门的培训还停留在宣传层面，没有真正切实可行的培养方案，政府部门对乡土人才提供的帮助与服务有限。

在传带机制方面，江苏省通过市、镇、村三级传带机制，引导"土专家""田秀才"等乡土人才发挥巨大的示范带动作用，打造出人才成群、产业连片的发展局面。贵州省乡土人才对自身的认识不够，缺乏利用自己的能力去带动一方共同发展致富的责任感。贵州乡村本是传统手工艺聚集地，但外出务工村民越来越多，导致村中无年轻群体继承传统产业技术，传统手工艺逐渐萎缩，想要培养人才保留传统工艺却无合适的人选。同时，政府部门的不重视使得乡土人才缺乏传带机制，乡土人才后续保障不力，乡土人才队伍的开发建设受到影响。

在人才激励方面，江苏省对贡献较大的农村乡土人才给予荣誉、奖金、职称或职务晋升等奖励，并且对乡土人才先进典型和成功经验进行宣传推广，营造重视乡土人才的良好氛围，给予乡土人才获得感。贵州省政府部门尚未真正建立乡土人才奖惩机制，优秀的人才得不到相应的重视及奖励，乡土人才的积极性受挫。同时，乡土人才的社会认同度不高，大环境不理想，不利于开发乡土人才的潜力。

对比之后可发现，贵州省乡土人才开发培养机制在人才识别、平台搭建、政策扶持、传带机制、人才激励等维度存在诸多不足，有很多可以改善的空间。贵州省乡土人才开发主体应学习江苏省对乡土人才的高度重视，并借鉴其成功经验，结合贵州省特殊的省情，有的放矢、因地制宜地制定出开发培育乡土人才的体系。

三、江苏省乡土人才开发培养的经验

通过分析归纳江苏部分地区和组织的成功实践，可从人才识别、平台搭建、政策扶持、传带机制、人才激励等方面凝练江苏省乡土人才的培养机制，从而为后续贵州省乡土人才的培养路径提供参考。

江苏省各级党委和政府充分认识到开发和利用农村乡土人才的重要性，并形成机制，把开发和利用农村乡土人才当作解决"三农"问题和建设社会主义新农村的重要工作来抓。不断充实、扩大乡土人才队伍，广纳良才，凡是扎根农村一线创业，促进农业和农村经济发展的能人，都视为农村乡土人才。同时开展乡土人才摸底调查，建立乡土人才数据库。在此基础上，加强乡土人才建设的顶层设计，从政策层面统筹考虑乡土人才队伍建设，在乡土人才的发现、培养、评价、使用、激励等方面，有的放矢制定政策，实行省、市、县联动，共同推进。[①]

通过整合资源，积极引导、组织农业科研院所、教学机构、企业以及农民专业合作组织等社会力量参与乡土人才培训，对现有的一些农民培训平台进行整合，如行政部门的培训机构、农业科研单位的培训平台以及一

---

① 曲直、刘照亭、王敬根、傅反生：《乡土人才开发的途径、制约及对策——镇江农科所开展科技服务和乡土人才培养工作的实践》.《江苏农村经济》2008年第11期，第60—62页。

些职业学校等，实现培训平台、专家队伍、技术力量等资源的无缝对接，提高培训的效率。此外，通过部门牵头、乡镇承办的形式开展各种赛事活动，为乡土人才展示自己的能力和风采提供了平台。省委办公厅、省政府办公厅印发的《省人才工作领导小组关于实施乡土人才"三带"行动计划的意见》，从乡土人才开发培养的各方面，制定了一系列扶持政策。为乡土人才发展提供文化创意、投资、人才培养等服务，成立乡土人才大师工作室、专门的特色园区、行业协会，支持乡土人才立足技艺技能创新创业，建设一批乡土人才工作室、乡土人才企业和"乡土人才 + 特色产业"小镇（园区），旨在为乡土人才提供系统化、集成式支持服务。

农民专家培训中心先面向全省专业合作社或科技示范户进行一级培训，通过重点培养"农民专家"，再形成由"农民专家"指导、培训、带动、帮扶更多的农民二级培训格局，不断扩大乡土人才培训效果。把握轻重缓急，通过层级递进、以点带面等方式来创新培训模式，争取培训效果的最大化。通过市、镇、村三级传带机制，引导"土专家""田秀才"等乡土人才发挥更大的示范带动作用，打造出人才成群、产业连片的发展局面。

构建科学合理的农村乡土人才评价机制，对各种能人按其能力和水平评定相应的专业技术职称，对贡献较大的农村乡土人才给予荣誉、奖金、职称或职务晋升等奖励。对乡土人才先进典型和成功经验进行宣传推广，逐步催生让乡土人才"香"起来的良好氛围，让乡土人才有"获得感"。

江苏省委十三届三次全会强调，推动资本、技术、人才等各类要素向乡村流动，开创江苏的"新乡土时代"。新时代的到来，对农村乡土人才开发提出了新的要求。在规模上，需要进一步扩大农村乡土人才队伍；在综合素质上，需要进一步提高和改变他们的思想观念、文化知识、业务能力、心理素养和生活习气等，促其向新型农村乡土人才方向转变；在生产和服务方式上，需要进一步提高和改善他们的操作手段、技术手段、通信手段、经营手段和管理手段，与现代农业要求的社会化服务、市场化竞争接轨。对此，必须通过各级领导、有关部门的共同关注以及更有力的、相互配套的整合措施来加强对乡土人才的培育和开发，使其更好地服务于"三农"工作。[①]

第六节　贵州乡土人才的培育路径研究

贵州省乡土人才的培育路径有很多种，如形成有效的人才评价机制、建立人才培训机制以及健全人才激励机制等。但是，乡土人才的培育并非一朝一夕之事，最关键的还是要夯实人才开发环境、加大人才培养力度、提高乡土人才技术和素质、完善乡土人才市场、搭建乡土人才价值展现的平台、制定切实可行的培育方案等，使乡土人才能发挥更大的作用创造更大的价值。

一、健全人才推荐机制

乡土人才的选拔与其他人才选拔有很大的本质区别，乡土人才是集技术与专长于一体，是以成果为衡量标准，并不是以学历、资质论长短，乡土人才这些本质性的特点形成了一套有别于其他人才成长的一般规律。所以对乡土人才的推荐、开发、选拔以及使用等，我们都必须从他们的本质特征出发、遵循乡土人才内在规律，逐步形成一套有别于其他人才选拔的机制。开发主体应该在认识上打破传统人才意识，把对大中城市的高精尖人才的重视度转移到有一技之长的乡土人才。对于大多数乡土人才来说，他们不具备较高的学历、职称或者领导干部身份，因此，对乡土人才的选

---

① 曲直、刘照亭、王敬根、傅反生：《乡土人才开发的途径、制约及对策——镇江农科所开展科技服务和乡土人才培养工作的实践》，《江苏农村经济》2008 年第 11 期，第 60—62 页。

拔要从实际出发，注重实际绩效，具体的推荐机制可以采用个人自荐、走访座谈、组织推荐、竞技大赛等形式展开多途径的方式来发现人才。

开发主体应该放宽眼界，积极鼓励广大群众参与到人才选拔中来，发现人才的途径很多，其一，个人自荐，开发主体鼓励广大技术好、能力强、在某一方面有别于普通人突出能力的人才向开发主体写自我推荐信，主体通过推荐信做一定的技能或其他相关测试，以及收集人才相关资料考核无误后推荐其加入乡土人才队伍中去，积极对其做后续的培养、管理和使用等。其二，走访座谈的方式是发现乡土人才最好的方式，因为乡土人才的"本土性"即决定了走访座谈可以了解当地人才的基本情况，一般的乡土人才在当地都有突出的个人能力，当地群众认同度高，在走访的过程中会有群众、村干部等当地人的极力推荐，开发主体通过这些信息对乡土人才进行考核、观察等方式及时吸纳进入乡土人才队伍。其三，有大部分的能人生活生产在基层第一线，他们不仅是开发应用和推广普及先进科学技术的领头雁还是把科技成果转化为现实生产力的带头人，是活跃在乡村第一线具有一定能力和技术特长的农民、基层工作人员，当地政府通过组织推荐的方式把这类人才的基本信息向开发主体上报。最后，发现乡土人才的方式还有竞技大赛，开发主体通过每年一次或两次的方式举办乡土人才竞技大赛，参与大赛的对象既可以是编辑在册的乡土人才也可以是普通的广大群众，这样既能对现有乡土人才进行考核以及提供平台使他们施展才能，同时最重要的是发现具有某一技术、能力强的新的乡土人才。

二、优化人才评价机制

人才所具备的普遍特征：具有较高的综合素质、较强的专业技能、能得到广泛的社会认可，以及对社会作出较大的贡献。可见，在评价乡土人才时也会把人才所具备的所有特征赋予乡土人才。因此，乡土人才的评价体系并不是由开发主体单方面制定，而是一项涉及群众评价、专家评价、政府评价和社会的方方面面的系统工程，乡土人才的评价应以全面细化、量化各类评价指标为基准，建立完善的人才评价制度，让社会各个方面积极的参与和监督，以群众评价、专家评价、政府评价为基本评价主体，通过知识、技能、绩效与贡献为主要指标的乡土人才评价体系，健全以评价主体社会化、评价体系科学化、评价指标灵活化为目标的人才评价制度。

评价主体社会化，是指评价主体应该是由群众、专家、政府部门等构成，乡土人才所涉及的面较广，如果评价主体仅仅是政府部门，在评价时会出现评价不准确、制定的评价指标单一，这样的评价方法对评价对象会产生不公正的现象。因此，应结合群众评价、专家评价、政府评价从不同的评价主体所站的角度出发，建立在乡村振兴、经济发展和实际贡献程度的基础之上，以综合素质、知识、技能为要素，以此来评价乡土人才。

评价体系力求科学化与系统化相结合。评价指标体系的建立应该以技能为核心，以实际的成果为依据，采用定量、定性相结合的方法。根据贵州乡土人才的类别，评价指标也要因评价对象的类别不同做出适当的调整。以一个客观的标准对不同的人做出评价，力求乡土人才评价指标体系客观、科学、公正。评价体系的系统性主要体现在评价指标之间，乡土人才评价指标之间应该是相互关联和相互制约，指标之间既要有联系又要有所区别，但是总体上要符合整体评价的要求，对于乡土人才的评价可以建立不同层级的评价指标，可以根据实际需要细化更多的指标，增加评价指标的精确性。

评价指标灵活化。评价指标体系一旦建立就必须遵循，评价的标准应该一视同仁，但是，在实际评价时，针对某些乡土人才具有某一专长，对乡村、社会或在某一领域贡献突出的人才，可以征求当地群众、相关领域专家以及政府部门共同协商破格给与人才认定的相关职称，这样既增加评价体系的灵活性同时也可以增加乡土人才的积极性，更愿意积极在某一方面做出突出的成就，有利于乡土人才队伍的建立。

此外，根据贵州乡土人才的成长规律将乡土人才大致分为生产型乡土人才、经营型乡土人才、技能带动型乡土人才、服务型乡土人才等。针对不同的乡土人才的评价指标体系的设计时，以乡村振兴、经济发展和实际贡献程度为依据，以综合素质、知识、技能为评价要素的基础要求，针对不同类型乡土人才的不同特点，制定分类分层的评价指标体系，把对人才的基本性评价指标作为一个大系统，并根据不同专业类型的人才细化评价指标子系统，以此得到被评价人的综合分数。

三、拓宽价值展现平台

把搭建乡土人才价值展现的大舞台称为乡土人才自我成长提升的舞台更加合适，乡土人才如果没有合适的平台实现自身价值，会导致人才的积极性和才能受到挫败，特别是当地技术好、群众认可度高的乡土人才。因此搭建合适的价值展现平台、培育并及时吸纳人才加入振兴乡村的事业中去，才能体现乡土人才的实用价值。可以把价值展现机制体现在脱贫攻坚事业上，如带动建档立卡贫困户脱贫人数、带动产业扶贫发展情况以及参加技能大赛获奖情况等。

（一）乡土人才带动精准脱贫

带动精准扶贫并不仅仅是政府的职责，更多的需要社会参与，政府的作用是从中间的角度引导社会各界人士对扶贫工作的参与，当然也包括当地的乡土人才。以战略眼光看，扶贫不能脱离农村社会的乡土根基，不能超越群众的文化认同和日常生活。想要带动贫困群众发展，乡土人才在这一方面起着其他帮扶人不可替代的作用即精准执行效果，乡土人才作为当地人，能精确的明白谁是贫困户，更加了解贫困户的具体情况，也知道哪些贫困户是由于各方面的原因导致发展受到限制的具有发展能力的贫困户，哪些是思想懒惰、不愿意上进等兜底的贫困户，乡土人才能根据自己的判断准确地对贫困户提出相应的帮扶措施，带动发展脱贫。那么，对于乡土人才帮扶人数以及帮扶成效就可以作为考核乡土人才的指标，这样乡土人才会在一定的竞争压力下不断地突破、创新找出能帮助贫困户脱贫的具体措施，也会在这个过程中提升自己，让乡土人才能在这个过程中找到自己的价值所在。

（二）乡土人才带动产业扶贫

乡土人才在带动群众采用新技术、接触新信息、开辟新市场和带动农民发展产业等方面都发挥着至关重要的领袖作用。让乡土人才作为带动产业扶贫的组织者和实施者，当技术引进和采用的先行者，壮大当地各个产业，利用产业带动贫困户脱贫。不同的乡土人才擅长的技能不同，让他们散布在各个领域的产业中发挥他们的能力同时又能带动地方贫困人口脱贫。

（三）举办技能大赛

开发主体应该定期或不定期的举办各种技能大赛，大力宣传和积极引导各方面的乡土人才参与其中，技能大赛的举办不仅能考核乡土人才的技能水平，也能激励乡土人才去创新技术、提升自己，有利于乡土人才自我认同，自身的能力得到实现。同时通过这种类别的技术比武、知识竞赛、能手评选等方式，也能选拔一批拔尖的乡土人才。技能大赛设置一定的奖励机制，针对获胜的乡土人才给予一定的精神和物质的奖励，乡土人才通过技能大赛能提高社会对他们的认同度，同时也能获得社会各界对乡土人才的尊重的良好局面，这将是对乡土人才精神上最大的奖励，比任何物质奖励更能激励乡土人才不断完善自己，增加乡土人才的荣誉感。

对于在带动地区发展杰出的乡土人才，技术好、社会认同度高的乡土人才，开发主体要注意及时的对其培养并吸收加入党组织，选拔充实到村干部队伍中，使其由个人带头致富向带领广大群众致富和建设社会主义新农村转变。[①]

四、完善人才培训机制

开发乡土人才资源最主要、最有效的手段和方法就是通过人力资本投资来提高知识和技能，而相对全市乡土人才而言，进行教育培训和文化投资则是最有利的人力资本投资。所以对于贵州这样一个欠发达地区来讲，开发乡土人才应该要健全培训机制。

（一）整合资源，开发一套培训机制

首先，长期以来贵州针对乡土人才开发一直处于滞后的状态，主要原因是开发乡土人才仅仅是依靠单一的开发主体来完成而不是整合各方面的资源进行有效的合作。针对这种现状，政府部门要充分发挥自身职能，整合资源，积极引导、组织扶贫办、人社厅、农业局以及社会力量等参与乡土人才培训，对现有的一些人才培训平台进行整合，如政府部门的培训机构、农业部门的培训平台以及一些职业技术院校等，利用各类培训平台的资源，使培训内容紧靠现代农业发展的高标准化生产技术，实现乡土人才、专家队伍、培训平台的无缝对接，提高乡土人才培训效率。其次，根据市场需求的变化以及农村现实迫切需要的各类实用人才，分层分类培养各类乡土人才，针对不同类型的乡土人才、不同行业需求对培训内容作相应的改进并采用不同的培训模式，这样有利于提高培训的效率和质量。最后，针对培训内容技术含量高、涉及的知识面广等一般乡土人才不能很好吸收、掌握的，应该采取层级递进、以点带面的方式的培训模式，即培训平台首先面向的不是所有的乡土人才，而是面向那些技术好、学历相对高

---

① 常一青：《民族地区乡土人才队伍建设的现状、问题及对策研究——以武陵山区为例》，《中南民族大学学报（人文社会科学版）》2015年1月20日。

等的乡土人才进行培训，在通过以及培训后的乡土人才以点带面的形式培训、指导、帮扶更多的乡土人才，这样有利于保证培训的效果，提高培训的质量。

（二）推动思维转变

乡土人才如果思维观念陈旧、固执，无论多先进的培训平台也不能达到想要的效果。乡土人才的思维观念直接决定着农村人才资源的整体开发和未来走向，在乡村振兴的大背景下，培训平台的首要任务是引导大部分的乡土人才思维观念向新农村建设的现代农业发展转变，摒弃传统的小农意识、自给自足、不求创新的生产生活观念。积极引导乡土人才向现代农业生产技术靠拢，主动适应市场变化，力求创新，不断接收新知识、新技术，积极借鉴发达地区经验技术，增强乡土人才带动地区发展的致富意识，培养他们的社会责任感和使命感。与此同时，逐步引导乡土人才适应现代农业发展，走农业适度经营规模化道路；引导乡土人才打造区域特色产业，鼓励那些技术好、经营管理能力强、经验丰富、有实力的乡土人才走出去，对外服务，使他们的技术、经验得到充分应用，做强做响地方特色产业的同时，服务全市乃至全省的农业发展，是开发利用农村乡土人才的另一个重要目标。

五、构建人才传带机制

广大的乡土人才生产生活都是在农村，他们和当地的群众是一个整体，在生活上有着密切的关系，乡土人才的一举一动对当地的大部分群众有很大的影响作用，他们的思想和行为更具有示范作用，更具有感染力和辐射力。为充分调动当地群众的积极性，鼓励他们并更好地发展致富，就需要当地乡土人才的积极带动作用，政府可以通过政策或者是一定的精神物质激励给予乡土人才。综合发挥传统"家承"，行业"师承"，现代"学承"

的传帮带综合效果，同时安排担任一定领导职务，参加乡镇、村委重点项目决策的可行性论证工作等各方面给予优先安排，发展农村乡土人才成为带动农民致富的领头雁。

（一）鼓励乡土人才发展规模产业

让他们成为规模产业的组织者和实施者，激励他们把自己的成果、经营管理方法、技术等运用在产业生产、运营、销售上去，带动产业发展创造收益，就能吸引农村无技术的剩余劳动力，带富一方人民，促进当地经济发展。

（二）通过乡土人才辐射、感染的方式推广技术成果

启用当地技术好、综合素质高、当地群众认可度高、在当地具有一定威信的乡土人才作为专业示范户，把从外地或发达地区带回来且适应市场需求变化的新产品、新技术、新品种交给乡土人才，让他们先投入生产或者使用。当地农民看到用新产品、新品种、新技术带来巨大利益，就会自发地跟着投入生产或者使用，一项新的技术或新的品种得以推广，一项新的产业就可以形成。

（三）引导乡土人才采取多种形式对周围农民进行"传、帮、带"

主要通过帮扶，师徒传授、集会交流等方式进行"传、帮、带"，把自己的或者适应市场推广的知识、技术、经验等传授给周围群众，让更多的农民掌握新技术、新方法，使用新品种，走上共同致富的道路。此外，贵州省是少数民族非物质文化遗产的集中地，但是现在这些珍贵的文化遗产却面临一个无人传承的问题，主要的原因是懂的人不愿意传给"外人"，而自己却找不到合适的传承人。针对这些现状，政府应该对这样的乡土能人做足思想工作，鼓励乡土人才把技术教授给想学之人，这样有利于保护这些文化遗产不会遗失。

六、完善人才激励机制

（一）政策性激励措施

当地政府部门应该在乡土人才技术职称评定、工资待遇等多方面都制定相应的激励政策，这样有利于为广大乡土人才创造良好的成才环境，调动乡土人才的积极性。这些政策如下：一是对在引进、推广新技术、新品种等方面作出突出贡献，在种植、养殖、加工等生产方面积极向周围群众传授经验、技术等，带领当地群众共同致富的乡土人才，应给予他们在物质上或精神上的奖励。二是对有突出贡献和优秀的乡土人才吸收进入村级党委村委、成为集体经济负责人等具体方式来激励乡土人才价值的实现。三是加大人力资本投资，对广大乡土人才大力开展了多层次、多门类、多种形式的技术培训，实施学历函授教育等形式，提高这些人才的学历和文化知识水平。四是根据目前乡村振兴背景下，新农村发展的一系列优惠政策，优先考虑当地的乡土人才。

（二）精神层面的激励措施

大多数的乡土人才在乡村发展的广阔舞台上干出了骄人的成绩，但没有引起社会舆论的高度关注。营造良好乡土人才成长环境，是保证广大乡土人才健康成长的基础。政府部门可以通过报刊、新闻媒体等方式传递优秀乡土人才事迹简报，大力宣传优秀乡土人才的先进事迹和突出贡献，对于具有一定专长、能够带领周边农民致富，并取得突出成绩和较大贡献的乡土人才实行政府表彰，切实营造社会对乡土人才的关心、认可以及尊重乡土人才良好局面。

一是评选评优，树立典型。地区政府可以每半年或一年评选一次，把有突出贡献的乡土人才评选为各级劳模、先进人物。将评选工作和技术成果考核、技术职称晋升相挂钩。评选、考核的结果与报酬、奖金相结合，这就有效地激励了广大乡土人才的积极性。

二是组织这些优秀的乡土人才到外地参观学习，或者进行技术经验交流，报道、展览他们的科技成果和事迹，并让他们亲自登台介绍自己的先进经验。这样能够获得良好的社会效果。乡土人才能在一定的精神层面找到自己存在的价值，这样的精神激励远远比物质奖励更直接到位。

（三）物质的奖励措施

对乡土人才在创办企业、贷款、资金投入等方面给予优惠；给优秀乡土人才适当的补贴或临时性工资，有条件的可以为乡土人才提供科技生产试验基地或场所；把取得农民技术职称、获得职业资格证书作为乡土人才认定、扶持和使用的重要依据，对通过评定职称的乡土人才，政府应该积极争取每年在财政预算中安排一定数量的资金，每年发放一定数量的津贴，确保在经费上给予大力支持。同时，对成绩突出的乡土人才要实行优先考虑，乡土人才由于某方面突出的特长，可以去其他地区进行经验传授、技术交流，此外，还可以优先承包土地开展农业种植技术推广。对取得中级以上职称的，优先通过人才市场进行，对综合素质较好，具有一定经营管理水平的，优先吸纳进入组织、优先推荐为国家干部、聘用为事业单位工作人员等。

第五章　农村产权改革实现文化振兴链接机制研究

第一节　文化振兴的提出背景

随着城镇化的发展，城市数目快速增多，农民工向城市大规模迁移，从近十年城镇农村人口数来看，城镇人口的不断增多及农村人口的持续下降使得农村"空心化"问题逐渐浮出。十九大报告中提出的实施乡村振兴战略，是为了在更好解决农村发展不充分、城乡发展不平衡等重大问题的同时，加快补上"三农"这块全面建成小康社会的短板。然而，在城镇人口迅速增加和农村人口持续减少的背景之下，我国农村的发展出现了若干制约瓶颈，其中尤以"新三农"问题即"农村空心化、农业边缘化、农民老龄化"最为突出，应成为我们实施乡村振兴战略的根本着力点。

农村"空心化"是城镇化过程中，因农村人口与空间分布变迁而衍生出的乡村聚落"空废化"和住宅"空心化"等一系列现象的统称。农村"空心化"本质上是城乡转型发展过程中，由于农村人口非农业化引起"人走屋空"，以及宅基地普遍"建新不拆旧"，新建住宅逐渐向外围扩展，导致村庄用地规模扩大、闲置废弃加剧的一种"外扩内空"的不良演化过程。[1]

---

[1]　项继权、周长友：《主体重构："新三农"问题治理的路径分析》，《吉首大学学报（社会科学版）》2017年10月31日。

农村"空心化"现象分为三种主要类型：一是位于城市边缘地带的村庄被城镇化所吸纳而形成的近郊村庄"空心化"现象；二是远离城市的偏僻农村因人口大量流出而产生的远郊村庄"空心化"现象；三是因政府规划主导下的村落整并在短期内衔接不畅形成的"空心化"现象。文化具有整合、导向、维持秩序及传续的功能，对于协调群体成员的行动有整合的作用，对人们的行动方向和发展选择有导向作用，对维持稳定的社会秩序有促进作用。所以农村文化的流失导致了农村人口的流失，造成大片土地撂荒的局面。

一、农村人口的"空心化"

随着网络的发展及交通的发达，村庄由闭塞到开放，外来文化的入侵使得农村的居民对城市及外面的世界有更多的了解，同时也使得很多的农村居民衍生对城市的向往和期望。同时，城镇化的形成使得农村"人走楼空"。文化自信的缺乏留不住人主要是精神层面缺乏引领、公共文化服务具有不均等性、文化教育的基础薄弱这三个方面共同影响的。

（一）公共文化服务的不均等性

农村人口往城市流动的幅度非常大，是由于发展中国家的现代化进程，即实现城乡二元经济结构向现代经济结构的转换。[①] 城乡二元经济结构一般是指以社会化大生产为主要特点的城市经济和以小生产为主要特点的农村经济并存的经济结构。我国就是城乡二元结构的鲜明例子，主要表现为：城市经济以现代化的大工业生产为主，而农村经济以典型的小农经济为主。这样发展也使得城市的道路、通信、卫生和教育等基础设施发达，而农村的基础设施较为落后。城市消费水平较高，较为富裕；农村消

---

① 王亚平：《浅析城乡利益关系与构建和谐社会》，《东方企业文化》2012年5月8日。

费水平较低，较为贫穷落后。在这种矛盾的经济结构存在的状态下，相对贫困和落后的农村人口为了追求更高质量的医疗和教育等公共服务，会选择去城市生活。由于受到城乡二元结构的影响，城市和农村公共文化服务是不均等不一致的，农民会向有更优质的公共文化服务，有更多机会的城市流动。

（二）文化教育基础薄弱

农村人口的外流还有一个很重要的原因，农村的教育基础相对于城市来说是比较薄弱的，在城市小学就开始教英语了，但是在农村初中英语课才正式开始，很多父母为了让孩子出人头地，会在城市务工，让孩子接受好的教育。一些有成就的农村出生的孩子认为，好不容易在城市落了根，为什么还要回去，在城市可以让孩子受到更好的教育，难道还要回去种地吗？正是由于于农村文化教育基础的落后，使得更多农村孩子并没有接受农村文化的学习，而了解农村特有文化的老人相继离世，导致农村人口骤减。

二、传统文化导致土地撂荒

传统民族文化和传统农耕文化包括了村民对农村土地和农村环境的信仰，在老一辈人的眼中，农村的土地是最重要的，是生存之本，会在一些节日对土地进行祭祀，希望来年风调雨顺，但是这些传统的文化及习俗并没有得到传承，在孩子去城里接受九年义务教育的同时也丢失了这些文化习俗，传统文化的失传也导致大片荒地的产生。

（一）传统民族文化

传统的民族文化能够形成一个民族的约束和规矩，并且特有的民族文化会吸引及约束本民族的农村留下。但是随着交通技术的发达、网络技术的开放，少数民族聚居地越来越开放，很多的外界人口、外来文化的渗入打乱了原本有规律的民族生活部落。人口的外出流动也打散了浓郁的民族文化。政府在进行管理时，并没有注重原有的民族文化管理，使得一些农民不信服，长此以往，民族文化被打破，新的文化没有树立起来。农民很在意宗族家族的存在与壮大，族谱就是他们来到这个世界上的根，他们来过这世上做了什么族谱上都会记载，这就是村民对民族文化、宗族文化信服的原因。所以失去了传统的民族文化、失去了族长的村规民约、失去了家族宗族族长的约束，就像树没有了根一样，人也向外漂泊，乡村的土地由于劳动力的不足就渐渐没有人种了。

（二）传统农耕文化

农耕文化，是指由农民在长期农业生产中形成的一种风俗文化，以为农业服务和农民自身娱乐为中心。农耕文化集合了儒家文化及各类宗教文化为一体，形成了自己独特的文化内容和特征，但主体包括语言、戏剧、民歌、风俗及各类祭祀活动等，是中国存在最为广泛的文化类型。[①]农耕文明决定了汉族文化的特征。中国的农耕文化是有别于欧洲游牧文化的一种文化类型，农业在其中起着决定作用。所以农耕文化的传承对于农业的发展、农民的耕种有着很大的影响，但是由于农耕文化的流失，使得年轻人不再传承农业耕种的生活方式，失去了农耕文化的约束和引导，他们更倾向于做一个理性人，所以他们在做选择时会倾向于经济利益较高的一面。从经济利益上来说，土地耕种的收益太低，外出务工的收益更高，所以他们会为了追求较高的利益的工作而抛弃种地这种经济利益低的工作，所以大部分的农村劳动力抛弃土地到城市工作，而留下来的都是妇女儿童和老人，无法进行土地的耕种。

---

① 袁世华：《基于 SWOT 分析的山西农耕文化传承保护与开发利用研究》，山西农业大学硕士论文，2017 年 6 月 1 日。

三、文明风俗约束失效

（一）宗族家训走向两个极端

宗族家训是由若干血缘关系为纽带的小家庭共同构成的同姓大家族，为了调整宗族关系尤其是家庭中的父子、兄弟、夫妻关系，维持家族秩序，在为人处世之道、个人品德修养等方面制定的行为规范。如"宗规""祠规""家约""祖训""乡约"等，目前可见于族谱或家谱中，是除了法律以外最好的村民行为规范，但是近年来，宗族家训走向了两个极端，一个是注重家族的发展，但是只是注重面子工程，有需要时借助家族宗族的势力。[①] 另一个是家族的约束能力越来越弱，并不注重宗族家训的约束成果。由于外来信息外来文化的挤压，使得更多的人把利益看得比宗族家训更重，只在觉得能借助家族人获得更多的利益时才会利用家族的利益，但是当家族可能会约束到自己时便会舍弃家族宗训。所以近年来的家族宗训受到外来信息的挤压，导致走向利益化的两个极端缺失了家族文化的约束功能。

（二）血缘、地缘关系的淡化

我国传统农村是自给自足的小农经济，所以传统农村的产品很少在市场上流动，对于自己没有的东西都是邻里之间互相帮助，或者相互置换，所以在传统农村邻里关系是很好的。乡村关系是由情缘关系、邻里关系、其他关系等构成的网状关系。在这个网状图中的关系是相互影响，相互约束的。近年来，改革开放所带来的外来信息使得农民也向城市学习，市场化浪潮使得村民忽略相互之间的关系和情谊，而是追求利益，民风不再淳朴，关系很难恢复。就拿现在的农村摆酒席的情况来说，为了收更多的礼钱，越来越多的村民以各式各样的借口摆酒席，目的就是为了不

---

① 丁玉莲：《论宗规族训中的"三纲五常"观念——以邓氏、陈氏、李氏家族的宗规族训为例》，《河北省社会主义学院学报》2015 年 7 月 15 日。

劳而获，不以此为耻，反以此为荣。乡村的开放使得外面的不良文化找到了突破口，从而影响到农民的生活状态，所以村民在和睦生活被打破以后，更多倾向于走向城市。

（三）不良嗜好使得民风遽变

自从很多年轻人进城务工后发现城市的生活确实很吸引人，但有些人甚至将一些不好的生活习惯带回农村——晚上叫上几个亲戚朋友一起喝酒聊天，白天睡觉。现在的农村，有赌瘾的人实在太多，打麻将的娱乐活动在农村流行起来，基本上每家每户都有麻将机，不论男女老少都迷上了麻将，土地也没有人种了。对于赌博、酗酒行为很多家庭为此付出了代价。这些不良行为的产生，主要是农村文化缺乏，与农村文化相关的娱乐活动太少，以及外来信息渗透造成的民风变化，以前几家人坐在一起看电视的日子不再有，都是自己玩自己的手机；以前傍晚大家一起聊天、唱花灯、唱山歌的日子一去不复返，被手机、麻将的广泛使用而代替。所以玩手机、酗酒、赌博成为农村村民生活的重要组成部分，耕种已经不是主要的工作，必然带来土地的荒废。

第二节　乡风文明建设探索

一、乡风文明建设研究

建设乡风文明是一个过程，所以在建设的同时也要不断改进。陈录琴对乡风文明建设的发展历程，从新中国成立后至改革开放前、改革开放至今的乡风文明建设思想与实践，结合中国共产党各个时期乡风文明建设的时代背景、主要内容和特点，总结新中国成立后乡风文明建设的经验及历史成就、不足，以及对未来进一步加强乡风文明建设的经验借鉴。檀江林、顾文婷以社会主义新农村的乡风文明建设为主要内容、基于生态学的视角运用要素系统分析法使得乡风文明的各个分子从相对孤立和零散的状态中分离出来整合构建乡风文明建设的价值生态位、实体生态位、制度生态位系统，探寻一条融合价值、实体、制度为一体的社会主义乡风文明建设的合理路径。李中阳对从新农村建设视角出发，通过分析河南省 H 县乡风文明建设中存在的具体情况，探讨加强 H 县乡风文明建设的具体途径。从实际情况出发，通过分析 H 县的地理环境和经济环境，对 H 县乡风文明建设已经取得的成就和出现的问题，产生问题的原因等进行综合分析。[①]并针对 H 县农村乡风文明建设所存在的问题从制度建设、教育指导、风俗引导、丰富文娱活动等多个角度入手，对 H 县的实际情况提出如村干部走访、礼俗创新等针对性措施，对河南省新农村乡风文明建设提出有益的意见和建议。[②]

二、如何实现文化振兴的路径探索

文化振兴是实现乡村振兴的最重要的部分之一。文化振兴也是实现乡风文明的主要途径，众多学者对文化振兴的路径进行探索。[③]叶薇认为对浙江景宁进行调查研究提出坚定文化自信、抓住农村文化工作的难点和热点，以法治的思维、改革的方法和创新的手段，推出新举措，设置新载体，着力补齐农村文化建设短板，推动乡村公共文化服务标准化、均等化，努力打造景宁乡村幸福文化升级版，为乡村振兴贡献文化智慧和力量。彭维锋认为要强化意识形态特性，明晰乡村文化发展的正确方向；要总结历史现实经验，建构乡村文化内质的民族特色；要更新思想理念，正确认识乡村文化建设的重要地位；要强化顶层设计，深化乡村文化建设国

---

①　王承宗：《乡风文明建设的路径培植问题研究》，《河南科学院学报》2010 年第 3 期。

②　肖聪聪：《浙东农村乡风文明建设的困境及其引导》，浙江海洋大学硕士论文，2017 年 6 月 1 日。

③　祝雪娟、刘延丽：《"五大路径"推进乡村振兴》，《河北经济日报》2018 年 3 月 21 日。

家发展战略；要创新组织形式，完善乡村文化建设人才体系；要加大资金支持，探索乡村文化建设资金投入管理模式；要整合文化资源，构建乡村文化建设立体网络；要搭建文化活动平台，营造乡村文化的生成发展空间；要拓展媒介传播渠道，增强乡村文化要素的辐射力度；要加强考核力度，建立健全乡村文化建设考评体系。[①] 只有做到这些，才能在实现文化振兴的同时，实现乡村振兴的可持续发展。杨伟坤认为乡村振兴，乡风文明是保障。建议国家把抓好乡村意识形态、加强乡风文明建设作为乡村振兴的"灵魂工程"，在乡村意识形态引领、农民思想道德建设、基层文化体制机制等方面统筹规划设计。[②]

第三节　文化振兴与产权改革的内涵界定

一、文化振兴的内涵

从两个维度来认识和把握乡村文化振兴的科学内涵。推动乡村文化振兴，必须准确把握乡村文化振兴的丰富内涵，做到理解到位、精准发力。一方面，从文化来源和文化属性的维度来看，在数千年的生产实践中，乡民创造了具有乡村特质的独特农耕文化，是一笔宝贵的乡村精神财富。推动乡村文化振兴，必然要高度关注根植乡村的农耕文化，加强乡村优秀传统文化的挖掘和弘扬。另一方面，从社会空间的维度来看，乡村是作为社会空间出现的，和农村的概念较为接近，是相对于城市社会空间的一个概念。推动乡村文化振兴，就要在乡村这个广阔的社会空间中，大力发展文化事业、文化产业，使乡村与城市一样实现文化的大发展、大繁荣。而文化振兴的目的就是实现乡风文明。乡风文明是乡村建设的灵魂。乡风文明

---

① 彭维锋：《探索乡村文化振兴的中国路径》，《农村工作通讯》2018 年 5 月第 61 期。
② 彭维锋：《探索乡村文化振兴的中国路径》，《农村工作通讯》2018 年 5 月第 61 期。

建设既包括促进农村文化教育、医疗卫生等事业发展，改善农村基本公共服务；又包括大力弘扬社会主义核心价值观，传承遵规守约、尊老爱幼、邻里互助、诚实守信等乡村良好习俗，努力实现乡村传统文化与现代文明的融合；还包括充分借鉴国内外乡村文明的优秀成果，实现乡风文明与时俱进。[①]

二、农村产权改革的内涵

农村产权改革包括三个方面的改革，一是资源性资产的改革，包括农民集体所有的土地、森林、山岭、草原、荒地、滩涂等土地资源性资产，重点是抓紧抓实土地承包经营权确权登记颁证工作，稳定农村土地承包关系，在充分尊重承包农户意愿的前提下，探索发展土地股份合作等多种形式。二是农村经营资产的改革，就是用于经营的房屋、建筑物、机器设备、工具器具、农业基础设施、集体投资兴办的企业及其所持有的其他经济组织的资产份额、无形资产等经营性资产等的改革，对于经营性资产，重点是明晰集体产权归属，将资产折股量化到集体经济组织成员，探索发展农民股份合作。三是农村非经营性资产改革，比如国家加大对农村的投入，在医疗卫生、体育方面都有大量投入，以乡镇为单位，体育设施、卫生院、学校等都是非经营性的，主要为村民提供公共服务。对于非经营性资产，重点是探索集体统一运营管理的有效机制，更好地为集体经济组织成员及社区居民提供公益性服务。并形成农村资源变股权、资金变股金、农民变股民的改革。

---

① 李周：《深入理解乡村振兴战略的总要求》，《理论导报》2018 年 2 月 20 日。

第四节　产权改革推动文化振兴的对接研究

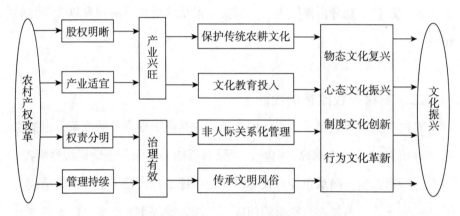

图 5-1　产权改革与文化振兴的链接机制

文化的内部结构包括下列几个层次：物态文化、制度文化、行为文化、心态文化。农村产权改革是通过对股权明晰、产业适宜、权责分明、管理持续这几种手段来使得产业兴旺、生态宜居、治理有效，从而加大传统农耕文化的保护、增加文化教育的投入、对农村组织进行非人际化管理、鼓励文明风俗的传承，最后形成物态文化复兴、心态文化振兴、制度文化创新、行为文化革新等四个方面的文化振兴。在图 5-1 中的每一个层次与上一个层次之间都是相互关联，相互影响的，但是每一条主线之间的影响是主要原因，所以四个主线的模式分别以物态文化复兴模式、心态文化振兴模式、制度文化创新模式、行为文化革新模式来实现农村产权改革，推进文化振兴。

一、物态文化复兴模式

物态文化是人类的物质生产活动方式和产品的总和，是可触知的具有物质实体的文化事物。农村的物态文化是农村与城市的区别之一，其文化是具有异质性的。农村的山水风貌、乡村的聚落、房屋建筑、民间工具、民俗工艺品、民族服饰都是物态文化的具体表现，同时物态文化也是凝聚了一方乡土的文化历史和文化追求。物态文化复兴就是要将农村的物态文化恢复到其最繁华的时候。就传统的农村物态文化——农耕文化而言，我们是应该大力支持与保护的，农耕文化是物态文化的代表。那么想要大力的保护农耕文化，需投入一定的资金和人力，对于当下的农村来说保护农耕文化的资金尚未到位，所以农耕文化要保护，不能仅仅是因为由于要发扬农耕文化就用一些传统的方法来利用土地，而是应该是在保护农耕文化的同时也发展其他的产业，这样才能在乡村富裕的同时能够有足够的资金与人力保护传统文化。对于传统文化和民族文化的保护可以发展一些有益于保护传统文化的产业，例如文化旅游产业，发展这类产业要结合当地的现实情况，保护当地现有资源。因此，只有达到产业兴旺、生态宜居的基础上才能更好地实现乡村振兴。要根据当地的资源与长处决定是搞种植业、畜牧业，还是旅游业，要做到产业适宜。为了使得在农村产权改革过程中，村民收益是持续的，在进行产权改革中使产权明晰非常重要，可以明确每人的权利。产业适宜是要选择特色产业，实现产业兴旺、保证生态宜居对传统文化加大保护权力、实现乡村物态文化复兴，从而达到乡村振兴。

二、心态文化振兴模式

心态文化是人类在社会意识活动中孕育出来的价值观念、审美情趣、思维方式等主观因素，相当于通常所说的精神文化、社会意识等概念，这是文化的核心。所以我们说乡村文化振兴，心态非常重要，只有心态文化振兴才能达到真正意义上的振兴。精神文化是心态文化的主要组成部分。

精神文化包括人的政治思想的树立、精神的塑造、道德修养的提高、文化科学知识教育、素质能力的培养、逻辑思维方式的引导等，所以精神文化的涉及面广，是乡村文化振兴最重要最复杂的部分。对于当下农村精神文化中作用大并能持续造成影响的文化主要有宗族文化、宗教文化、孝文化，这些文化对约束村民道德有主要作用，这些年虽然有提到一些宗族文化的复兴，但是并没有真正达到道德约束、行为约束的作用。农村文化科学知识与素质能力的培养与城市具有一致性，但是乡村在文化教育和素质能力培育方面远远比不上城市，这是因为本身农村对这两个方面的重视度就不够，在农村这方面的投入很少会导致文化教育薄弱，素质能力提升甚微。在政治思想的树立方面一些党政文化没有树立起来，反而之前的一些优质文化也消失一干二净。

三、制度文化创新模式

制度文化是人类在社会实践中组建的各种社会行为规范。制度文化也是非物态的文化，它包括社会法律法规、纪律制度、道德准则、社会约定等，包括农村兴起的非正式组织、非政府组织、民间组织、非正式制度等。例如村民基于一些亲缘关系和地缘关系，为大家稳定的生活而设立的乡约，大家都要共同遵守，乡约在中国农村社会的秩序上发挥了重要作用，并且一般的乡约包含了优秀的精神文明和伦理道德传统。但是这些年来因为乡村的空心化，乡约也逐渐消逝，失去了其该有的作用。还有一个在制度文化中也起着重要作用的非正式组织也是一把双刃剑，它可以与正式组织兼容发挥积极的推动作用，也可能与之相反，带来负面影响，降低正式组织的效率。成功的正式组织在制度文化的变革创新中是最具有活力的一支队伍，所以在进行制度文化的变革创新时，要注意非正式组织的动向并加以引导走向积极的方向。近几年来农村的非正式组织长期处于失效状态，这不仅不能发挥非正式组织的作用，还会成为正式组织的绊脚石。在乡村制度文化创新中，加强治理是最重要的，农村产权改革使得农村集体组织的治理加强，权责分明，管理持续，能够达到治理有效，在充分发挥正式组织职能的同时也对非正式组织进行引导，改变以前经济职能政府职能不清的状态，在集体强凝聚力的情况下进行非人际关系化管理改进，以实现乡村制度文化的创新。

四、行为文化革新模式

行为文化是人际交往中约定俗成的以礼俗、民俗、风俗等形态表现出来的行为模式。主要包含了农村的民风民俗，传统文艺表演、传统节日等。例如民间传统文化的文艺表演、花鼓灯表演、少数民族传统节日的唱山歌等，都是农民在闲暇时间用来娱乐和打发时间的方式；一些传统节日也是行为文化的组成部分，传统的春节、端午节、重阳节，少数民族的过小年、泼水节等都是有行为文化的意义的，农民在这些节日里也会用一些行为习惯来欢庆；还有一些待人接物、礼尚往来的行为风俗等都是乡村行为文化的重要组成部分。但是近年来很多优秀行为文化被破坏，一些坏的嗜好流行起来，代替了以前农村的一些传统行为，以前的节日大家会一起对歌、跳舞，现在的节日是大家一起打麻将、酗酒。对这些不好的行为应该是要进行治理。农村产权改革需要大力发展产业吸纳剩余劳动力，减少因没事做聚众赌博的人员数量。同时，农村产权改革能够加强农村治理，对不良的行为文化纠正，对正确的行为习惯树立新的风尚，农村产权改革形成的集体组织也能更好的推动不良风俗行为的治理，推动新的行为文化的树立。传承文明风俗实现乡村文明风俗和优良行为文化的传承，从而实现行为文化的革新。

第五节　案例实证：产权改革促进文化振兴

一、塘约村案例的基本情况 [①]

塘约村位于贵州省安顺市平坝区乐平镇，距乐平镇 3.5 公里，距县城城区 15 公里，距市城区 36 公里，地势较平坦，交通便利。2017 年 11 月，塘约村获评第五届全国文明村镇。其年平均气温在 15℃左右，平均海拔在 1000 米以下，适宜栽植绿色蔬菜、烤烟、竹木等。塘约村是一个由汉、苗多民族组成的自然村寨，全村占地面积 10.2 平方公里。10 个自然村寨，全村人口 3068 人，农业人口有 3000 人，非农业人口有 68 人。

蓝天白云、青山绿水之间，一条红色的沥青路蜿蜒伸向远方，路两旁远远望去，可以看到连成片的小洋楼，这样一个环境优美的村落，很难想到曾经却是国家二级贫困村。三年前的塘约村，经济落后，人均收入极其微薄。2014 年，塘约村经历了一场百年不遇的洪灾，使这个人均收入不足 4000 元的二级贫困村雪上加霜。面临如此生存困境，村民在村党支部的带领下，大胆探索，两年时间走出了贫困。对塘约村的变化，前村支书曹友明不无感慨地说："2014 年以前我们村没有通组公路，都是土路，稍好一点的路也不过是垫一点沙石。2014 年以后我们就修了通组公路。随着村党委领导改革建设，全村经济由 2014 年以前的人均年收入 3500—4500 元，增加到现在的将近 15000 元，生活质量得到了明显的提高。"塘约村开创性地提出"村社一体、合股联营"发展模式，既加快了全村的脱贫进程，也为全村村民抱团发展拧成了一股绳。

---

① 《塘约村巨变给了我们什么启示》，见 http://dangjian.gmw。

二、塘约村产权改革的具体做法

其实，塘约村的今天来之不易，充满艰辛。2014 年夏，一场百年不遇的洪灾席卷了塘约村，洪水所到之处，稼穑被毁，一片狼藉。是畏惧自然，默默承受；还是众志成城，战天斗地。充满智慧的塘约人果断选择了后者，因为他们明白：塘约虽"穷"，但"穷"不是塘约永恒的标签，穷则思变，要变革，要发展，外科式的"小手术"不行，必须做"大手术"，于是一场轰轰烈烈的大变革在塘约村悄然拉开了序幕。

变革一：突出党建引领，夯实基层基础。突出党建引领，一是对党员干部实行"积分制"和"驾照式"管理，对拉帮结派、作风不良、党性原则不强的党员，劝其退出党组织，切实提升了基层组织的战斗力和执行力。二是鼓励有大局意识、办事公道、作风正派、致富能力强的有志青年加入党组织，为党组织注入新鲜"血液"，为基层党组织培养"接班人"。

变革二：强化综合治理，推进村民自治。一是通过村支两委和村民代表大会，研究制订了规范村民行为的"红九条"，实行村民自治。对违规操办酒席、不孝敬赡养父母、不关心未成年子女、不参加公益性义务劳动等行为的村民一律纳入"黑名单"进行管理，三个月为期限，考验期间，不享受村里的任何服务和党的惠民政策，期满考评合格后，"黑名单"自动解除。二是通过村民选举产生监督委员会，代表村民对村集体资金的使用、集体土地的用途与流转、合作社股份收益、基础设施建设、公益事业建设进行监督，确保村集体经济收支来得清、用得明。

变革三：夯实"三权"基础，推进"三变"进程。一是推进农村土地承包经营权、林权、集体土地所有权、集体建设用地使用权、房屋所有权、小型水利工程产权和农村集体财产权等农村产权"七权"同确，厘清了个人与个人、个人与集体的财产界限，实现了土地所有权、承包权和经营权"三权分置"。二是成立了土地流转中心、股份合作中心、金融服务中心、营销信息中心，赋予土地产权流转、入股、抵押、收益权能，探索实施"合股联营、村社一体"发展路径和"稻鱼共生、休闲观光、科技示范"发展思路，采取"合作社＋基地＋农户""党总支＋公司＋合作社＋农户＋市场"的发展模式，创新"金土地贷""房惠通"和"特惠贷"等信贷产品，鼓励村民用自己的土地经营权参社入股，合股联营，通过"互联网＋农产品""合作社＋物流"等营销模式开拓农产品销售市场，推进"三变"进程。三是积极搭建农村产权流转管理中心＋评估、担保、贷款"一中心三机构"平台，将抵押、担保、入股等交易品种放入平台交易，巩固"三变"成果。

三年来，通过深化农村综合改革，实现了"三权"与"三变"的良性促动，村民的腰包鼓起来了，集体资产增加了，村民的人均纯收入从2013年的不足4000元提升到2016年的10030元，翻了一番还要多；村集体经济从2013年不足4万元增加到2016年的186万元，增长了45倍，实现了从国家二级贫困村向"小康示范村"的华丽转变，成功走出了一条独具塘约特色的"塘约道路"。2016年，顺利跻身进了全省首届"十佳美丽乡村"和全国100个美丽乡村的行列。塘约村的成功经验给我们四点启示：一是突出基层党建引领，二是强化农村综合治理，三是大胆改革创新，四是找准发展路子。

三、塘约村文化振兴案例成功的启示

塘约村通过农村产权改革，实现产业兴旺与综合治理的强化。通过党建引领，夯实党建基础，实现了乡村党政思想和党建文化的振兴；强化综合治理，推进村民自治，对村民的乡风民俗和行为文化进行治理，塘约村建立的村规民约"红九条"为塘约村树起新风；通过对农村综合，实现了产权改革的良性促动，村民的腰包鼓起来了，集体资产增加了，对文化

教育增加投入的同时，也发展文化旅游产业，传承农耕文化和传统民族文化，留下乡愁。

例如村规民约"红九条"是制度文化的创新也是行为文化的革新。走进塘约村，在村口的文化墙上就可以看到醒目的"红九条"："除婚丧嫁娶外，其他任何酒席都不得操办。村民也不得参与除婚丧嫁娶外任何酒席的请客和送礼，以及为操办酒席者提供方便……"这样的村规民约不仅引导群众建设文明的生活环境，也同步提高村民的文明意识。"过去的塘约，层出不穷的婚丧酒、满月酒、搬家酒、状元酒让清苦的日子雪上加霜。"村集体组织对于这一情况，推行酒席申报备案制度，除了禁止操办红白事外的其他酒席，还明确了红喜八菜一汤无大菜，白喜盆盆菜不发包包烟、不发纪念品。为方便村民办事，村里统一购置了餐具、厨具、桌椅，并从村集体经济中出资组建了10支服务队，无偿为村民办理酒席提供"一条龙"服务。现在的塘约村实现了制度文化创新，在实现产权改革的基础上，进行集体组织自治，村集体的新的村规民约使得农民的文明意识更强，使得村里的道德素质进一步提高。同时，村里的非正式组织也是和正式组织朝着一个方向努力，使得治理更有效率，更有助于制度文化的创新。在行为文化的革新方面，塘约村制度文化的变革也会使塘约村行为文化改变，农村集体产权改革不再是单打独斗，而是大家紧密联合在一起让生活变得更美好。同时村民也相互监督破除不好的行为嗜好，让优良的文化传承下去。

"合作社＋金融帮扶"，让村民实现致富梦，让土地有了"身份"，村民有了资金，剩下的就需要产业来帮助村民实现脱贫。农村产权改革让穷山寨这样变成了小康村，村民实现了致富梦。塘约村富起来后并没有走城镇化的道路，反而保留了能看到乡愁的乡村。塘约村对村内环境进行改造治理，打造成有乡土文化气息、体现农耕文化、留下乡愁的文化旅游小镇。塘约村通过产权改革，形成产业兴旺、生态宜居的小镇，保护了农耕文化和相关的传统民族文化，实现了物态文化的复兴。塘约村在党建文化的带领下，在产业兴旺、生态宜居的条件下不断增加对教育的投入，提高自己的素质能力、文化科学教育水平，对于文化更加重视，不断提升自己的精神文化，实现农村心态文化的振兴。

第六节　农村文化振兴保障措施

一、进行产权改革要做可持续的产业

农村产权改革的目的其一就是要壮大集体经济，所以形成一定规模的产业必不可少。从另一个方面来说产权改革就是要做一定规模的产业。近几年来很多地方的农村产权改革到最后失败的产业太多了，所以有些地方在投资到位后因为很多原因无法持续到最后，连投资也收不回。本来大部分投资都是由政府提供的，长此以往，失败的次数多了，政府也不敢再进行投资。产业失败的原因很多，但是总结起来为两点，即产业不具有独特性与产业发展不符合地方环境的发展。很多地方发展产业时总是看见别人什么产业发展的好就跟着做，虽然也有跟风做好的，但是大部分都做不好，一味地同质性只会加剧同行之间的竞争，这样的产品进入市场会导致价格降低，使得以前良好的产业也变得不怎么样。同时如果发展产业不能同地方的规划以及气候环境一致就会容易被模仿、被淘汰。所以在进行产业的选取时一定要选择可持续发展的产业，首先这个产业要适宜当地的发展，能够在当地有最好的产出；其次产业一定要具有独特性，要在众多产品中脱颖而出，具有核心竞争力。只有这样的产业才能做久做大，才能为乡村文化振兴输送源源不断的动力。

二、提高基层公共文化服务

农村的基层公共文化服务欠缺，源于农村文化气息不浓厚及对文化服务的忽视。如果要实现乡村文化的振兴，公共文化服务配套必须要跟上，一个是服务阵地问题，一个是服务供给质量。也就是说要树立服务阵地意识，在基本的文化服务配置上要做好，对农村文化建设要重视服务阵地的建设，建立娱乐图书室等供大家休闲学习，建立学习培训室以培养提高村民的素质能力。同时在公共文化服务的供给质量方面也要提高，要做实实在在的服务，不能仅仅是走马观花。在进行文化服务时要分好类，一类是孩子的文化教育主要以科学教育为主，但是其他的农耕文化，民族文化是要知道的；一类是年纪大的老人，对于他们来说可能对于传统文化和农耕文化了解的多，但对科学文化教育是不足的，所以要在这方面做好补充。对于年轻人，一是素质能力的提升，二是职业技能的培训，三是对传统文化的传承与外来信息的分辨。做好了文化服务的阵地意识和服务的供给质量，再把握好三个年龄层次的文化服务重点和范围，能够为乡村文化振兴发挥更好的辅助作用。

三、民间文化进行选择性保护

传统文化的保护和传承是很有必要的，但是在传统文化传承和保护时不可一概而取，在传承和保护传统文化时，要取其精华，去其糟粕。对于优秀的传统文化和农耕文化，是要进行保护和传承的，而对于一些不好的，封建迷信的传统文化也就不必再继续下去。所以在物态文化复兴中，复兴的文化必须是优秀文化，才能使得乡村文化振兴更有效率。

第六章　农村产权改革促进生态振兴链接机制研究

第一节　生态振兴提出的相关背景

在党的十九大报告中，第一次明确指出了"实施乡村振兴战略"。乡村振兴的总要求是由"产业兴旺、生态宜居、乡风文明、治理有效、生活富裕"组成的，生态宜居作为乡村振兴战略中的五大总要求之一，是实现乡村振兴不可缺少的重要部分。在 2017 年的中央经济工作会议和中央工作会议中再一次明确了乡村振兴的总布局和具体实施路径，乡村振兴战略在将来是推进我国农业现代化的总战略，也是我国开展"三农"工作的总统筹。在未来，想要实现乡村振兴，就必须要拥有改革创新的想法，在国家现代化进程中，除掉阻碍农业农村发展的障碍、城乡融合发展的障碍，激发农民的生产活力，实行产权改革，从源头解决农村问题，解决收益分配不均、产权不明晰、不注重生态补偿等现实性问题。

一、生态振兴的政策背景

生态宜居是我国目前经济快速发展的同时必须关注的问题。联合国在 2005 年的《千年生态系统评估报告》中提到：过去 50 年来，人类经济活动对生态的影响和破坏是前所未有的，而环境的支撑能力正在减弱。据科学家预测，在未来的 50 年里，生态环境的退化还将继续。生存环境的不断恶化迫使人们不得不冷静思考，要想与自然持久、和谐地发展，今后人类与自然两者之间该如何相处。

党的十九大将乡村振兴的总要求用二十个字从不同方面概为"产业兴旺、生态宜居、乡风文明、治理有效、生活富裕"。党的十六届五中全会也曾经提出过农村建设的新要求，即"生产发展、村容整洁、乡风文明、管理民主、生活宽裕"。当时，我国刚刚实现总体小康、准备踏上建设全面小康的新征程之路，城乡差距还很大，农村基础较弱，在这时提出的新农村建设要求既要贴合实际，又要激励、鼓舞人民。当前我国已经进入了中国特色社会主义新时期，社会主要矛盾也发生了改变，所以乡村振兴对于社会建设的总目标提出了一些改变。本书着重研究生态宜居与产权改革的对接问题，将主要从乡村振兴中的生态宜居方面着重阐述。

（一）从"村容整洁"到"生态宜居"

从十六届五中全会到党的十九大，我国对于农村生态方面的建设也从"村容整洁"变成了"生态宜居"。这要求我国在注重经济飞速发展的同时，也要着力推行农业农村可持续发展，要建立人与自然和谐发展的现代化农业不仅仅是外人看农村的第一印象，而且也是衡量农村人民生产生活品质的重要体现。

2005 年左右，我国的农业仍然处在一个增产增值的发展过程，没有足够的精力放在农村的生态资源环境保护上。农村农民的生活并不富足，还没有能力可以抵御城市的环境污染进入农村。农村缺乏规范的建设规划，人民的居住环境较差。由于当时的现实状况，为避免大肆重新修建，减轻农民的经济负担，所以在当时只是提出了"村容整洁"的基本要求。

现在，在我国农村的生产生活中，不注重环境的可持续利用，导致资源不断透支、环境承载力下降等问题不断涌现，这都会使我国的整体生态环境受到破坏，最终影响我国的经济、社会发展。我们也十分需要保护农业的绿色发展，同时让农民的生活条件、生活质量得到提高，对于自己的居住环境有更高的需求。在农村开展集休闲、养生、聚会为一体的旅游产业项目，城市居民就是潜在消费者，农民生活更可以因此变得富裕起来，但这也需要整洁的农村环境、良好的乡风乡貌、舒适的居住条件等。为了使这些目的能够更易于实现，在乡村振兴战略中将对农村的生态环境要求提高为"生态宜居"。

综上所述，要想生态宜居的要求得到实现，就需要创新体制机制以此促进农业绿色发展，坚持可持续发展、扩大退耕还林面积、加强污染源头治理、保护水源涵养地、防止水土流失、治理土地荒漠化，建立农村的生态环境保护补偿机制，将农村的房屋、绿化、垃圾、污水等进行整体改造，使生态环境更加适宜居住，达到"生态宜居"的目标，最终实现乡村振兴。

生态宜居需要村民保护乡村的生态环境，保持乡村的资源优势，是乡村的潜力所在。通过产权在生态方面的改革，改善村庄的基础设施和村民的居住环境，使村民的幸福感得到提高，营造适宜居住的生态环境，可以使游客与居民对乡村更加向往。生态宜居就是要注重加强乡村不可再生资源的保护，着重治理重金属污染、水土流失、土地荒漠化等现存问题，重点跟进乡村的水电路以及道路建设规划及其实施，统筹推进山水林田湖草系统治理，使村民的居住环境进一步改善，基本形成生态宜居的美丽村庄，保护绿水青山，将绿水青山变成金山银山。

（二）生态宜居的发展

生态宜居是我国乡村振兴提出的总要求之一，生态宜居一定要保护我们的生态环境，注重生态环境的建设，设立生态补偿机制等。我国政府十分关注生态保护问题，习近平总书记在出席诸多会议时，都谈到了生态环境保护的重要性。"绿水青山就是金山银山"这句话是习近平总书记 2013 年在哈萨克斯坦某大学回答学生问题时首次提出的，后来在 2014 年参加贵州代表团审议时再次提出，在 2016 年后又两次提及。我国在经济飞速发展的现在，不仅仅要金山银山，更要注重绿水青山。不能为了眼前经济迅猛发展而不注重生态环境，一旦以牺牲生态环境作为发展经济的代价，那么我们的发展一定是不可持续的、短期的、不稳定的。绿水青山与金山银山不是不能并存的，让两者和谐共处的关键在于人、在于思想。保护生态环境就是保护生产力，改善生态环境就是发展生产力。生态环境的建设，是建设美丽中国的重要任务，可以在未来让我们的国家拥有适宜生存、健康生活、优质生活的生态条件。要让绿水青山发挥它最大的优势，以生态环境带动经济社会效益，一边努力保护生态环境，一边利用生态环境发展绿色产业，得到经济利益。在生态宜居问题上，对于生态环境污染问题，政府与各级领导部门要重点关注，保护人民的绿水青山，发现问题、分析问题、解决问题，给人民一个优质的生活环境，使得生态宜居目标早日实现。

"像保护眼睛一样保护生态环境，像对待生命一样对待生态环境"这句话是习近平总书记在 2015 年参加江西代表团审议时首次提出，在 2016 年又再一次提出。环境创造民生，青山才能铸就美丽，蓝天象征幸福。必须要保护我们赖以生存的环境，保护生态环境，就像保护我们自己的眼睛一样；把生态环境当作我们自己的生命一样来看待。生态环境不是可以无限利用的可再生资源，而是一旦破坏就无法短时间再生的不可替代品。如果不注重保护生态环境，只是一味的索取，最终生态环境破坏力度越来越大，人们将无法生存。在生态宜居方面，要建立生态环境保护机制，以长远的眼光来看待生态环境，树立正确的观念，以保护生态环境作为首要任务，推动社会建成绿色的经济社会，人们形成绿色的生活方式。

"生态环境保护是功在当代、利在千秋的事业"这句话是习近平总书记在 2013 年的中共中央政治局第六次集体会议中提出的，后来又在十九大报告中再次强调。我们要时刻保持对于生态环境保护的清醒认识、了解生态环境破坏的危害性、认识到生态环境补偿的重要性、加快对于生态环境建设的脚步与速度。只有将生态环境保护好、治理好被破坏的生态环境、建立合理的生态补偿机制，才能表现出我国对于人民群众保障未来生活的基本需求以及生活质量的负责态度。用尽最大的力量处理生态环境的污染问题，治理水土流失、荒漠化等问题，努力建成一个生态宜居的生态文明环境，努力为人民创造最适宜居住的生态环境，走向社会主义发展的新时代。建设生态文明是中华民族可以长久发展、不断繁荣的千年事业。在实现这一目标的过程中，必须要建立绿水青山就是金山银山的观念，把节约资源和保护环境这一首要的基本国策贯彻下去，实行最规范、最严谨的生态环境保护制度，推动社会建成绿色的经济社会，人们形成绿色的生活方式，建设美丽中国，为人民的生活创造最优质的生态环境，为全世界的生态安全问题做出自己的努力。

"不能越雷池一步"这句话是习近平总书记在 2013 年的中共中央政治局第六次会议和 2015 年参加江西代表团审议时两次提出。在实行生态环境保护的进程中，要树立生态红线不能被打破的观念，不能越雷池一步。要建立追究责任的制度，对于破坏生态环境的人，根据其破坏程度、影响大小确定责任。如果对生态环境造成严重危害，所造成的负面影响将会长久持续的破坏行为将实行严重处罚，严令追究责任，必要时追究终身责任。

"为子孙后代留下可持续发展的'绿色银行'"这句话是习近平总书记2013 年在海南考察时首次提出，之后 2017 年在中共中央政治局第四十一次集体学习中再一次提出。首次提出是希望海南在注重经济发展的同时，也要协调好生态环境的保护问题，着重使环境更绿更蓝，争取在全国做出榜样，给整个国家的发展奠定基础。生态环境，必须注重节约资源，不能过度开发资源、浪费资源、奢侈消费，要注意资源的可持续性发展，为了我们的后代可以继续过着幸福生活，为他们留下赖以生存的自然资源。

"把生态环境保护摆在更加突出的位置"这句话是习近平总书记2013年在哈萨克斯坦某大学回答学生提问时所提出的观念。现在，建设生态文明是十分重要的议题，只有将生态环境建设好，才能保证国家整体可持续性的发展；只有可持续性发展，我国的发展之路才能走得更稳、走得更远。中国要建成集城镇化、农业现代化、信息化等为一体的新型社会发展之路，这就必须要将生态环境保护摆在最突出的位置上，是新型发展之路得以发展的重要基石。

"最公平的公共产品""最普惠的民生福祉"这句话是习近平总书记2013年在海南考察时提出的。生态环境是最公平的公共产品，是最普惠的民生福祉。生态环境作为公共产品是大家所共有的，也需要大家共同保护，所以我们需要将生态环境保护当作自己分内要做的事，当成自己的事情来做，努力将生态环境建设得更加优质。

二、生态振兴的实践背景

生态宜居是实现乡村振兴战略的基础。乡村是实现生态文明建设的重要基地，我国打造生态宜居的环境，必将重点放在乡村，缺少乡村的生态宜居不是真正的生态宜居环境。十九大报告中将原来的"村容整洁"改变为"生态宜居"，虽然仅仅是简单的改变了词语，但从中可以发现国家对于生态方面的重视程度有了显著提高，有更高的期盼与希望。目前，我们要实现乡村生态宜居这个乡村振兴总战略中的分目标，必须对乡村实行合理的生态改造、加强生态保护建设、设立高效的生态补偿机制等使乡村的生态环境变得优美，提高环境承载力、减少环境污染，使村民的居住环境更加适宜生活、更加有益于身心健康。现在，仍然有很多乡村为了保持经济快速增长，不顾生态环境是否遭到破坏，一味用消耗大量资源的粗放式经营维持经济，加速了生态环境的进一步恶化。

（一）生态形势不容乐观

目前，尽管全国大多数地区已经开展生态环境建设，例如水土流失的治理、退耕还林、建设生态产业、防治荒漠化等，但是由于资金投入不充足、经济发展模式定位、人们维持原有的思维观念等各种因素的制约，导致农村的生态形势并不乐观。生态环境建设与经济发展仍然存在着不可调和的矛盾。一部分农村不惜以破坏生态环境为代价，只为了让经济快速发展，这是不可持续的发展方式，是一种极度错误的观念。同时，在农村某些企业引进和开展实施一部分项目时都没有将生态环境考虑为项目能否实施的前提条件，而且更为严重的情况是，为了维持经济快速发展的态势，对于污染企业不加制止，放任他们的行为，最终破坏了生态宜居的环境。目前来看，农村在达成生态宜居的要求过程中，面临着很沉重的生态环境建设压力，同时也缺少有效的获取资金的通道，这使我们完成生态宜居的目标变得更加艰难，影响了生态宜居的建设成效；在生态环境建设中，生态补偿机制的建设也尤为重要，但是尚未形成十分完善的生态补偿机制，导致生态权益不能受到保障，生态形势不容乐观。

（二）生态经济发展滞后

在我国的农村，尤其是西部地区的农村，根据自身的地理优势，可以因地制宜的走生态经济发展之路。比如对生态经济发展做出切实规划、建设农村生态产业示范园与基地、推行农村新型生产技术、开发新兴的生态农业，还要依靠新型的大数据产业，优化工业的生产结构、减少生态污染、建设生态工业园开展生态农产业、着重发展农村的生态旅游产业。比如贵州省拥有适宜的气候条件，利用自身的环境优势，发展夏天避暑旅游产业，推动该地区的生态经济发展。但是目前，农村的生态环境发展起点低、农民的生态环境意识不足，发展的基础较弱，人才与资金也是发展的大问题，生态文明建设的基础条件与后备力量不足，很难形成十分完善、有足够竞争力的生态产业链。很多的农村处于地理条件严峻的地区，在生态环境中面临水土流失、土地荒漠化、排水条件差、坡度大等现实问题，面对自然灾害没有能力改变，这些都导致了生态经济发展的滞后。

（三）生态制度建设不足

完成生态宜居的建设目标需要生态环境制度的建立，但是，由于关于生态方面法律建设不够完善、相对落后，以及建设新型农村的一些阻碍，导致生态化建设的制度建设不足，很多政策对于生态宜居的建设都不能发挥有利的作用，比如垃圾减量化、资源化，医疗废物的处理，工厂的垃圾转运等一系列相关制度的缺乏与不完善都使得乡村的生活垃圾总量不断增长，生态环境破坏速度加快，对于生态宜居的建设起着相反的作用。同时，在乡村对于畜禽产生的粪便如何归类处理、如何防止污染等问题，相关制度都还没有明确的规定，这些畜禽的粪便不能及时妥善处理，也会对生态环境形成污染、造成影响。

（四）生态文化建设滞缓

生态文化是人们尊重自然、并与自然和谐共处的一种相处模式。生态文化建设是人们学习生态环境知识、获得正确的生态伦理观的过程。乡村生态宜居就是要将过去传统的生态文化与现代科技相结合，建设一个适宜现代化乡村发展的生态环境，要用科学的生态环境建设理念、切实的生态环境基本观点，处理现代社会所面对的生态环境问题，努力建成生态宜居、可持续性发展的新型乡村。根据目前乡村生态环境所面临的根本性问题来看，生态宜居的建设应该将目光着眼于生态文化的建设，重塑村民对生态的敬畏之心，使村民有集体主义文化建设意识。但是，从实践中发现，大部分乡村中缺少老祖宗留下的对生态的敬畏精神。随着经济社会的不断发展，经济资源在市场中的配置问题也已经涉及社会生活层面，人们过于关注自己的经济利益，不关心整体利益与长远利益，更有甚者通过剥削公共利益来获取更多的自身利益，这些行为都是人们短期利益的增长，而不是一个可以长期维持的获利模式。人们一味的将目光放在眼前，不注重长期规划，不断地向大自然汲取资源，破坏自然的生态平衡，最终导致人与自然、人与社会不能和谐发展、和谐共生。我国乡村对于传统的生态文化缺乏传承意识、对于现代的生态文化认识不清、过度追求物质生活的享受、不顾及生态文化的发展需要、生态文化建设缺乏载体、民族生态文化的历史不够明晰这些各种各样的问题，都会导致乡村生态宜居的发展遭遇困境。当前村民对于生态环境建设还没有树立明确的生态文化价值观念，这导致村民会产生超前消费、奢侈消费的消费观念，没有形成对生态成本付费的观念。在生产方式上，只注重眼前的经济利益，不管生态环境，不能把生产生态产品作为自觉自愿的生产行为。

三、生态产权的理论背景

（一）关于产权含义的理论分析

关于产权，国内外的学者都给出了不同的定义，在描述上也不尽相同，现在都没有一个十分明确的定义。一般来说，外国的学者对于产权的含义基本分为四种：一、产权就是财产权，包含了使用权、消费权、处置权、占有权还有与其他财产权相关的一切权利（科斯，1994）；二、产权就是一种在法律与国家强行规定的人们在资产排他性上的权威制度，在该制度中获得一个物品的使用权，这表现出人与人之间的一种社会关系（诺斯，1994）；三、产权不是一种表达人与物之间关系的权利，而是一种因为物品存在或者被使用而产生的人与人之间相互认同行为关系，这其中包含了人对物的拥有关系和使用该种物品所产生活动的影响（德姆塞茨，1994）；四、产权是一个拥有多项权利的整体，不是简单存在的单项权利，它的具体含义应该根据他自身的具体功能加以诠释，而不是笼统的用一种理论进行解释。对于产权定义，与外国学者的分歧相类似的是，国内学者也有着大致相似的意见，基本分为三种：（1）产权就是所有权，认为人对于物品的所有权关系就是产权关系中的根本与中心（张春霞等，1996）；（2）产权是把所有权作为一种基础，在当事人之间发挥作用的行为权，包含了当事人在财产的所属、使用、收益、处置等不同层面的责任、权利在内的统一关系（徐秀英，2005）；（3）产权与所有权是所属关系，认为产权是一种权责的约束体系，而不属于一种权利，是可以分离的（黄少安等，1999）。

（二）产权在生态宜居的应用

外国的学者对于产权在生态环境领域中的应用研究大致可以分为三个阶段：（1）开始了解到生态资源的价值；（2）把生态资本的增加加入可持续发展的核心中；（3）将产权的知识引进到生态环境中。在产权理论不断的进步过程中，慢慢地将交易成本、外部性、公共物品引入到生态文明的领域中来。最重要的是产权经济学的进入使得生态领域中的产权制度变成了研究的热门（Coase，1960；Alchian 和 Demsetz，1972；Schulta 和 Wild，1979；Demsetz，1988）。产权让人民明白与生态有关的产品都具有外部性，而且属于公共物品，简单的自由市场机制不能将生产与消费的效益达到最高，也就是帕累托最优，反而极有可能会引发公地悲剧。国内的学者对于产权如何与生态相融合的研究相对较少，主要有以下几种思想：廖卫东（2004）在分析生态产品的特殊性质时，建立了生态产权混合市场的市场制度，同时将生态产品的特性作为基础找寻生态产权制度最优质的设计思路。刘灿等（2008）利用分权理论分析我国在自然资源产权的改革过程中与政府之间的关系，分析得出现代自然资源产权制度是分权型政府主导的一种产权制度。段小莉（2008）指出我国生态环境水平低是由于"公"权，在产权改革中，要引入激励性制度，还要技术性分离权利，明确各自权能。钟茂初（2014）指出在现存的产权制度中，不能够按理想将重要的生态功能区永远不开发，如果想要将重点生态区永远的保护下去，必须要在生态方面对于产权制度实行新的设计。

综上所述，前人对于生态领域的产权改革研究作出了不小的贡献，但是仍存在不足。前人仅仅是将产权经济学的观念引入到生态宜居的概念中来，并没有继续将产权的可分离性运用到生态宜居中；只是了解到生态资源产生了负外部性效应，但是没有对于正外部性生态产权制度会产生的积极影响加以重视；国内的大部分学者都提及了生态产权制度的设计思路，但是没有提到该制度面临的最根本问题，下文将着重论述该问题。

（三）生态振兴的基本理论

第一，生态理论。生态系统理论的起源来自英国的坦斯利，他提出生态系统不只含有复杂的有机体，而且还包含由很多种复杂物理因素形成的生物因子。在经过了漫长的半个世纪的不断探索，生态系统这一理论终于有了基本的概念界定，生态系统理论就是在某一界定的时间或空间环境下，在各种生物之间或者是生物与自然环境之间，通过物质交换或者能量流动的形式，经过相互作用而形成的生态系统。一个完整的生态系统包括环境部分（即不属于生物的物质和能量）、生产者、消费者和分解者。生态系统可以通过自我本身的调节维持其自身的生态稳定，调节的强度要依靠不同方面的不同因素共同决定。基于一般的情况而言，组成成分越多、能量流动越快、物质循环越复杂的生态系统的自我调节能力相对较优，同理，组成成分相对单一、能量流动慢、循环简单的生态系统的自我调节能力就会更弱。

　　学者们对于生态系统做出了深入的研究，尤其是在食物链方面关注生态系统的研究相对较多。生态系统由环境部分和生物部分共同组合而成，它们在一定的时间、空间上经过合理的组合，形成生态系统的基本组合形式，实现基本功能，比如物质交换、能量流动等。生态系统的起源是生态系统的生物生产的过程，其中包含初级生产和次级生产。初级生产是最为初始、也是发挥最大作用一种生产形式，次级生产是初级生产演化而来的。初级生产依靠植物的光合作用把太阳中的能量转化到生物的有机体中形成生物能，这就确定了生态系统的能量转化还有物质基础。次级生产是把动物、微生物在初级生产中获得的能量进行再次生产，形成更加庞大的关系系统，形成生态系统中的稳定发展。生态系统中的能量流动就是在不同种物质之间进行能量转化，在一个物质中分解能量，然后再转化其中的一部分能量到另一物质中，这其中物质的转化率仅仅在10%—20%，这就证明了在能量流动过程中，会有一定量的能量损失。生态系统中的物质循环与能量流动并不相同，物质通过改变自身的形态，可以在生态系统中不断更新，进入生态系统的循环过程中，由此可以让生态系统的循环速度提升，物质循环是从简单的循环到复杂的循环一步步变化的，有可能之后还会经历简单的循环过程。物质循环依靠的是生物，如果没有了生物，那么物质循环可能就会中断，物质循环被破坏，生态系统中的良好循环被打破，自我调节机制开始启动；如果破坏十分严重，自我调节已经无法发挥作用，那么生态系统也就不复存在了。生态系统还具有信息传递的功能，信息传递是双向的，不像能量流动是不能逆转的。在生态系统中，由信息传递、物质循环、能量流动三者共同组成，三者密不可分，不可分离。

　　第二，公共物品理论。生态环境一定程度上属于公共物品的范畴，它的"产权归属"模糊不清使生态宜居要求的完成变得困难。从理论基础看，萨缪尔森、弗里德曼分别强调了"公共物品（public goods）"的非竞争性和非排他性。"搭便车""公地的悲剧"等现象随时可以发生，这就要求客观上建立起一套相应的生态补偿制度以平衡各个主体的活动，但"产权归属"模糊不清又导致生态补偿的实施变得困难；后来，由西奇威克、马歇尔提出，庇古（Pigou，1920）、科斯发展了的"外部性理论"试图避免产权问题，庇古认为污染者应交税赋。科斯认为如果产权明确且交易成本为零或很小时，可以通过市场机制实现资源优化配置（科斯定律），一时成为实施生态补偿的主流基础理论。但是由于假设条件过于苛刻，导致在应用实践中出现各种问题；因此，有学者试图从生态系统服务价值这一视角探索解决方法，但是最大的困难就是难以精准测算出生态服务系统的价值，这样也就无法在市场上实现自由交易。

微观经济学认为，社会产品总的来说可以分成两大类，即社会公共物品和私人物品，美国经济学家萨缪尔森最先定义了公共物品的概念并对其进行了理论阐释。纯粹的公共物品是那些部分人群的消费不会给他人的消费带来减少的影响，也就是通常所说的它具有非竞争性和非排他性的特征。弗里德曼的解释更加形象，公共产品在生产时生产者没法决定谁有权享用它，谁没权享用它。那么，如果资源不具有排他性，就必然会导致资源的过度使用，从而使成员利益受到损害，也就出现了我们常说的"搭便车"的现象。而如果公共产品的生态产品在消费过程中，不具有竞争性，那么就会出现"公地悲剧"的情况。良好的生态环境正是一种最典型的公共产品，人们随时都可以进入使用，又不需要支付相关的成本且管理混乱，当然整个社会对生态环境的消耗超过一定限度时就产生"反公地悲剧"的现象。

外部性理论是人们在公共物品的消费中会影响他人的消费，可以分为正外部性和负外部性，前者是对公共物品消费带来外部收益而后者带来额外成本。外部性理论是市场失灵的重要表现。外部性理论在最近几年来进行有效应用，比如碳交易、用者付费、退耕还林的生态补偿制度。

但是对于公共生活中外部性的问题，经济学家科斯认为外部性并不完全是由市场失灵导致的，认为公共产品的外部性问题本质上是双方没有明确的界定产权制度，导致权力和利益边界的不清晰。所以，科斯对庇古的观点进行了批判，并提出了解决外部性的新途径——明确产权，也就是说要确定人们是否拥有使用自己财产且承担其行为所造成的后果的权利。简单讲，在一个自由市场中不存在产权交易成本时，任何形式的资源交易和分配都能实现最佳帕累托效应。当然，在市场中交易成本为零的假设是不存在的，那么怎样实现资源配置效果的最优这就需要一套精准的制度安排来实现。科斯定理的本质是说明治理外部性问题可以通过市场或其他手段来解决，而不是仅仅依靠政府的行政干预手段。

第三，生态补偿理论。我国的生态补偿实施还处于起步阶段，相关的研究也相对的滞后。国外对于生态补偿问题已经有了大量的研究数据与研究资料，早在十八世纪初到十九世纪初的时候，威廉·佩蒂（William Petey）已经发现了自然资源会对劳动创造财富产生限制；亚当·斯密论述了在经济发展的不同阶段自然条件对于经济增长的不同影响以及相对应的收入问题；马尔萨斯（Malthus）提出了"绝对稀缺论"；李嘉图（Ricardo）强调了技术进步所起到的重要作用，提出了"相对稀缺论"；米尔斯（Mills）提出了"静态经济"。

根据国内外学者对于生态补偿的研究并且考虑到我国的实际状况，将生态补偿的定义分为广义和狭义。生态补偿从广义上来说包含了几大部分的内容：（1）要补偿对生态系统本身所需要的保护、维护或者是对破坏进行的恢复所花费的成本；（2）通过经济手段把经济效益外部性内部化；（3）对于个人或者某个生态区域的保护系统和对于环境的投入以及放弃的发展机会所缺失的经济补偿；（4）把具有重大性生态价值的区域及其对象实行保护性的投入。建立生态补偿机制的原则是使外部成本内部化。对于环境保护行为的外部经济行为的补偿是保护者为了保护生态环境的各种服务功能所投入的总和，比如额外的保护费、相关的建设成本；为了保护环境而牺牲自己的发展性机会成本；对于破坏环境行为的外部不经济行为的补偿是要恢复生态本来的环境所要支出的成本和因为环境遭到破坏而被补偿人的发展性机会成本的亏损。

当前来说，狭义的生态补偿的含义与国外的生态服务费用（Payment for Ecosystem Services，PES）还有生态效益费用（Payment for Ecological Benefit，PEB）的含义大致类似。也就是说，狭义的生态系统就是保护生态系统或者自然资源所获得的奖励，或者是破坏生态系统，或自然资源所遭受的损失而得到的赔偿。

我国对于生态补偿问题的研究起始于 20 世纪 80 年代，是基于林业改革之中的森林生态效益产生的问题开始研究的。我国学者（例如任勇、杜群、孔凡斌等）在生态补偿方面的问题及解决办法中作出了巨大的贡献，对于生态补偿的推进产生了重要的影响。

现在，国内学者们对于生态补偿的含义作出了积极的讨论，但是由于学科限制、研究领域、思考角度不同，导致至今学者们对于生态补偿的具体含义都没有明确的解释。在 20 世纪 80 年代后期，生态补偿往往是从生态学的角度来阐释。1987 年，张诚谦提出生态补偿是通过资源获得经济收益，然后从经济收益中抽取一部分转换为物质或者是能量的形式重新回归生态系统，以这样的方式来维持生态系统能量、物质的动态平衡。

1990 年左右，生态补偿常常被认为是对于生态环境被破坏的一种补偿形式，这是从生态环境赔偿方面来定义的。在这一阶段，我国的学者对其也有不同的看法，章铮提出生态补偿费用的目的是控制生态环境防止被破坏所收取的资金，是为了将外部成本内部化；但是庄国泰学者则有不同的观点，他指出生态补偿是因为破坏了生态环境而需要承担的责任，目的是刺激人们减少对生态环境的破坏。

20世纪90年代中后期，对于生态补偿的理解往往是从经济学的层面，更加关注生态效益方面的补偿，尤其是关于生态环境保护、退耕还林、退耕还草的补偿等。学者洪尚群指出，生态补偿作为一种利益驱动机制、激励机制、协调机制，是为了维护环境、促进生态建设；同时，毛显强学者对此有不同的观念，他认为生态补偿是对于环境的破坏或保护实行奖惩制度，使该行为的成本增加或减少，从而带来外部经济或者外部不经济行为，达到保护环境的目的；李文华学者在整理以往的文献时，对生态补偿有了全新的理解，他提出，"生态补偿是为了保护生态系统可持续发展，运用经济学的手段来调节与之相关的人的利益关系中的制度安排"，这一观念的提出把生态补偿从经济学和生态学两方面相互关联，在人与生态方面激励人们对于生态环境的保护和维护，在人与人的方面提出了外部性的补偿，这就是现阶段比较全面的生态补偿。

第四，可持续发展理论。可持续发展理论的深层含义是要挑战传统工业化，抛弃传统工业对于生态环境的破坏、对于自然进行的无限索取，以及想要征服自然的心，以尊重自然、与自然和谐共处的理念发展经济，维护人与自然的共同利益，并使之利益最大化，同时使人类社会发展模式发生改变。可持续发展不仅仅关注人与自然的关系问题，而且牵涉到了人与社会的发展。可持续发展理论从本质上来看，属于人与社会的一个科学命题，有着深厚的文化底蕴与强烈的人文色彩。

一是可持续发展必须建立在人类内部整体公平的基础上。公平性包含代际公平和代内公平。代际公平就是在资源的利用与使用和对于生态环境的权利、义务与责任方面，当代人与后辈人之间如何分配与使用的公平。我们当代人有义务为后代传承物质文明与精神文明，也更有责任为后代保护好现在的生态环境文明。代内公平就是当代人之间的公平，如果代内资源分配不合理，那么就会出现收入不均，两极分化的情况，最终会使人与自然之间不能和谐共处。假设当代人之间都不能实现代内公平，那么不要希望他们还能实现代际公平。一个人在同辈人之间都不能将利益合理分配，那就更不可能为后辈人的资源分配而做出考虑。只有公平地将资源问题处理好，使得各个利益群体良好相处，才会促进各个利益群体尽自己的努力保护生态环境，维护人与自然的协调共存。只有人类内部整体的公平性完善的建立，才能实现人与自然的公平与和谐。

二是可持续发展需要广大人民的共同参与。在人的发展与社会发展的问题上，我们要辩证地看待。人的发展总是离不开社会的发展，二者具有一致性和同一性。必须将两者之间不可或缺的关系充分了解，才能使我们在社会宏观发展与个人利益发展相矛盾的时候，做出正确的决定。可持续发展理论的实践，需要将每个人的个体实践能力发挥出来，使人们充分认识到人类在这个世界生存就有着保护生态环境的责任与义务。

第二节　农村生态产权改革现状及问题

一、农村产权改革的基本内涵

产权是所有制的核心。我国目前正处于经济、社会、文明共同转型的历史进程，这是关乎我国未来发展的重要时刻。我国现存的制度体系已经不能完美的适应现在的社会发展阶段，因此我国提出要进行全面深化改革，从经济、政治、文化、生态、社会、党建等不同方面不同角度改革。此次全面改革过程，是整体性、系统性的改革。在改革中，必须重视人与自然关系的改变，从征服自然变成适应自然，这是人类社会从工业文明走向生态文明的过程。

调整人与自然的关系，最本质上就是调节人与人之间的关系，使国家形成新型的治理结构，走入现代化国家治理。产权制度属于国家治理的基本制度，从社会、经济、政治、生态等方面都有自己的内在联系。不同角度的产权内涵不同。在生态宜居方面，虽然生态文明建设的理念越来越深入人心，但是以个体为权利的思想加之科学主义的工具使得人与自然的关系日益紧张，导致目前的产权制度并未彻底改变。目前，我国的经济社会转型与生态文明建设同时存在两大挑战：一是如何构建公有制的产权制度；二是构建产权制度的理论基础不足。尤其是在生态宜居的角度上，还没有提出比经济学产权更权威的理论。

二、农村产权制度的现存问题

就目前来看，中央与地方之间的产权制度制定不完善。国家资源变成地方政府的公共财产，国家所有权形同虚设，个别地方打着国家的幌子随意行使所有权，这其中也包含了收益权。

产权关系是经济关系中的法律用语，我国目前的现状是：中央与地方的纵向经济关系与纵向产权法律关系是两种不同的关系，在产权法律关系中没有体现经济关系，这意味着法律制度没有实际意义，只是流于形式；经济关系没有贴合产权法律关系，这意味着经济关系没有在法律的监督下而自行运作，这都产生了负面的影响：首先是法律失去了权威性以及对于不当行为进行调整规范的作用；其次是中央与地方的经济关系较混乱，中央随意性与地方的无规范性两者并存，经济行为失去控制，地方政府拥有超出规定的决定权。

产权制度的不完善导致生态环境资源类的公共物品存在越来越大的风险。

（一）吃资源环境"大锅饭"

所有权在经济形式中的表现最终都会转化为收益权。如果得不到收益权，那么所有权就会虚化。法律中明确规定，国有资源的所有权归属于国务院，地方一般没有所有权的产权。地方作为代理人，应该将国有资源的收益全部上交国家。但是就目前的实际情况来看，国有资源的收益基本都被地方政府使用。关于土地财政的问题，从产权制度的角度来说，地方政府没有产权，但是却得到了土地转让的收益。地方政府以国家的名义获得了收益权，行使了所有权的权利，这就是吃国家的"大锅饭"，吃土地也就是资源环境的"大锅饭"，虽然地方经济因此得到快速增长，但是也对环境造成了巨大的损伤。

我国的财政制度将目光着眼于分税制，所有权的收益规定基本都不包含在政治制度之中。我国中央政府将国有资源所有权的大部分收益都留给了地方，地方的经济利益增加，但是也加剧了不同地方的经济收入差距，进而使公共服务的差距扩大。全国人民的资源收益不能达到全民共享的目标，这与所有制的初衷不符，但是对资源环境破坏导致生态环境逐步恶化的风险却是全国人民共同面对的。

（二）生态环境转化为个人财富

我国经济发展十分迅速，与此同时贫富差距逐渐拉大。根据基尼系数显示，我国在世界水平中处于很靠前的位置上。近十几年来，我国的基尼系数一直处于 0.4 以上，大多数时候都会超过 0.45。基尼系数越大，就意味着我国的贫富差距越大，0.4 是基尼系数所设置的警戒线，超过就意味着贫富差距已经很大。地方政府在以国家名义转让国有资源时，有相当一部分国有资源的资产以一种不透明、不公正的形式进入了少数人的腰包。而这些成本中的大部分本该属于开发利用者、获益者的。

（三）生态环境治理面临困境

传统的工业化，使我国的经济得到迅猛发展，是一种先污染、后治理的发展路线，这使得生态环境不断恶化，继续生态环境补偿制度的建立。同时，国有资源所有制形同虚设，这就使得地方拥有了大量的"公地"，为了不断提升经济收益，各个地区不惜破坏生态大力开发公地，形成了著名的"公地悲剧"情景。亚里士多德认为，不论是任何物种，只要它是被大多数人所共同享有的，那么它得到的关照也就是最少的。这种制度的不完善与传统的工业化相结合，会使生态环境遭受到巨大的破坏，产生"乘数效应"。

对于生态环境治理面临的困境，有两种不同的观点。其中一种认为，传统的工业化一定会导致生态环境受到破坏，这是不可避免的。根据库兹涅茨环境曲线，当工业化发展到后期，人均收入水平明显提高，那么生态环境自然就会改善。而另一种则认为，由于我国整体发展过快，仅仅几十年已经达到了其他国家两百年的工业化之路，这是一种压缩式的发展，与之相伴的会产生生态环境的压力，生态环境的破坏性会以山洪的形式爆发出来。笔者认为，这两种观念对于生态环境的理解都只是看到它的浅层表面，并没有认识到它的深层内涵。它的内在根源源于产权制度的不完善与传统工业化缺陷两者的相互累加导致生态环境遭遇风险。在这一点上，我国仍然缺乏清醒的认知，目前依旧处于"一边治理一边污染"的困境中。

（四）地方的"所有权幻觉"导致政治风险加大

我国国土资源辽阔，国有资源分布在不同的地理位置上，国家所有权逐渐虚化，国家将资源进行调整，资源被调出的地区就会认为自己的资源被夺走，产生不良情绪；国家站在保护生态环境的角度上，限制某些地区自然资源的开发，资源所在地也会因为减少了经济收益而产生怨念。类似以上的问题还有很多，这都是由于"所有权幻觉"导致的。国有资源一旦与地方所有权相联系，而且在产权制度不完善，也就是不能对于自然资源的开发、利用、使用权利等进行清晰地产权界定时，将会产生各种方面的问题。不仅仅只是经济环境问题，地方会对中央的决定产生不良情绪。国有资源的矛盾有可能会演变为其他矛盾，使国家的凝聚力减弱，生态环境的政治风险由此体现，反而限制生态环境治理。

第三节　产权改革与生态振兴的链接模式

一、分析框架

农村产权改革与生态宜居有着不可分割的关系，生态宜居是乡村振兴的一部分，只有生态宜居，我国才会更快实现乡村振兴的总战略目标。产权改革的核心要素分为四大类，分别是产业发展、确权颁证、组织治理、制度供给。这些核心要素缺一不可。有了产权改革的这些核心要素，都会对生态产生一定的影响，比如因地制宜的发展产业、合理利用生态资源、综合治理生态、可持续发展等。这些作用最终都会作用到生态宜居的目标层面，那就是增加生态农业产品和服务供给、建立市场化多元化的生态补偿机制、统筹山水林田湖草系统治理、加强农村突出环境问题综合治理。然后形成生态宜居的新乡村。

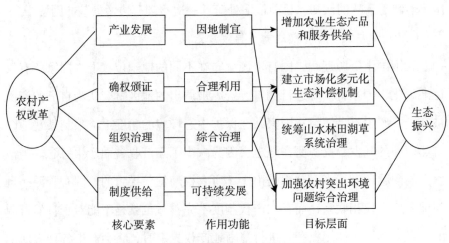

图 6-1　农村产权改革与生态振兴的链接

二、内涵阐释

在产权改革与生态宜居的链接机制中，最重要的是核心要素与作用功能的对接。

（一）产业发展

只有因地制宜的发展产业，才会给乡村带来最大的经济利益；同时，因地制宜的发展产业，也在一定程度上减少了对于生态环境的污染；发展生态产业增加经济收益，增进生态产业产品和服务供给，让那些为了提升经济收入而破坏生态的产业尽可能的减少。

（二）颁证确权

对于生态环境这种公共物品，如果不对此进行确权，农民就不会尽力保护，只是一味的破坏，站在利己的角度考虑问题。所以需要清晰地界定产权归属，才能使人们合理的利用生态。

（三）组织治理

现代社会往往各种问题复杂、相互交织，社会问题往往呈现多样化特点。生态问题是由于环境恶化而使得人类发展遭遇困境的问题，其中包含了资源不足、环境污染、荒漠化等。组织治理是十分有效的解决办法，组织治理涉及方法论、组织管理、权责关系、协调控制等不同层面的治理。它的治理过程是长期的、循序渐进的，只有逐渐将组织观念改变，促进组织内部的合作与交流，进而影响人们对生态环境的观念改变，从而综合治理生态环境，建设生态文明环境。

（四）制度供给

只有国家对于生态环境的制度提出完善的政策性建议，把对重工业污染的惩罚提高，对保护环境的奖赏加大，对生态补偿的制度进行更优质的建设，才能促进生态环境可持续发展，将经济利益与生态环境协调发展，建立市场化、多元化的生态补偿机制，为完成生态宜居作出应有的贡献。

第四节　域外经验：广西林权改革案例

一、基本情况

广西地处中国南方，中部是中、南亚热带季风性气候，南部为热带季风性气候。广西的自然条件优渥，十分利于森林生长，有丰厚的森林资源。整个地区的林地用地面积为 1527.17 万平方公顷，占土地总面积的 62%；现存森林面积 1342.7 万平方公顷，森林覆盖率为 56.51%，处于全国第三位；活立木总蓄积量 55816.60 万立方米，处于全国第七位。在 2005 年自治区级以上对于公益林的划分，广西整体共划公益林 5185299 平方公顷，其中包括集体公益林 4566760 平方公顷，占总面积的 88.07%。这其中所涉及的农户有 210 万户，890 万人。集体公益林主要在桂林、百色、河池三个市，共涉及 26 个县。

二、发展定位

2001 年广西依据国家的要求对森林分类的情况做了基本的界定，同时成中央森林效益补助资金的重点示范区。收集了三年的数据之后，2004 年国家完善了公益林的界定办法，同时建成了新的中央森林生态效益补偿制度。根据国家政府的新规定，广西省将对公益林进行重新界定，结果为国家级重点公益林为 383.8 万平方公顷，地方级公益林 240.1 万平方公顷，共得到中央森林效益补偿资金的公益林面积为 233.3 万平方公顷，每年每公顷补助 75 元，年补助总资金为 3.72 亿元。该项补偿标准已经多年没有变化，现在仍然很大一部分公益林还没有从国家获取到生态补偿。下面将中南村作为案例来介绍生态产权改革的重要性。

三、产权改革

中南村地处广西钦州市浦北县龙门镇西南部，其中有农户1020户，共4439人。土地总面积为1141.2平方公顷，林业用地占884.5平方公顷，生态公益林面积884.5平方公顷，主要种植红椎林。农户的资金收入一般来自农业、林业种植，开展红椎菌的产业发展，外出打工等。在所有收入中，生态公益林的所占比重约为30%。

在19世纪80年代初期，中南村共划定自留山、责任山512.9平方公顷和集体统管山371.6平方公顷。2001年国家对地方都提出了对公益林进行界定的工作，广西省也开展了对国家级以及自治区级的公益林界定，该县将所有的林地全部界定到重点公益林区域中，进行集中管理。所以，当前该村的生态公益林的所有权为集体所有或者是农户承包制。对于集体所有的公益林，有集体共同看管和租赁看管两种模式。已经被租赁出去的生态公益林由租赁者负责看护，集体负责监管；未被租赁出去的生态公益林由集体共同看管。租赁的承包期限一般为20—50年，租赁费用一般按照合同上的固定费用收取，一般是每年每公顷600—2700元。该村集体的承包收入全部用于公用事业，各个农户的经营收入属于自己所有。生态效益补偿款要经过集体表决决定补偿款走向，大多数讨论结果为均分到户，少部分选择全部留存在集体中。对于均分到户的生态公益林，那么他们的看护责任也是落实到每户农户。

对于这次的生态产权改革，该村的村民经过集体讨论，决定将生态公益林也进行产权改革。村集体学习中央下达的指示后得出，产权到户所获得收益将明显大于产权归集体的收益，因此选择均分到户的方式作为改革模式。以该次集体林权的制度改革方案来看，对于自留地保持不变，实行长期无偿使用、可以继承的制度；对于责任山保持不变，但是需重新签订承包合同，承包期限为70年；对于集体山选择不同的改革模式：一、确权到户：将生态公益林的补偿金分配到户，确定看护职责，按照林地改革的确权面积把生态补偿金全部补偿到农户手中。二、确权到集体：生态公益林补偿款全部归集体所有，林地的使用权、所有权都属于集体所有。租赁的林地，租赁所得归集体所有，将用于村中的公共事业投入。生态效益补偿金被村民认可留在集体，将资金用于公共事业的原因，是因为在经历了多次改革后，大多数林地都是确权到户，补偿款都分配到农户手中，属于集体的林地相对较少，这导致村集体在公共事业的建设中可用资金不足。因此，此次改革中，该村确权到户的公益林面积为 809.8 平方公顷，确权到集体的公益林面积为 74.7 平方公顷，均山到户率为 91.6%。

四、生态振兴

通过改革，对于集体山仍旧留在集体的原因可以从村干部和农户的调查研究中得出。第一，村集体的整体运作需要一定量的资金。第二，村中的公共事业建设需要资金，该资金由村民共同负担，如果每次的公共事业都要一户户的收取资金，这样有很大的困难。同时，有些林地没有多少可以利用的资金收益，如果均分到户，每户可以得到的利益相对较少，而且该类林地所处位置较偏，利用难度较大，所需成本较高，不值得实行均分到户的政策。但是，有一些实力相对雄厚的承包商，根据他们的需求有目的的选择林地进行承包，这样可以使村集体获得相当高的租赁金用于公共事业的建设与发展。而且，租赁者依靠自然条件灵活的选择承包地的位置与面积，可以获得最优的收益。所以，农户也十分愿意将该部分林地继续留在集体中。与此同时，仍然有一部分当地的"祖宗山"，始终实行的是封山保护，不许人为利用与经营。而且，因为农户的思想相对传统，该类山的面积也相对较小，在整体村庄所占比例较少，所以继续将其保留在集体，进行统一的看护。

由此可知，中南村生态公益林分配到户的改革路径，比单纯的集体统一经营可以获得更多的收益，使生态公益林的生态效益和经济效益得到了极大的发挥，也使农户对于生态公益林的保护意识逐渐增强，同时使农户的经济收入得到提升，并收获了生态宜居的村庄。

第五节　产权改革与生态振兴对接的政策建议

在我国的生态宜居战略实现问题上，也就是生态环境的建设上，面临几个方面的问题，不但要防止"公地悲剧"的发生，也要小心"私地悲剧"的形成。所以，在产权改革与生态宜居的对接中，应该要引入激励机制，努力建成市场化的生态环境公共产权治理模式；还应该打破原有的"公用""公营"的生态环境保护机制，让民营企业、外资企业共同参与到生态产权的经营与竞争来，使国有企业不再独占生态环境资源的经营领域，可以形成多元化的生态资源市场机制。与此同时，也要注意将生态环境自然资源的所有权改变，不再是公有化的生态产权模式，而是公私结合的产权所有制形式，建成更为完善的生态产权市场机制。

一、引入激励机制，建市场化生态产权治理模式

我国产权改革与生态宜居对接的第一步就是在优化生态产权市场时引入激励机制，这也是最重要的一步。国家作为公共资源的产权主体，它对于自然资源有着积极的权能，也有着消极的权能。积极权能可以占有、使用、处理国家资源，同时消极权能也要行使权力，包括将一切不合法的行为尽最大能力排除。但是，国家是一个整体，对于界定权责的问题，很难直接具体的指定到个人，权责界定模糊、不清晰。所以，如果想要实行生态环境资源的所有权，就必须将所有权移交中央政府管理；但是，中央政

府也没有能力管理全国大量的自然资源，就必须将所有权进一步移交给各个部门和地方政府；同时，各个部门和地方政府也不可能完美的处理自然资源的所有事宜，只好将所有权再一次移交给代理人直接管理、控制。总之，生态环境资源的所有权必将经过多次的移交、委托到具体的代理人去行使权力。但是，这一过程从国家到中央政府、到各个部门和地方政府、又到具体的生态环境资源代理人，这一系列过程经历了无数个利益群体，这些利益群体的利益追求必然存在不同的差别，而且层级相差越大，利益追求差异越大。因为国家政府与具体代理人的利益追求差异十分显著，各级代理人之间的机会主义行为，都使得生态环境资源所有权代理的主体由于没有约束和竞争产生了十分严重的"政府失灵"。目前，解决生态产权中的"政府失灵"最正确的做法就是建立民主宪政、加强制约、达到平衡。引进"公权"交易市场，在该种制度下改进政府生态规章制度，这其中包含加强对于生态代理人的规范、优化生态补偿手段等；还要引入生态环境资源产权代理人竞争制度，就是政府间竞争，具体的做法就是把生态环境保护引入到政府部门的政绩考核中，作为一项基本的考核指标，用这种绿色 GDP 核算的方式评估代理人的竞争力，找到对生态环境资源保护最有利的代理人。

二、打破原有的"公用""公营"的生态宜居机制

按照生态宜居中环境资源的公共性、外部性将它进行使用权还有经营权的技术性分隔，确定使用权还有经营权自己的权能，将民营企业、外资企业等这类的非国有企业加入生态产权改革的经营与竞争中，让一部分能力不足的国有企业可以从生态环境资源的经营中退出，从而达成多元化的生态环境资源产权改革模式。生态环境资源的使用权与经营权的改革模式需要根据生态环境资源的公共性与外部性来决定。如果是外部性、公共性

都很强的生态环境资源，比如自然界中的大气、淡水、耕地还有城市用地等可以再生的生态自然资源；黄金、石油等拥有量不足的金属和非金属矿产资源；公益林、预防荒漠化的草原、濒危的动物等需要生态补偿措施去保护的可再生生物资源，应该将使用权与经营权相互融合，在政府的管理控制下，派有能力的企业去经营。同时，对于一些排他性较强、具有竞争能力、公共性不太强的生态环境资源，比如经济林、荒漠、生产性用水、有大量存储量的矿产资源等，就应该将它们的经营权与使用权分开，将经营权投入市场，自由的进入市场进行交易。但是，最主要的必须要让国家颁布有关生态环境资源的一系列相关法律法规，使经营权与使用权都在国家的合法认可情况下行使权力。所以，在我国目前的情况下，必须将经营权与使用权如何在法律认可的情况下发挥自己最大的能力这一问题解决，建立相关的法律体系。

三、建设公私结合的生态产权所有制形式

生态宜居与产权改革的结合形式各种各样，生态产权改革的方式是对于使用权与所有权交易方式的不同，可以是使用权与使用权之间的交易、使用权与所有权之间的交易，最完全的产权交易是所有权之间的交易。在某些生态环境资源有完全的排他性和竞争力，可以将外部性忽略的时候，生态宜居自然资源的所有权交易可以使交易的长期预期收益增加，并且可以减少交易过程中的不确定性。所以，所有权交易可以将交易所得到的收益提高，而且十分适用于长期的交易对象，可以使交易双方有更多的剩余资金。因此，我国的生态宜居与产权改革的对接，也就是生态产权制度的改进，都应该将所有制的产权私有化，为了可以更好地引入市场机制。但是，也不能将所有的所有权全部私有化，因为并不是将资源私有化就一定可以解决"公地悲剧"，过犹不及，有可能会引发严重的"私地悲剧"。比

如，将某地区的防风林所有权私有化，那么居住在距离防风林区域较远的拥有防风林产权的所有者对待防风林的最好方式是将防风林卖掉，因为防风林距离他太远，产生的作用几乎可以忽略不计；如果是靠近防风林区域的所有者，当防风林的投资贴现率远高于防风林的生长收益率时，那么所有者的最优选择也是将防风林卖掉。综上所述，将所有权私有化并不是最完美的选择，因为私有化会让所有者选择对自己最有利的方式行使权力，而不是对生态最优的形式，很有可能会造成资源分配的不公平、社会的不公平。所以，在对待生态环境资源私有化的改革时，要针对不同的资源状况采取不同的政策措施，依据公共性与外部性的不同实施不同的措施。

中 篇
专题研究

第七章　农地制度改革与精准扶贫的链接机制研究 [①]

第一节　农地制度的相关研究

一、农村土地与农地制度

第一，农村土地。本书所指的"农村土地"与"农地""农用土地""农业用地"等概念在内涵和外延上是相同的（以下简称"农地"），该称谓在《中华人民共和国农村土地承包法》中被使用。1998年修订的《中华人民共和国土地管理法》规定："农用地是指直接用于农业生产的土地，包括耕地、林地、草地、农田水利用地、养殖水面等。"第二，农地制度。农地制度来源于英文 Land Tenure。从字面上理解，意为对土地的占有和使用方式。它是一个比地权更广泛的概念，不仅包括地权本身，而且还包括地权的交易、实现形式和生产组织等。"农地制度"虽不是它的直译，但基本上反映了其内涵。农地制度是规范人们在农业生产经营中围绕土地的占有、使用、经营、管理等问题而发生的各种关系的规则体系。

二、制度的构成及功能 [②]

诺思认为，"制度是一个社会的游戏规则，更规范地说，它们是决定人们

---

① 本章为笔者的省科技厅项目"农村产权改革与精准扶贫的对接研究"，同时是笔者的研究生陈晨毕业论文依托项目——"农地制度改革与精准扶贫人链接机制研究"。
② 郭新力：《中国农地产权制度研究》，华中农业大学博士论文，2007年1月1日。

相互关系的系列约束。制度是由非正式约束道德的约束、禁忌、习惯、传统和行为准则和正式的法规宪法、法令、产权组成的"①。"制度提供了人类相互影响的框架，它们建立了构成一个社会，或确切地说一种经济秩序的合作与竞争关系"。"制度是一系列被制定出来的规则、守法秩序和行为道德、伦理规范，它旨在约束主体福利或效用最大化利益的个人行为"②。新制度经济学认为，制度由三个基本要素构成③：一是非正式约束，二是正式约束，三是实施机制。在现实经济生活中，制度实施的主体一般是国家，因为制度是一种"公共品"。同时，不同层次、不同类型的组织也是制度变迁的行动主体，因为组织是"游戏人"或博弈参与者，在博弈过程中存在着与博弈规则的互动关系。

三、制度变迁及其效应

制度变迁是制度的替代、转换与交易过程，其实质是一种效益更高的制度取代原有制度的动态过程。在这个过程中，实际制度需求的约束条件是制度的边际替代成本，实际制度供给的约束条件是制度的边际转换成本。青木昌彦、诺思、林毅夫等人都对制度变迁理论的建立作出巨大贡献，本文不再赘述。当然，制度变迁是制度非均衡状态下寻求新的获利机会而导致的制度交替过程。这一过程的发生，所处的层次不同，具体的诱因不同，实施的主体也不同，因此，制度变迁的具体模式也存在一定的差别，诱致性变迁和强制性变迁是两种常用的比较分析模型。

四、贫困、反贫困与精准扶贫

第一，贫困与反贫困的释义。贫困与反贫困是一个问题的两个方面，没有贫困也就不存在反贫困，科学合理地理解和界定贫困是反贫困研究首

---

① 诺思：《制度、制度变迁与经济绩效》，上海三联书店 1994 年版，第 3 页。
② 诺思：《经济史中的结构与变迁》，上海三联书店 1994 年版，第 225—226 页。
③ 陆现祥：《西方新制度经济学（修订版）》，中国发展出版社 2003 年版，第 38—43 页。

先必须要回答和解决的基本问题。① 回顾贫困研究的历史，学术界对于贫困内涵的理解和认识经历了一个逐步深化的动态发展过程，具有代表性的观点很多，也衍生出了很多相关的贫困概念。

表7-1　关于贫困的相关概念与内涵界定

相关概念	内涵界定	概念聚焦	典型研究
贫困	一种匮乏的状态	以食物、收入代表的生存型资本不足导致的贫困	Sen(1981)
相对贫困	相对其他社会成员经济收入较低		Walker & Smith(2002)
绝对贫困	家庭收入低于联合国定义的国际贫困标准		Rowntree(1901)
收入贫困	个体或家庭的收入低于维持生活所需的最低收入水平		Robert et al.(2014)
能力贫困	缺乏追求美好生活（自由、经济、福利）的能力	以技能、机会、制度为代表的发展型资本不足导致的贫困	Chambers(1995)
主观贫困	由贫困造成的心理压力、注意力匮乏，导致决策的短视化和永久性贫困		左亭、杨雨鑫（2013）
权利贫困	社会排斥导致个体在政治、经济、社会、文化等方面权利的缺失，从而引起的贫困		Sen(2000)
多维贫困	由多维贫困指数（MPI）衡量的教育、健康等多方面的匮乏		Maasoumi & Racine (2016)
制度性贫困	由宏观经济、社会和政治制度或政策供给不足导致的贫困		林雪霏（2014）
移民贫困	移民人口再社会融入、市场机会、社会资本等方面不足导致的贫困		Heizmann(2017)
空间贫困	由于地理资本的缺失或不足导致的贫困		陈全功、程蹊（2010）
产权贫困	由于产权配置不清晰、要素无法流转等因素导致的贫困，是制度性贫困的一种		李晓红、洪名勇

① 朱霞梅：《反贫困的理论与实践研究》，《复旦大学论文集》，2010。

　　总之，贫困是一个多维度的复合型概念，贫困属于一个十分广泛和多维的社会历史范畴。在对贫困的理解上，我们应坚持全面的观点，而不是单一地从一种分析观点转向另一种。贫困的诱因有很多，但整体而言，主要包括生存性资本不足导致的贫困和发展型资本不足导致的贫困两方面。

表 7-2　关于贫困的理论名称及主要观点

理论名称	主要观点
马克思关于贫困的制度分析	创立剩余价值学说，贫困的归因在于资本对劳动的剥削，制度是造成无产者贫困化的根源
缪达尔的"循环积累因果关系"	各种贫困因素互相联系，互相影响，互为因果，呈现"循环积累"的发展态势
阿玛蒂亚·森的权力方法理论	定义了四种典型的权利关系，贫困的原因在于个人资源禀赋的下降或个人交换权利的下降
纳克斯的"贫困恶性循环"理论	贫困的原因在于经济中存在着若干个互相联系、互相作用的"恶性循环系列"，资本短缺是发展中国家落后的基本原因
纳尔逊的"低水平均衡陷阱"理论	发展中国家的经济贫困在没有外力推动的缺口下是一种高度稳定的均衡现象
罗森斯坦—罗丹的"大推进平衡增长"理论	应实施全面增长的投资计划，通过扩大市场容量和造成投资诱导机制来获得"外部经济效应"
赫希曼的"不平衡增长"理论	应把资源投放到主导产业上，这样可以通过"联系效应"带动其他部门的投资和发展
莱宾斯坦的"临界最小努力"理论	应保证足够高的投资率，使国民收入的增长超过人口的增长，从而使人均收入水平得到明显提高

　　对于反贫困而言，明确贫困的内涵和外延是非常重要的，但同时我们必须认识到，仅有对贫困的定性研究是不够的。我们同时也必须关注贫困的定量研究，明确判断"谁是穷人"的内容和量化标准，从而为正确制定和实施反贫困政策提供科学的依据和基础。

　　第二，中国特色反贫困模式——精准扶贫。从 2013 年 11 月习近平总书记首次提出精准扶贫的概念起，到目前为止，学界对精准扶贫还没有一个统一的定义。目前主流观点认为精准扶贫的最大特征在于缩小了扶持对象的范围，由扶持贫困县和贫困村转至扶持贫困家庭的贫困人口，扶贫工作由区域开发转为因人施策、因户施策[①]。从我国扶贫开发的进程来看，这不仅是我国扶贫战略的进一步延伸，也是我国扶贫模式具有标志性意义的一次调整[②]。精准扶贫思想具有深刻的现实意义，也可以说是现实倒逼的结果，原因有以下两点：一是在没有瞄准贫困户的情况下，整村推进的扶贫政策更容易出现"精英俘获"现象，使得贫困地区内部收入差距变大，减贫效应下降；二是以县、村为扶贫单位很难覆盖全部贫困人口，扶贫资金有限，无法通过全面综合的兜底来实现贫困人口脱贫。

现阶段学界对于精准扶贫的研究主要集中在以下三个方面：一是对习近平总书记精准扶贫思想的哲学基础及内涵的研究；二是对精准扶贫政策供给方面的研究；三是对精准扶贫思想的实践研究。从自然辩证的角度看精准扶贫思想，无疑是符合我国国情，理论联系实际的有效扶贫手段，但目前还存在政策供给不足，实践机制不完善，扶贫开发成本高等一系列理论和实践问题。本书界定的精准扶贫定义与主流观点相同，认为精准扶贫的最大特征在于扶贫范围缩小到户和人，扶贫过程的最大特征在于重视"四个精准"，即精准识别、精准帮扶、精准管理和精准考核。

第二节　农地制度改革与精准扶贫的对接逻辑

一、农地制度改革与精准扶贫链接内在因素

（一）现实困境倒逼"联合"

农村土地制度改革与精准扶贫不仅具有内在衔接的合宜性，且具有融

---

① 汪三贵、曾小溪：《从区域扶贫开发到精准扶贫——改革开放 40 年中国扶贫政策的演进及脱贫攻坚的难点和对策》，《农业经济问题》2018 年第 8 期，第 40—50 页。

② 汪三贵、刘未：《以精准扶贫实现精准脱贫：中国农村反贫困的新思路》，《华南师范大学学报（社会科学版）》2016 年第 5 期，第 110—115 页。

合治理的可能，可以说，对二者关联逻辑的探讨是现实困境所倒逼的结果。

新中国成立以来，工业化和城市化并行的发展战略不仅剥夺了农业生产的第一桶金，也使得各经济部门的价值分配处在长期不均衡的状态下，由此造成了重重矛盾。如今农业的红利已被消耗殆尽，在"三期叠加"的压力之下，亟须重新调整各部门之间的经济产业结构以及农业内部产业结构，以削减农业"高库存"与"有效供给不足"、土地供给不足与土地成本上升等一系列二重性矛盾①带来的负面影响。

一直以来，中央和地方不断探索实施农村土地制度改革试验和试点，其中农村土地产权改革大体经历了从"完全私有"到"完全共有"，从"两权分离"到"三权分置"四个阶段。2013年正式提出的"三权分置"，即将原土地承包经营权分为承包权和经营权，实行所有权、承包权、经营权分置并行，着力推进农业现代化，可以说是继家庭联产承包责任制后农村改革又一重大制度创新，有助于提高农村土地的效率，同时兼顾社会主义公平。除此之外，农村集体产权改革也经历了从无到有，从试点到扩散的渐变过程。2016年底推出的《关于稳步推进农村集体产权制度改革的意见》，正是我国全面启动农村集体产权制度改革的一面旗帜。

从生产力与生产关系的匹配上看，目前我国农村土地制度改革还存在内容、形式、过程等方面的障碍。从农村土地制度改革的内容上看，大多数地区处于确权颁证和平台搭建的初期，整体上看，具有覆盖面窄、改革不彻底的特征。具体来看，仍有部分集体资源资产，还未明晰产权、确权到户，特别是城郊结合部地区，由于历史原因和现状困境相互交合在一起，农民难以得到实权，使部分农民的财产权利受到侵害。同时，改革中各地做法不一，其材料不具有一致性和互通性，许多地方没有实现土地、

---

① 张明皓、豆书龙：《农业供给侧改革与精准扶贫衔接机制研究》，《西北农林科技大学学报（社会科学版）》2017年第17期，第18—24页。

台账、证书、合同等的一致性，可能成为下一阶段改革的隐患。

从农村土地制度改革的形式来看，改革主要由各级政府主导，大多属于强制性制度变迁，其他各参与主体参与度低。改革的方针大多由上级政府制定，资金投入却以县（特区、区）投入为主，市级投入为辅，如贵州省六盘水市规定市、县投入除国家、省级补助资金外，剩余部分按 2 ∶ 8 比例配套投入。改革消耗了大量的直接和间接成本，据统计成都地区一亩地的确权成本为 40 元左右[①]，这对基础政府来说是一份巨大的压力，降低了基层政府的改革动力。同时，社会基层治理缺乏跟进和创新。邓大才证明产权与治理具有极强关联性[②]，长期以来农村基层治理组织同时兼具着"党务性""政务性"以及"经济性"的三重特征[③]，随着国家对农村事务的干预愈深，基层自治制度已名存实亡。新时期的产权改革需要基层治理机制的创新和配合，否则可能会放大农村产权制度改革的风险。

从农村产权改革的过程上看，东部发达地区凭借着良好的基础和条件先改革，而西部贫困地区则由于种种原因改革滞后。由于中央缺乏统一的制度和资金供给，贫困地区脱贫乏力，这种差距的扩大与同步小康、共同富裕的目标不符。同时，农村产权改革呈现明显的两段性，其中"还权"目标比较容易通过集中力量办大事来实现，"赋能"的实现则更依赖于宏观的社会背景。受限于不动产的登记和流通具有滞后性，还受限于单家独户的农民单独面对交易市场的失语权，市场配置资源作用大大减弱，农民手中持有的资产仍然难以转化对应资本。因此，缺乏有效的制度供给和组织载体，是产权改革过程中的重大障碍。

---

① 郭晓鸣、廖祖君：《从还权到赋能：实现农村产权的合法有序流动——一个"两股一改"的温江样本》，《中国农村观察》2013 年第 3 期。

② 邓大才：《产权单位与治理单位的关联性研究——基于中国农村治理的逻辑》，《中国社会科学》2015 年第 7 期。

③ 中国社会科学院农村发展研究所"农村集体产权制度改革研究"课题组，张晓山：《关于农村集体产权制度改革的几个理论与政策问题》，《中国农村经济》2015 年第 2 期。

综上，我国现阶段农村土地制度改革面临改革不彻底、有效政策资金和组织载体供给的缺乏，以及动力不足等一系列综合性问题，如何聚合各方权力的运作突破当前农村产权改革的桎梏已成为其继续深化的关键前提。

除了农地制度改革，精准扶贫也面临着诸多问题。针对精准扶贫实践困境的研究，大多数学者从制度安排、资源分配、阶段过程等方面进行研究。主要结论有以下几点：第一，扶贫实践呈现出"产业化"[1]和"简化论"[2]的倾向，扶贫的资金、资源和项目变成了某些主体谋取个体私利的平台，贫困农户和普通农户被扶贫项目边缘化；第二，"精英俘获"[3]现象普遍，"时间紧、任务重"的路径依赖导致产业扶贫方式脱嵌于村庄社会整体利益，扶贫工作呈现"内卷化"[4]；第三，忽视贫困群里的主体地位，损害贫困人口的自主性，短期脱贫目标与可持续发展、全面小康要求存在矛盾，会形成巨大的"返贫风险"。因此，亟须新的力量来打破精准扶贫目前内耗的困局，形成贫困和发展的良性循环，增加精准扶贫的可持续性。

（二）政策优势互补

虽然农村土地制度改革和精准扶贫政策都面临着各方面的困境，但这两项政策分别具有其独特的优势，各自的优势可以形成互补，破除目前的发展桎梏。

首先，农村土地制度改革可以释放巨大的生产力，建立更加市场化、全面化的农村土地制度，是关乎农村经济发展各方面的不竭动力。农村土地制度改革是一项制度变迁，制度变迁的动因在于获得潜在收益。农地产

---

① 邢成举：《产业扶贫与扶贫"产业化"——基于广西产业扶贫的案例研究》，《西南大学学报（社会科学版）》2017 年第 43 期。

② 黄承伟、邹英、刘杰：《产业精准扶贫：实践困境和深化路径——兼论产业精准扶贫的印江经验》，《贵州社会科学》2017 年第 9 期。

③ 马良灿、哈洪颖：《项目扶贫的基层遭遇：结构化困境与治理图景》，《中国农村观察》2017 年第 1 期。

④ 朱战辉：《精英俘获：村庄结构变迁背景下扶贫项目"内卷化"分析——基于黔西南 N 村产业扶贫的调查研究》，《天津行政学院学报》2017 年第 19 期。

权制度变迁与关联性及替代性制度的变迁也在同步推进。土地产权制度变迁的潜在收益存在于微观主体生产经营效率的改进、资源配置效率提高、农地资源可持续利用、农民收入增加、农村经济协调发展和农村社会稳定等不同层次。对权利和资本侵蚀、损害农民土地财产权利行为进行有效遏止，使土地利用中各类寻租行为造成的外部效果内部化。

从另一方面看，精准扶贫作为对国家资源再分配的载体，以科层制和项目制的管理模式进入基层政府和农村，其具有鲜明的资源聚合优势。精准扶贫包含的内容项目众多，涉及产业、土地、社会、教育等各个方面，且其有一套涵盖识别、帮扶、管理及考核的完整运作模式，尽管在实践中存在许多困境，但其仍有聚合资源、对接市场、主体培育以及内部控制优势。

（三）从现实情况看，两者链接的基础条件已成熟

第一，从参与主体看，两者参与主体高度重合。农村土地制度改革具有普惠性，针对的是具有农村户口的群众，但在某种情况下可以兼顾特殊性。精准扶贫的参与主体是农村的建档立卡户，因此与农村土地制度改革的参与主体是被包含的关系。

第二，从政策目标与内涵来看，两者具有协同性。在中办发〔2015〕49号《深化农村改革综合性实施方案》中提到，要"不断巩固和完善中国特色社会主义农村基本经济制度，加快农业发展方式转变，健全保障国家粮食安全、促进农业可持续发展和农民持续增收的体制机制，着力破除城乡二元结构的体制障碍"。在十九大报告中指出："让贫困人口和贫困地区同全国一道进入全面小康社会是我们党的庄严承诺。要动员全党全国全社会力量，坚持精准扶贫、精准脱贫……确保到二〇二〇年我国现行标准下农村贫困人口实现脱贫，贫困县全部摘帽，解决区域性整体贫困，做到脱真贫、真脱贫。"两者都要求促进农民持续增收，农村是农民的生产生活

背景，农村土地是农民的核心生产要素，因此，关于农村土地制度的改革也与农民持续增收、脱离贫困线息息相关，两者的目标和内涵具有协同性。

第三，两者实施环境相同，实施主体是一套班子。在同一个农村经济社会中，所有政策的实施和落地都是一套村支两委班子。这注定了两项政策的有效链接有利于减轻基层政府的工作压力，建立更有效率的农村土地制度和扶贫制度。"上面千条线，下面一根针"，在我国科层制的设置下，基层压力越来越重，如何给基层减负，避免造账的"形式主义"，已经成为越来越多学者研究的一个问题。

第四，从实施路径上看，两者具有融合的可能性。准扶贫战略实施以来，众多学者开始对精准扶贫的路径进行探索，其观点不一，但基本上都是围绕不同行业展开扶贫路径选择研究，如教育、文化、旅游、金融、互联网等领域。这些领域具有片面性，可持续性也不足，亟须开辟新的实施路径，而农村土地制度改革恰恰能成为精准扶贫新的实施路径。如资产收益扶贫模式。该模式的核心是"股权量化、按股分红、收益保底"，也就是将贫困人口所有的细碎、分散的资源要素转化为资产，投入到合作社、企业等平台来获得持续收益（戴旭宏，2016）。

第五，从两者目前的链接现状看，目前探讨两者链接关系的文献还很少，两者链接机制不清楚、链接模式不明确，直接导致农村土地制度改革与精准扶贫的制度成本上升、经济效率和社会效率不充分，生态效率无法保证等问题。实践中已经出现许多两者结合的案例和政策支持，如图7-1。因此，对现实案例进行分析归纳、对两者的链接机制和模式进行研究总结是十分重要且必要的。

毫无疑问，具有普惠性质的农村产权改革与专注于地方脱贫及发展的精准扶贫具有广阔的链接空间。首先，农村产权改革通过自身具有的核心要素与保障功能，可为精准扶贫的各个环节提供坚实的基础。其次，精准扶贫利用其资源聚集、主体培育以及内部控制等优势，可以进一步深化农村产权改革，解开农村产权改革的桎梏。最后，两者还可以互为动力，融合升级，形成农村脱贫和发展的良性循环。由此论证，农村产权改革与精准扶贫具有强烈的内在关联，构建两者的链接机制可以有效克服农村各类现实困境，实现有限资源的集约高效利用。

二、农村土地制度改革促进精准扶贫树立模式

农村土地制度改革与精准扶贫具有内在链接的合宜性，本书尝试对农村土地制度改革的核心要素和保障功能进行分类，发现其均可与精准扶贫的四大环节形成具体的链接领域，本章试图从四个方面解答农村土地制度改革是具体通过何种措施、何种途径作用以及如何作用于精准扶贫的问题。

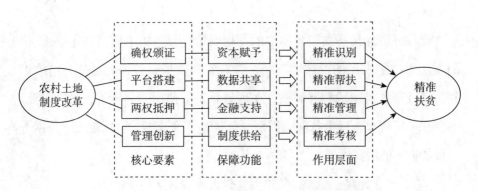

图 7-1　农村土地制度改革与精准扶贫衔接的技术路线

（一）确权颁证：精准扶贫中农民财产性权利实现的基础

产权明晰是产权交易流通的先置条件，只有不断地实践、赋予农民尽可能完整的排他性财产权利，才能最大程度地保障农民赖以生存的物质基础。农村产权明晰的第一步即确权颁证和清产核资。一般来讲，农村土地

制度改革第一阶段的主要任务，便是将农村集体土地、林地、水利工程、农民房屋等原来归属不明的资产进行重新界定，在明确权属、勘界测量、依法公式、登记造册的基础上，分别核发土地承包经营权证、宅基地使用证等产权证明，让农民和集体成为这些产权的实际占有者，从而保障了农民的主体利益。

确权颁证、清产核资是厘清产权边界、赋予农民合法财产性权利的前提，这个过程要在确保稳定、尊重历史、实事求是、民主协商的大框架下进行，涉及空间测量、档案管理和归类、信息变更注销、登记录入等环节，必然需要消耗大量的人力、财力、物力。此环节因与精准识别环节皆为厘清资产、信息入库的相似阶段，因此有着高度重叠和关联性。当下，精准识别面临人物投入小与工作量大、点识别的僵硬与贫困的动态流动、标准化测量与不规则现实之间的二重矛盾①，土地与集体资产作为农民财产性权利的重要来源之一，其确权状态将直接影响到精准识别、精准帮扶的评估评价。

确权颁证和清产核资将模糊的产权明晰化，逻辑上通过"还权于农"的方法增加了农民的财产性权利，具有益贫效果；过程上通过与精准识别、精准帮扶等阶段相互联结，在理想状态下使用一套班子、一个系统，不仅在一定程度上降低扶贫中识别、帮扶和管理成本，而且避免了数据不一可能带来的潜在后果。

（二）平台搭建：精准扶贫中大数据汇集和共享的基础

农村产权交易平台搭建是政府主导的为减少信息不对称、确保农民财产性权利合法规范实现的技术力量，其最早的实践起源于成都，目前已经相当普遍。农村产权交易平台通过发挥信息传递、交易中介、实现交易的

---

① 陈义媛：《精准扶贫的实践偏离与基层治理困局》，《华南农业大学学报（社会科学版）》，2017年第16期。

基本功能，为农户、农民合作社、农村集体经济组织等农村经营主体提供产权交易服务。此外，金融机构、土地信托平台、农业服务公司、农业企业等机构在市场的基础上，通过抵押担保、收储、整理、直接交易、再交易等多种方式，提供货币量化渠道，成为可变资产。

建设具有信息、资源、政策三方优势整合的农村产权交易平台，无疑是"赋权于民"的进一步有效举措。通过平台信息的共享与挖掘，可以进一步有效指导精准帮扶、精准管理和精准考核的方向。首先，精准帮扶和管理现阶段主要面临两类困境，主观上贫困户"等、靠、要"思想严重，参与度不高，由此造成扶贫成本水涨船高；客观上帮扶缺乏差异性、具有各类"排斥"效果，实施平台建设后便可通过大数据发现贫困户的潜在发展能力和实际需求。其次，对于精准考核所出现的"数字脱贫"等风险，也可通过交易平台的实际数据予以甄别，并通过监督的压力，使之形成更为完善的考核体系。

因此，农村土地制度改革与精准扶贫数据共享和挖掘机制的路径可转化为：利用平台数据资源对农户与经营主体的需求实施深度挖掘和分类处理，在此基础上明晰平台资源存量、资金流向、项目投向的动态变化，为对应区域精准帮扶提供有效对策、实施精准数字化管理，同时为精准考核提供参考。同时，产权交易平台的数据收集可以跨越时间的维度，追踪趋势的动态，作出合理预测，也为精准扶贫的未来改革积累势能。利用以农村产权改革交易平台数据建立起的集趋势分析、风险管理、决策指导一体的数据库不仅可以大大降低精准扶贫的信息成本，还实现了改革的集约化，是构成农村土地制度改革和精准扶贫链接机制的一个关键界面。

（三）两权抵押：精准扶贫中金融支持和改革的基础

到目前为止，国家层面共出台了"一个意见"和"两个办法"来支持和实施农村"两权"（农村承包土地经营权和农村住房财产权）抵押贷款改革。"两权"抵押是我国为解决"三农"融资难的另一重要举措，不仅是农村土地制度改革的重要组成部分，也是农村金融体制改革的一个突破口。从一定程度上来说，打破城乡经济"二元结构"的金融壁垒是盘活农村"三资"，实现农民增收、城乡融合的关键一步。现阶段的脱贫攻坚，贫困的原因分散在多个维度，仅仅依靠政府的"输血"，脱贫难度陡增，要实现持续的增收，首先要从内部赋予农民真正的发展资本，其次还要建立健全专业化的流转交易抵押市场，保障农民合法权益的实现。"两权"抵押正是一个突破口，这项改革的深化推进将从以下三个方面影响着精准扶贫效果。

首先，抵押试点有助于建立健全专业化的流转抵押市场，有助于实现精准帮扶和管理。"两权"抵押试点正如一颗小石子，激起了金融监管体系、金融基础服务体系、财政补偿机制等一系列的探索和创新，金融渠道的拓宽为精准帮扶和管理提供了更多选择的渠道，更利于"因户施策""一户一策"的实施。

其次，"两权"抵押有助于土地集中流转，资金向高附加值品牌聚集。长期以来以小农经济为主的农业生产经营面临着"生产效率低、土地利用率低、收入低"的三低困境，其严重制约着现代农业经营目标的实现。抵押后的土地进入交易市场，新型农业经营主体规模化经营的成本降低，与此同时金融可以通过定向投入改变农业生产结构，有益于打造绿色金融品牌和产品。再通过合理的利益链接机制，贫困户便可享受到区域经济和现代农业发展带来的红利。

最后，金融的注入可以带来扶贫的长效化。资本供给抑制结构性改革是供给侧改革的重要内容之一。资本供给抑制改革可以帮助贫困地区农村金融机构拓展更多的资金筹措渠道，可以促进贫困地区农村金融开展基金投资，促使其实现资产证券化。资金的流动给精准扶贫带来源源不断的活力和动力，增加农业生产中长期和规模化经营的资金投入，助力精准脱贫的可持续性。

（四）管理创新：精准扶贫中农村社会治理制度创新的基础

现行制度下，村集体同时发挥着经济组织、政治组织和社会组织的三重功能，拥有着"经济性""党务性"以及"政务性"三重属性。当农村处于相对封闭的状态时，"三合一"的混合型基层组织还能勉强维持，可随着轰轰烈烈的"三化"浪潮，大量的政策、资源涌入农村，土地的经济属性上升社会属性下降的同时，现行的社会结构已经不能满足现实需求。事实上，学者已经证明产权与治理有极强的关联性，农村土地制度改革自身就蕴含着乡村治理制度创新的契机。

各地农村土地制度改革的实践为乡村治理创新积累了宝贵的经验，从目前已有的实践来看，主要从村集体"党务性"和"经济性"的剥离展开。"党务性"的剥离以贵州省六盘水市"三变"改革为例，在改革过程中，将产业相近、地域相邻的村联合起来，形成了"乡镇党委—联村党委—村党组织"三个层级的乡村治理领导体系，完善了联村党委领导下的多种经济组织合作的乡村治理结构。联村党委在联村区域内统一执行党务功能，形成村集体与市场紧密结合、党的领导与各种经济组织和农民衔接互动的社会治理新体系，巩固了党在农村的执政基础。"经济性"的剥离以浙江省集体产权制度改革为例，将农村集体资产折股量化，建立"三会"治理结构，形成新型集体经济组织。此组织取代了原村集体组织的经济功能，负责村集体对外的经济事务处理。通过以上实践可以总结出，农村土地制度改革通过有效界定治理与受益主体、连接市场、建立预警和廉政机制为乡村治理改革提供了深化的契机和着力点。

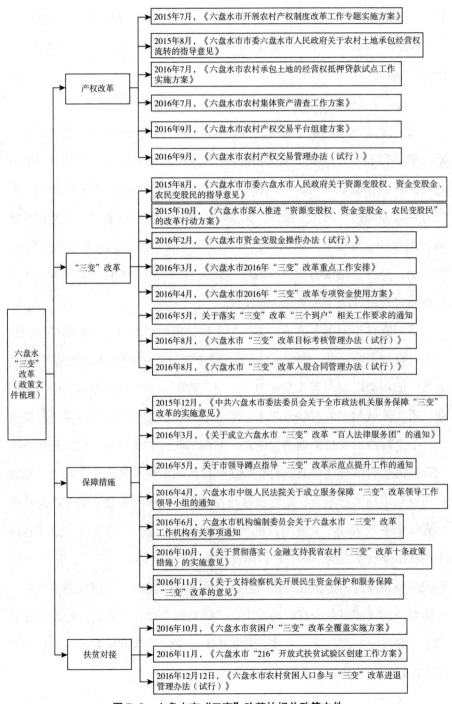

产权改革
- 2015年7月，《六盘水市开展农村产权制度改革工作专题实施方案》
- 2015年8月，《六盘水市市委六盘水市人民政府关于农村土地承包经营权流转的指导意见》
- 2016年7月，《六盘水市农村承包土地的经营权抵押贷款试点工作实施方案》
- 2016年7月，《六盘水市农村集体资产清查工作方案》
- 2016年9月，《六盘水市农村产权交易平台组建方案》
- 2016年9月，《六盘水市农村产权交易管理办法（试行）》

"三变"改革
- 2015年8月，《六盘水市市委六盘水市人民政府关于资源变股权、资金变股金、农民变股民的指导意见》
- 2015年10月，《六盘水市深入推进"资源变股权、资金变股金、农民变股民"的改革行动方案》
- 2016年2月，《六盘水市资金变股金操作办法（试行）》
- 2016年3月，《六盘水市2016年"三变"改革重点工作安排》
- 2016年4月，《六盘水市2016年"三变"改革专项资金使用方案》
- 2016年5月，关于落实"三变"改革"三个到户"相关工作要求的通知
- 2016年8月，《六盘水市"三变"改革目标考核管理办法（试行）》
- 2016年8月，《六盘水市"三变"改革入股合同管理办法（试行）》

保障措施
- 2015年12月，《中共六盘水市委法委员会关于全市政法机关服务保障"三变"改革的实施意见》
- 2016年3月，《关于成立六盘水市"三变"改革"百人法律服务团"的通知》
- 2016年5月，关于市领导蹲点指导"三变"改革示范点提升工作的通知
- 2016年4月，六盘水市中级人民法院关于成立服务保障"三变"改革领导工作领导小组的通知
- 2016年6月，六盘水市机构编制委员会关于六盘水市"三变"改革工作机构有关事项通知
- 2016年10月，《关于贯彻落实〈金融支持我省农村"三变"改革十条政策措施〉的实施意见》
- 2016年11月，《关于支持检察机关开展民生资金保护和服务保障"三变"改革的意见》

扶贫对接
- 2016年10月，《六盘水市贫困户"三变"改革全覆盖实施方案》
- 2016年11月，《六盘水市"216"开放式扶贫试验区创建工作方案》
- 2016年12月12日，《六盘水市农村贫困人口参与"三变"改革进退管理办法（试行）》

六盘水"三变"改革（政策文件梳理）

图7-2　六盘水市"三变"改革的相关政策文件

　　精准扶贫在项目落地之后，往往要依靠村支两委推广执行，进村后遭遇的乡土社会逻辑加速了基层解体与扶贫资源的碎片化已经成为脱离精准的主要因素之一。究其原因，首先是村集体失去实权，组织和行动能力渐失；其次，缺少监督的村集体往往陷入农村社区腐败的局面，对集体资产的保护形成巨大威胁，这些原因莫不与基层治理主体不清、权责不明有关。因此，农村土地制度改革带来的乡村治理创新对精准扶贫来讲具有十分重要的意义，不仅维系到基层社会稳定和发展，还是精准扶贫突破"内卷化"的关键点。此外，通过预警和廉政机制的建设，也有效降低了精准扶贫的治理成本，精准管理与精准考核的监督成本。

　　综合以上分析，农村土地制度改革通过其四大核心要素，分别给予精准扶贫资本赋予、数据共享、金融支持和制度供给四项保障功能，其中每一项保障功能又与精准扶贫每个环节形成了具体的衔接领域，它们之间并不是简单的一一对应，而是形成了复杂的映射，以此形成了精准扶贫的有效前奏。农村土地制度改革为精准扶贫营造了产权明晰、数据共享、制度供给的良好氛围，是精准扶贫得以顺利实施和深化的内在条件。

三、精准扶贫为农村土地制度改革深化空间

　　探讨农村土地制度改革在精准扶贫中的核心要素和保障机制，只是构

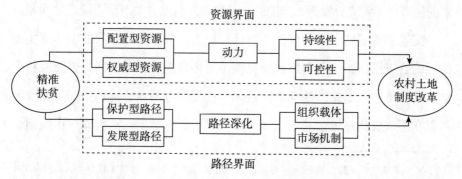

图 7-3　精准扶贫对农村土地制度改革的作用机制

成了两者之间互相链接的第一个层面。而从另一层面讲,精准扶贫也为农村土地制度改革提供了广阔的深化空间,农村土地制度改革利用精准扶贫所具有的资源聚合、载体培育以及内部监控等优势,可以弥补自身资金、载体不足,难以市场化,持续改革动力不足等劣势。

（一）配置型资源下沉:农村土地制度改革的持续性动力

近年来,国家对扶贫的转移支付力度逐渐加大,仅 2017 年中央和地方财政专项扶贫资金的投入就超过 1400 亿元。与此同时,地方财政也增加了相关的配套投入。2016 年之前,普遍由省或市一级管理扶贫项目资金,由于科层制的管理体制使得基层政策在实践中缺乏自主性,加之项目与实际脱离、瞄准度不高等弊端,改革呼声愈高。为解决上述弊端,中央对原有的扶贫部门项目制进行了改革,明确要求除特殊情况外,所有项目的审批权限一律下放到县级[1],这是国家扶贫领域配置型资源下沉的一个重要标志。

分税制改革之后,国家对农村的转移支付只能依靠"条线"形式由上至下的输入农村,地方财政在面临巨大压力的同时对转移支付的控制力度却在降低。随着扶贫项目制的推行,上级政府希望通过"以支点撬动地球"的方式来推动项目的实施和完成,即上级拿出很少一部分资金,利用项目和目标考核制调动下级政府追加资金,此外,对项目实施后的维护也只能政府来掏腰包。可以说,在资金使用方面基层政府可以自主决定的地方极少,项目制的优势得不到充分发挥,未能弥补分税制之后地方发展动力缺乏的问题。

配置型资源的下沉不仅让"责任、权力、资金、任务"的主体落实到微观的县级层面,还为基层政府提供了更多自主操作的空间,也为农村土地制度改革注入了持续性动力。首先,在允许范围内,这部分配置型资源可以在不改变扶贫资金规定用途的前提下,投入精准扶贫与农村土地制度

---

[1]　殷浩栋、汪三贵、郭子豪:《精准扶贫与基层治理理性——对于 A 省 D 县扶贫项目库建设的解构》,《社会学研究》2017 年第 32 期。

改革的交叉领域，增加了农村土地制度改革资金供给渠道，缓解农村土地制度改革资金供给的压力。其次，贫困地区庞大资金的注入极大改善了其基础设施和环境，也为农村土地制度改革提供和营造了客观基础和条件。最后，涉农资金采取的是条块分割管理，没有打好"组合拳"，无法发挥整合效应和资源优势，部分扶贫资金与产权改革资金整合后，能够有效提升资金的利用效率。例如六盘水市以脱贫规划为引领，以重点扶贫项目为平台，按照"渠道不变、投向不乱、集中使用、各记其功"的原则，把专项扶贫资金、相关涉农资金、社会帮扶资金捆绑使用，达到了降低资金使用成本、提高资金使用效率的良好效果。因此，配置型资源的下沉可使得扶贫和产权改革效果增进持续性。

（二）权威型资源配套：农村土地制度改革的可控性保障

权威型资源是指为实现某种目标可供使用的制度控制和组织资源。作为我国扶贫理论的进一步创新、扶贫模式的进一步调整，精准扶贫在制度与政策设计上自成体系，目前来说拥有较为完善的理论、战略、制度与方法措施，涵盖扶贫中的各个具体环节。其相对封闭和自我检验的内部运作机制，可为农村土地制度改革的可控性提供有力保障。

具体而言，可控性可以从精准扶贫对农村土地制度改革的监督、检验和预测效果来体现。首先，监督保障可以通过科层制内的公示制度、跟踪监督制度、第一书记和驻村工作队制度、审计制度、利益联结机制等来实现[①]。在精准扶贫的实践过程中，大部分地区采取村、乡、县"三级"公示制度，提高了对农村产权的监督程度，利益联结机制也会使得每个参与者产权监督意识提高。其次，检验保障可以通过建档立卡制度来实现。现阶段精准扶贫的建档立卡制度不仅力求严谨和规范，内容也十分丰富，可为

---

① 唐丽霞：《精准扶贫机制的实现——基于各地的政策实践》，《贵州社会科学》2017 年第 1 期，第 158—162 页。

产权改革的检验提供可靠依据。最后，预测保障则可以通过信息电子化来实现。与之前的扶贫信息数据库相比，精准扶贫政策之后的数据库，由多个部门的共同参与建立，信息的共享互通更为方便快捷。通过对扶贫信息系统的动态管理、数据挖掘和分析，可及时发现农村土地制度改革的缺陷及问题，为农村土地制度改革提供指导和方向。

（三）改革路径深化：以组织载体培育为核心的市场化路径形成

农村土地制度改革的直接成果是清晰的产权划分和新的组织结构，可是仍存在改革成果运用难的问题。由于缺乏可行的改革深化路径，单个农户面对产权交易市场仍然没有话语权，无法以较低的成本实现产权的合法转让。由于现行的法律制度环境不完善，各类市场主体持有明显的观望态度，产权的交易价值无法体现。要继续深化农村土地制度改革，只能从配套政策完善和组织载体培育入手，而精准扶贫恰好为此提供契机。

发展型的扶贫路径是我国扶贫路径的最新成果，强调以市场为导向作为扶贫治理的根本性原则，通过扶持发展地方产业达到贫困地区自我发展能力的提升。精准扶贫的实践中，多地坚持扶持产业就是扶贫的理念，有些地区甚至将 70% 的扶贫资金用于产业扶贫[①]，由此可见与保护型路径相比，发展型扶贫路径已经成为扶贫路径的主流选择。以组织载体培育为核心的市场化扶贫路径的形成，同时也解决了农村土地产权改革的路径深化问题。首先，地方政府发挥招商引资、项目建设等方面的优势，引导龙头企业、合作社、家庭农场、种养大户等新型农业经营主体成为扶贫产业承载的主体。其次，为解决发展型和市场型的扶贫路径容易出现社会效益缺位的问题，通过引入国有、民营企业转产投入农业参与扶贫产业建设，也能够推进适度规模经营，扩大农民土地承包经营权入股的覆盖面。最后，

---

① 李博：《项目制扶贫的运作逻辑与地方性实践——以精准扶贫视角看 A 县竞争性扶贫项目》，《北京社会科学》2016 年第 3 期。

通过合作社等合作经济组织的培育，可以将农户手中少而散的土地、资金、劳动力等生产要素聚合起来，形成互助合作、互利共赢的经营机制，共同抵御市场化路径的风险，实现共同富裕、乡村振兴的综合目标。

综上所述，精准扶贫为农村土地制度改革提供了广阔的深化空间，如图 7-3 所示，配置型资源的下沉和权威型资源的供给，使农村土地制度改革具备可持续性和可控性的条件，产权改革的内在动力得到补充和增强。再者，以组织载体培育为核心的市场化路径的形成，同时也解决了农村土地制度改革的路径深化问题。由此，由政府、社会、市场协同推进，多方力量参与、多种举措有机结合的"大扶贫"格局逐渐形成。事实再次证明，精准扶贫与农村土地制度改革的有效衔接，可达到互相支持、互为动力、融合升级的局面。

第三节 农地制度改革与精准扶贫的对接模式

明确农村土地制度与精准扶贫的链接机制后，还要凝练出目前农村土地制度改革与精准扶贫的链接的具体模式。需要指出的是，在现实的实践中，这些链接模式往往不是单一存在的，而是互相交织、互相影响的。

一、集体资产收益型链接模式

"资产收益扶贫"最早是在党的十八届五中全会中被正式提出，旨在将各类扶贫资源（如专项扶贫资金、农集体资产等）投入新型农业经营主体（如农民专业合作社等）形成量化的股份，借助优势产业进行资源整合和发展，从而让贫困人口享受到资产的收益分红[①]。目前对"资产收益扶贫"

[①] 刘扬、王东宾：《资产收益扶持机制研究：理论、政策与实践》，《浙江社会科学》2017年第 9 期。

模式的研究还较少，该种扶贫模式还存在着理论支撑不够、扶贫资源边界不清、模式单一化、实施效果差、持续力不足等困境①。

目前可用于投入资产收益扶贫中的资产的来源和种类还不明确，从现实来看，各类涉农资金、财政与专项扶贫资金、土地、水利、厂房等集体资产是最重要、最主要的资产来源。其中与农村土地产权改革相关的，即未发包的各类土地，包括各类资源型和经营性资产。资产收益型链接模式的基础即产权明确，这就要求村集体完成清产核资、确权颁证。如贵州省六盘水市钟山区高炉村先将村集体资产清算完毕，随后将房屋、土地、林地、荒山等集体资产折价1000万元入股到梅花山生态文化旅游发展有限公司，参与梅花山景区项目建设、经营，其中村集体占股2%。采取"固定分红 + 收益分红"的方式，前五年每年可保底分红40万元。村集体所获收益中，20%用于支持贫困户发展。不可否认的是，目前实践中的资产收益扶贫项目整体呈现"益贫困地区"大于"益贫困户"的特征②，且项目的良性运行还离不开更深入的理论支持、权利设计、有效监管和风险防治。

二、购买服务型链接模式

李博等定义的"购买服务式"扶贫治理模式是指政府或社会组织设置一批"公益岗位"，通过用现金购买或实物补贴的方式交换贫困户的劳动力，获取他们的服务，以增强贫困人口的自生发展动力，实现就业和增收③。这些"公益岗位"的设置通常涉及环境卫生、工艺传承、优秀示范等方面。实施上，农村土地产权改革与精准扶贫的链接也可以通过指定购

---

① 杨青贵：《精准扶贫背景下资产收益扶贫的现实表达与制度回应》，《西北农林科技大学学报（社会科学版）》2018年第18期。

② 张伟宾、汪三贵：《扶贫政策、收入分配与中国农村减贫》，《农业经济问题》2013年第34期。

③ 李博、左停：《集中连片贫困地区"购买服务式"综合性扶贫治理模式研究——以陕南秦巴山区"公益岗位"为例》，《农业经济问题》2017年第38期。

买服务的模式来实现，其岗位的内容可以更加多样化，不仅限于"公益"。如上所述的村集体资产收益扶贫模式中，要求根据资产类型、特征来引进和选择适宜的运营主体，政府可以要求这类运营主体设置购买贫困户服务岗位。如贵州省盘县天桥合作社在县平台公司的注资下规模化种植猕猴桃树，政策要求种植、剪枝、除草、采摘等工作只能雇佣建档立卡的贫困户来做；又如在上述高炉村的案例中，园区组织村民和贫困群众进行旅游职业技能培训，引导他们变成导游、电瓶车驾驶员、产业工人等，参与景区环境保洁、安全保卫等劳务服务，成功带动 21 户贫困户脱贫。事实上，"购买服务型"链接模式拥有诸多好处，一方面，它对农村半劳动力非常友好，能够让农村弱势群体，如妇女和空巢老人体面维持生计，能够针对这一群体的脱贫发挥较大作用；另一方面，可以使得扶贫开发、产权改革与社区建设、生态保护等有效链接，实现由传统政府单向型的扶贫治理向现代综合互动型扶贫治理的过渡。

三、承包经营权流转获利型链接模式

自 2008 年中央允许农村土地承包方可以将依法取得的土地承包经营权采取转包、出租、互换、转让、股份合作等方式流转以来，我国流转出的承包地数量便逐年上升。"三权分置"后，对承包地的所有权、承包权以及经营权重新规划，更是为加快农村土地流转、实现规模经营奠定了基础。据数据显示，从 2010 年至 2015 年，全国新增农村土地流转面积约 1734 万公顷，增长率高达 139.35%，流转出耕地的农户数量也逐渐增长[1]。承包经营权的流转旨在"赋予农民更多财产性权利"，农村土地流转不仅有利于农村土地产权制度变迁的交易成本，还有利于新型农业与农业经营

---

① 　刘丹、巩前文：《农村土地流转中"去粮化"行为对国家粮食安全的影响及治理对策》，《农业现代化研究》2017 年第 38 期。

主体的培育和发展。基于史常亮等对 8 省的调查数据分析显示，土地流转对家庭总收入和人均收入的提高的贡献率分别为 27.3% 和 33.3%[①]。夏雯雯等通过对全国 1500 个样本农户 8 年的平衡面板数据进行研究也得到相同的结论，无论对于以农业收入为主或以非农收入为主的农民来说，农村土地流转均有利于增加农民收入[②]。洪名勇[③]研究显示，土地产权贫困是指农民在土地产权方面的欲望得到较少的满足，而引起的取得收入权利受限等方面权利的缺失所导致的贫困，而农村土地流转限制的放开无疑缓解了这种贫困，这也成为目前较为主流的农村土地产业改革与精准扶贫的链接方式。

四、产权抵押贷款型链接模式

资本难进入农业和农民难以获得金融资本是实现脱贫的阻碍之一，历年来中央一号文件均给予农村金融改革高度重视，鼓励农村金融体制改革创新，增加金融产品、提升服务能力。同时，也赋予农村部分产权资本功能，在全国范围内展开农村产权抵押融资试点。各地百花齐放，探索出各具特色的地方模式。各地允许抵押贷款的对象不尽相同，目前较为普遍的是"两权抵押"，即赋予农村承包土地（指耕地）的经营权和农民住房财产权（含宅基地使用权）的抵押融资功能。于琴利用分位数回归方法分析了我国西部地区农村产权抵押贷款对不同水平农户收入影响，发现其对中低收入水平的农户家庭增收影响显著，但对非农为主的贡献率高于以经营农业的农户[④]。虽然目前还面临着许多实现困难，但赋予农户采取抵押贷款

---

① 史常亮、栾江、朱俊峰、陈一鸣：《土地流转对农户收入增长及收入差距的影响——基于 8 省农户调查数据的实证分析》，《经济评论》2017 年 5 月。

② 夏雯雯、于法稳：《耕地流转对家庭收入的影响研究》，《林业经济》2015 年第 37 期。

③ 洪名勇：《农民土地产权贫困与农村土地产权保护》，《商业研究》2009 年第 2 期。

④ 于琴、刘亚相：《西部地区农村产权抵押贷款对农户收入影响的实证分析》，《四川农业大学学报》2014 年第 32 期。

功能无疑增加了贫困户的可经营性资产，具有显著的益贫性。除此之外，在精准扶贫的实践中，还有专门针对贫困户的小额贷款，如六盘水市的"特惠贷"等。

第四节　农地制度改革与精准扶贫的对接案例

一、农村产权"三变"改革促进精准扶贫的内涵

（一）"三变"改革的内涵及缘起

烹舍村位于贵州省盘州市普古彝族苗族乡，辖区总面积 6.17 平方公里，其中耕地面积占 57%，民族有彝族、苗族，农业人口占总人口的 98%。2012 年之前，该村以种植稻谷、小麦、玉米等粮食作物为主，年人均纯收入不足 700 元，属于典型的"老、少、边、山、穷"地区。2012 年一位返乡创业"能人"陶正学，怀揣着"富不忘家乡"的愿景，出资 2000 万元注册了村级农民专业合作社，计划带领村民共同致富。但是由于该村经济状况较差，大多数村民手中只有维持生计的土地资源，极少数拥有入社所需的闲置资金，因此入社积极性普遍不高。为解决这一问题，该村合作社探索出以"兜底"的方式，鼓励农户以土地承包权认股合作社，取得很好的成效。虽然入社积极性的问题得到了解决，但是合作社发展却面临着三大难题：一是村居大山深处远离市中心，交通不便；二是产业单一且规模小，产品无法与大市场对接；三是大多数青壮年举家外出务工，劳动力越发紧张。村集体将 120 亩银湖水面经营权入股陶正学的"高原温地生态农业旅游开发公司"用于开发水上乐园项目，将 3817 亩生态林经营权入股建设温泉别墅等旅游项目，村集体有了稳定的收益，老百姓变成了园区的工人和股东，发展的门路多起来了。除了投资园区产业建设之外，还积极向县有关领导反映情况，争取到基础设施配套项目资金达 5.54 亿元，

折股量化后用于园区发展。为解决上述产业发展与人才缺乏问题，创造性地探索出"三变"模式，即"资源变资产、资金变股金、农民变股东"，这一措施使得该村在合作社带动下得到了快速的发展。2014年，时任贵州省六盘水市市委书记李再勇多次到普古娘娘山调研，对集体资源、土地资源、闲散资金与农业经营主体开展股份合作的做法给予高度肯定，创造性提出"三变"概念，至此"三变"改革模式基本形成，并在全市范围内推广。后经时任贵州省委书记陈敏尔呈报和国务院副总理汪洋批示，"三变"模式从贵州走向全国。

"三变"的内涵如下：

资源变资产　通过将村或者村民小组属于集体的资源型资产和经营性资产，经中介公司评估或者评估折价，然后通过合同或者召开村民会协议方式，投资入股企业、合作社及其他经营实体后取得股份权利。

资金变股金　包括财政资金变股金、村集体资金变股金及村民自有资金变股金。其中财政资金变股金是指各级财政投入到农村的发展类资金、农业生态修复和治理资本、扶贫开发资金、农村基层设施建设资金和支持村集体经济组织发展资金等（补贴类、救济类、应急类资金除外）量化为集体或农民持有的股金，在不改变资金姓"农"的前提下，集中投入到各类农业经营主体，按股比获得收益。

农民变股东　指农民自愿以土地经营权、宅基地使用权、集体资产股权以及资金（物）、技术、劳动力等生产要素，通过合同或者协议方式，投资入股经营主体，按股分红，成为股权投资人，变为股东。

二、农村产权"三变"改革促进精准扶贫的现状

到2017年初，"三变"改革已覆盖了六盘水市96个乡镇（街道）、881个行政村、29个省级农业园区，全市共有161.17万亩承包地、40.66万亩

集体土地、4244.69 万平方米水域水面入股；共整合 7.49 亿元财政资金，撬动农户、集体、经营主体、金融机构等社会资本 60 余亿元参与"三变"改革，放大效果达到 1：8；入股农户 48.74 万户、160.28 万人，其中贫困户 13.97 万户、40.16 万人，贫困发生率从 23.3% 下降到 11.91%；粮经比从 70：30 调整为 32：68，森林覆盖率从 38% 提高到 52.77%；新增村集体经济收入 1.08 亿元，累计达到 2.7 亿元，村集体积累最高达到 1031 万元，最低 5 万元，2015 年底全面消除"空壳村"。

（一）资源变股权的现状

2015 年至 2017 年，承包地入股经营主体数量分别为：56.88 万亩、104.29 万亩、167.98 万亩；集体土地入股数量分别为：21.29 万亩、36.79 万亩、40.69 万亩，集体林地入股数量分别为：6.58 万亩、7.73 万亩、14.31 万亩。

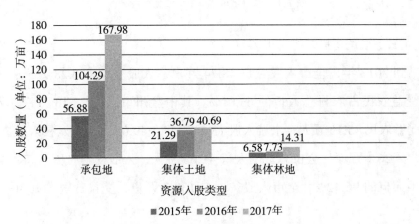

图 7-4　六盘水市"资源变股权"情况

（二）资金变股金的现状

2017 年，全市总投入资金达到 67.49 亿，包括经营主体 43.23 亿（其中政府投融资公司 23.8 亿）、金融资金 10.49 亿、财政资金 7.49 亿、农户 5.04 亿、村集体 1.24 亿。

2015 年至 2017 年，财政资金入股额分别为：1.91 亿元、2.99 亿元、7.49 亿元；农户自有持有资金入股额分别为：1.58 亿元、3.45 亿元、5.03 亿元；村集体自有资金入股额分别为：0.38 亿元、0.86 亿元、1.24 亿元。

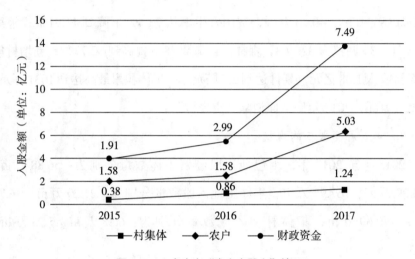

图 7-5　六盘水市"资金变股金"情况

（三）农民变股东的现状

到 2017 年，全市入股农户 48.74 万户，入股受益 160.28 万人，入股受益农民占农村总人口的 63.02%。其中盘州市入股 28.13 万户，入股受益农民 85.15 万人；水城入股 13.51 万户，49.03 万人；六枝入股 7.1 万户，26.1 万人。全市总贫困人口 41.65 万人，入股受益贫困人口占总贫困人口的 96.42%。全市入股贫困户 13.97 万户，受益贫困人口 40.16 万人。

三、农村产权"三变"改革链接与精准扶贫的模式

（一）钟山区"三变＋金融＋扶贫"模式

（确权颁证＋平台搭建＋两权抵押信用升级）

2015 年以来，钟山区积极推进"三变＋金融＋扶贫"模式，政府以优

质公共资源、旅游景区、专业合作社特色产业作为平台，打消金融部门发放贷款的顾虑，确保资金"贷得出、用得好、还得上，可持续"，有效促进"全域旅游"和"农旅一体"发展，加快城镇化建设步伐，进一步提升贫困户的综合素质，助推农民向"市民"转变。

一是政府让出优质资源，搭建贫困户入股平台。将城市的优质资源让出来，选择收益稳定的项目，重点向农村倾斜，引导贫困户参与，使更多的贫困群体享受改革带来的红利。2015 年，钟山区启动中心城区 35 个停车场建设，估算总投资 7.5 亿元，分 3 期建设。其中，2015 年建设 4 个，2016 年建设 15 个，2017 年建设 16 个。计划将全区农村贫困人口 14409 人全部引导入股参与建设，同时为城市贫困居民 4703 人提供就业岗位。

二是破解融资贷款瓶颈，帮助贫困户借资入股。在贫困户享有优质资源的基础上，钟山区与六盘水农业商业银行密切合作，创新精准扶贫"特惠贷"政策，着力破解抵押担保、评级授信、风险防控等方面的制约，变"户户贷"为"人人贷"，解决贫困户缺少资金入股停车场建设的问题。（1）利用精准扶贫建档立卡工作成果，结合农村信用工程建设，在原六盘水市钟山区农村信用合作联社《"致富通"农户信用等级及综合授信实施细则》的基础上，按照"还权赋能"的原则，将农村"两权"确权颁证成果纳入信用评级内容，出台《六盘水市钟山区精准扶贫"特惠贷"农户信用等级综合授信实施细则》，提高贫困农户信用等级，对全区 4610 户建档立卡贫困户实行授信评级全覆盖，授信率 100%，授信金额 8.11 亿元。（2）完善"人人贷"政策设计。出台《钟山区精准扶贫"特惠贷"实施细则》，按照"特惠贷"政策"5 万元（含）以下三年期（含）以内，免除担保抵押，扶贫贴息支持，政府风险补偿"的原则，按户头授信，按人头贷款，将原定50000 元 / 户放大为 50000 元 / 人；与六盘水农业商业银行签订《精准扶贫"特惠贷"合作协议》，政府出资 2000 万元建立风险补偿基金，按政府与银行 8 : 2 的比例承担风险；贫困户所在镇（乡、社区）、贫困户本人、银行、停车场项目业主区物业管理公司签订《精准扶贫"特惠贷"四方合作协议》，明确合作项目、分红保障、财政贴息等详细条款，彻底打消银行放贷顾虑。（3）建立服务机构，方便群众申请"特惠贷"。区政府从扶贫、金融、乡镇、项目公司各抽调 1 人，在六盘水农村商业银行各基层网点设立金融扶贫服务中心，开设绿色通道，简化办理程序，实行贷款和入股同步进行的"一站式"服务。（4）确定股份比例，完善退出机制，保障贫困群体权益。贫困户将"特惠贷"投入城市停车场建设，按公司与全体贫困户 6 : 4 比例进行股权分配。同时设定利润分配方式为三种：第一种为投入资金不抽回，三年后自行偿还贷款，成为停车场永久股东；第二种为三年后抽回本金还贷，将利润滚动投入经营，成为永久股东；第三种为三年后抽回本金还贷，固定享受第一年 8%、第二年 10%、第三年 12% 分红后退出。针对第一、二种方式，考虑股权增值因素，三年后若贫困户申请退股，可按出资额 150% 一次性结转收益，结转资金要足以保障贫困户退股后持续发展。[①] 同时，根据全区 2015 年减贫 5000 人，2016 年减贫 5000 人，2017 年减贫 4000 人的减贫计划，贫困户脱贫后，通过扶贫部门的审核，其在公司占有的股权随即转为未脱贫者享有，直至脱贫为止。其中"两无"人群可长期享有股权，得到永久保障。（5）建立监督机制。结对帮扶单位和驻村工作组对贷款申请、入股项目经营、分红收益的使用全程监督，要求贫困户将分红收益的 50% 用于补贴生活，50% 用于发展生产。

三是联姻扶贫资金与金融机构，实现"两无"人群托底。由于受环境条件的限制与贫困户自身发展能力的原因，历年来部分产业扶贫只见实施，不见成效，导致扶贫资金没有真正发挥作用，变成了"死钱"。为此，

---

① 六盘水市委改革办、钟山区委改革办：《钟山区"三变 + 金融 + 扶贫"模式助推精准脱贫见成效》，《贵州日报》2017 年 3 月 5 日。

借助原钟山信用联社改组六盘水农村商业银行增资扩股的机会，钟山区将这部分资金收回，由国有公司（区惠农农业发展公司）作为贫困户的代言人，出资684万元购买原始股份400万股，预计每股年息15%，所得收益用于"两无"贫困人员脱贫兜底保障。一来解决银行原始资本的问题。二来解决"两无"人员、城市贫困居民托底问题。三来"死钱"变"活钱"，让贫困人口变成银行的股东。[①]

取得成效："三变+金融+扶贫"模式，释放了改革红利，转变了扶贫开发方式，确保贫困户稳赚不赔。已启动凤凰新区、钟山大道、明湖路、明湖湿地公园等4个城市立体停车场建设，总建筑面积14181.8平方米，车位814个。于2016年3月底建成，4月试运营，预计可实现年收入594.22万元；截至2016年1月底，钟山区精准扶贫"特惠贷"首批受信2.79亿元，涉及无就业空间和产业支持的贫困户1638户、5580人，占全体农村贫困人口的35.5%。已完成首期放贷7500万元，分批入股城市停车场建设项目，首期8%的分红达600万元，已兑现300万元。惠及贫困人口1500名，每人获得分红2000元；扶贫资金684万元购买六盘水农村商业银行的400万股，按每股15%的收益，今年可分红60万元，惠及"两无"群体542户、1086人，每人可分红552元，加上入股城市停车场的分红收益（4000元），农低保3432元（均价），每人累计达7984元，扶贫效益已经显现，保障网底更加牢固。

（二）普古乡娘娘山"三变+党建+旅游景区+特色产业+扶贫"模式（管理创新+土地流转+集体资产收益+购买服务）

2012年以来，娘娘山农业园区按照农旅融合发展理念，坚持因地制宜，创新资产资源管理方式，以"党建扶贫、产业扶贫"为宗旨，积极探

---

① 六盘水市委改革办、钟山区委改革办：《钟山区"三变+金融+扶贫"模式助推精准脱贫见成效》，《贵州日报》2017年3月5日。

索农村"三变"发展模式，通过"三变＋产业＋扶贫"发展模式，将各种资源优势、生态优势转化为产业优势、经济优势，推动山地特色农业和山地旅游产业集约化、规模化、组织化。

2012年，民营企业家陶正学带着亿万资金返乡创业，带领陶永川等人成立银湖种植养殖合作社，为了整合分散资源、分散农民、分散资金，按照"农户出资多少，合作社就无息借资多少"的入股模式，发动465户村民筹资2000万元资金入股合作社，将首批农民变成"股东"。并采用"公司＋合作社"的模式，共同投资4亿元开发温泉度假项目。各公司占股如下。

第一，县旅文股公司占股41%，深圳苏式公司占股25%，娘娘山旅游开发公司占股34%（其34%的股份中，银湖合作社占股20%）。后来，随着股东越来越多，产业越做越大，先后组建了贵州娘娘山高原湿地生态农业旅游开发有限公司、盘县双华农机合作社、陶源酒店管理有限公司等8家公司和15家合作社。

随着产业的发展，银湖合作社建立了"合作社＋产业＋农户"的创收模式，村集体整合财政资金入股合作社进一步形成"合作社＋村集体＋农民"的稳定模式，不仅发展壮大了集体经济，而且增强了村级党组织的凝聚力和战斗力。随着"三变"改革的深入推进，娘娘山联合村党委按照"整村发动、一户一人"的原则，依托娘娘山农业园区，打破以行政区域为单位设置党组织的方式，联合周边8个村党支部组建全市第一个联村党委，在联村党委的推动下，8个村分别成立合作社，同时把银湖合作社作为联合总社，形成了独特的"1+1+8"的模式（即一个联村党委＋一个合作总社＋八个合作分社）。通过行政手段实现了经济目标，将"三变"改革推向另一个新的高度。这一模式不仅创新了乡村社会治理方式，而且使得改革的向心力更加强大。

娘娘山农业园区在联村党委的领导下，立足合作社，以"三变"为抓手，以产业为支撑，着力打造大棚产业基地，建成占地 5053 平方米的科技展示大棚两个，用以展示无土栽培技术、观赏型蔬菜、奇花异草等，供参观学习。科技大棚的成立不仅转变了农户的种植观念，也极大地调动了农民参与"三变"的积极性。娘娘山农业园区采用"旅游景区 + 企业 + 农户"的利益联结方式，发展游船、垂钓、水上儿童乐园等旅游经营项目，开发打造温泉别墅、生态餐饮等旅游项目，有效地带动了农户增收和"三变"改革活力。

盘县普古乡娘娘山园区通过"三变"带动周边 8 个村 964 户 2864 人变为股民，农民将承包土地经营权入股园区成为股东，园区不付给农民土地流转费，将他们聘用为固定员工，参与园区生产管理领取固定工资，园区发展盈利后，参与按股分红。园区核心区 90% 的农户入股，农民人均纯收入从 2012 年的 4750 元提高到 2014 年的 7300 元，到 2020 年可达到 1.5万元。[①]

第二，在扶贫开发层面，有利于精准扶贫到村到户。

截至 2015 年 12 月，六盘水市脱贫 12 万人，"三变"改革确实发挥了重要作用，顺应了中央精准扶贫、精准脱贫的基本要求。一方面，将分散扶持村集体和贫困户的财政资金，分部门、分类别、分项目进行整合，投入到农村的基础设施、水电产业、乡村旅游，让其形成固定资产项目，然后把这些项目资产折股量化给贫困村集体和贫困户，并入股农业经营主体，变输血为造血，变短期效益为长期效益，放大了财政资金的使用效益，改变了过去财政投入到村的资金点多面广、投入分散、效益不高的现象。[②]另一方面，将财政资金转变为贫困村集体或贫困户在合作社、企业

---

① 李裴、罗凌、崔云霞、赵雪峰：《六盘水市农村"三变"改革调查》，《农村工作通讯》，2016 年 3 月。

② 乔贵星：《六盘水"三变"改革的现实意义》，《现代化农业》2017 年 8 月。

的股份，把一次性的财政资金投入变为农户长期稳定的财产收入，让贫困人口获得更多的收益性资产，实现了各项生产要素的合理配置，提高了扶贫开发的精准度，贫困农户通过流转土地得租金，通过参与劳动得薪金、入股分红得股金等合作模式，既实现了农业产业化发展，又为精准扶贫找到了有效途径。

（三）盘县"三变＋平台公司＋特色产业＋扶贫"模式
（管理创新＋集体资产收益＋组织培育）

盘县整合宏财投资集团有限公司、农林投公司、交投公司、旅文投公司共四家企业，其中宏财公司主要牵头刺梨产业，与合作社的利益联结方式如下：一是与合作社签订入股协议。在合作社与农户签订入股协议后，宏财公司再次与合作社签订入股协议，双方约定按照7（宏财）：3（合作社）的股比签订刺梨产业入股合作协议，宏财公司共与全县合作社签订228份入股合作协议，签订资金使用协议154份，宏财公司需为合作社垫付土地流转费、苗木种植劳务费、管护费、农资费等，并为合作社垫付保底分红，为确保农户的保底分红落地，宏财公司将保底分红资金一次性拨付至各乡镇，由乡镇财政再拨付至合作社，再由乡镇监督合作社兑现给农户。二是与合作社签订保底收购协议，主要为解决种植户的销售之忧，目前与各乡镇合作社签订保底收购协议148份。

县农林投公司负责牵头软籽石榴产业的发展，与合作社、农户采用14：1：5的股比进行股份合作，公司占股70%，产业发展的前期由公司进行保底分红，收益大于保底分红后，按项目股比分红，目前已经与95个合作社签订了入股合作协议。公司及时兑现保底分红、劳务分红、入股分红，已预付土地保底分红1286.4万元，苗木1019万元，劳务费2381万元，入股分红115万元。

县旅文投公司主要牵头旅游产业的发展，2016年以来，公司抓住贵州大力发展山地特色旅游业的机遇，牵头成立贵州盘州格所河大峡谷旅游开发有限公司助力保基乡进行脱贫攻坚，格所河景区位于保基乡辖区内。公司依托地势造景区，盘活了沉睡的资源要素。依托贵州盘州格所河大峡谷旅游开发有限公司，成立了8家子公司，与全乡7个合作社展开股份合作，从而确保对保基乡范围内景区景点全覆盖。按照"农旅融合"发展的思路，公司大力发展特色种植和全域旅游，以元宝枫、茶叶为主导产业，打造保基乡连片产业带。在与合作社、农户的利益联结方面，主要按照景区项目建设总投资、产业种植总投资确定股比，项目产生收益后，按照股比进行分成，产生效益前实行保底分红，保底分红按照水田500元/亩/年，旱地400元/亩/年，荒地300元/亩/年执行，"特惠贷"资金入股保底分红3000元/户/年。目前保基乡合作社入社率已达到95%，贫困户入社率为100%。

县交投公司主要牵头公路建设，2016年翰林街道通村公路开启建设，在小关村、小冲居委会、华屯居委会和翠屏社区之间建一条"快速通道"，公路所覆盖的4个村，共同成立了村级合作社。交投公司子公司盘县捷通公路工程建设有限公司与各村级合作社签订劳务分包三方协议，共同进行公路建设。这项工程共带动农户约220户、660人增收，这种"三变＋劳务承包"的方式，激活了农村劳动力，实现村民家门口就业。

"三变"改革把千家万户同千变万化的大市场联系起来，通过与企业、合作社、家庭农场等农业经营主体的互助合作，有效整合村集体和农户手中少而散的土地、资金、劳动力等生产要素，实现规模化布局、标准化生产、规范化管理、品牌化经营，提高了农业生产经营的组织化程度和市场竞争力，促进了农业向区域化、规模化、特色化、产业化发展。同时，通过引导农户将承包土地经营权入股园区、企业、合作社或其他经济组织，充分发挥统分结合双层经营体制的优越性，改变主要通过土地流转发展规模经营的方式，创新了农业经营体制机制。

四、农村产权"三变"改革链接精准扶贫案例启示

（一）加强配套制度供给

就六盘水"三变"改革的案例来看，虽有诸多上级政府政策支持，但是还缺乏金融、产业估价等方面的支持。

完善农村产权改革与精准扶贫链接的理论支撑。当前两者链接的理论探索是滞后于实践的，缺乏相关链接理论的研究，无法用理论来指导实践，因此并未形成较好的融合。具体而言，符合国情的链接理论尚未构建起来，链接模式中的产权类型、对象、方式、性质、内容等未受到学界关注。同时，缺乏相应的协同发展理论，两者之间并不是简单的相加关系，目前无法用理论指导协同发展的方向和最终目标。

（二）考虑可能存在的各方风险

应构建两者链接的风险防治机制。农村产权改革与精准扶贫的目标有交叉部分，也有不同的地方，要明确两者的差异，各有侧重，不能混为一谈。产权改革旨在建立归属清晰、流转规范的产权制度，精准扶贫旨在让贫困人口脱离贫困，因此首先要针对不同侧重建立有效的风险识别机制。其次要建立风险防范体系，积极运用数据化平台，识别挖掘各类风险。最后特别要注意两者的资金使用，专项扶贫资金只能用于扶贫及相关，避免扶贫项目沦为担任地方经济发展、凸显地方政绩的产物。

第一，自然风险。进一步完善政策性保险、信用担保、财政补贴等风险防范体系，建立各级财政支持开发、扩大特色农产品保险品种的机制，增加保费补贴品种、扩大保费补贴区域，着力增强农业和农户的抗风险能力。[①]

第二，市场风险。注重产业项目选择，选准选好保障系数较高的盈利项目。合理设定承包土地经营权流转年限，明确农民入股经营主体解散、

[①]　中央农办协调组：《万变不离其宗：打造"股份农民"》，《农民日报》2016 年 12 月 29 日。

破产后的处理办法，实行有限责任制。如果企业破产，清产核资要按照股份分担风险。

第三，资金风险。既要明晰产权边界又要进行科学估值，选择有资质的权威第三方专业评估公司，对土地、森林、山岭、草原、荒地、水面等入股自然资源的市场价格进行科学评估，避免资产低估，维护集体成员的合法权益，防治企业和基层干部的权力寻租行为。[①]

第四，社会风险。完善收入分配办法，确保农民资产资源保值增值，特别注意避免贫困户资产流失。着眼于防范法律风险、经营风险和道德风险，建立健全权益保障、风险监管、审查审计等防控措施，着力堵塞漏洞。

（三）加强链接效果的持续性监控完善

随着我国经济社会的转型，农业农村发展进入一个新的阶段，处于一个新的转折时期，农村改革成为全面深化改革的重中之重，推进农村产权制度改革势在必行。在推进农村集体产权制度改革中，六盘水市开拓创新，于2013年率先在农村开展了"资源变资产、资金变股金、农民变股东"的"三变"式改革。经过两年多的探索和实践，改革取得了明显成效，农民得到实惠，农业得到发展，农村集体经济得到加强，赋予了农民更多的财产性权利，为深化农村改革提供了可复制可推广的经验和做法，得到了党中央、国务院和省委、省政府的多次肯定和批示。

第五节　农地制度改革与精准扶贫的政策建议

一、主要研究结论

农村土地制度改革与精准扶贫作为农村社会经济发展十分重要的两部

---

① 刘远坤：《农村"三变"改革的探索与实践》，《行政管理改革》2016年1月10日。

分内容，两者相互关系特别密切。毫无疑问，农村土地制度改革与精准扶贫具有内在链接的合宜性。通过对两者衔接逻辑结构的分析以及模式的总结，可为其融合治理提供有益参考。

一方面，农村土地制度改革通过其核心要素和保障功能来影响精准扶贫，为精准扶贫提供坚实的基础。具体而言，确权颁证和清产核资赋予了农民更多的财产性权利，是资本赋予的过程；产权交易平台的搭建则有利于数据的汇集、共享和挖掘，在此基础上建立项目库和资源库，可为精准扶贫提供指导和参考；两权抵押则促进了农村金融体制改革，给予精准扶贫更多的金融支持；而管理创新则为乡村治理制度创新提供了契机，有效降低扶贫开发成本。

另一方面，精准扶贫为农村土地制度改革提供了深化空间。精准扶贫配置型资源的下沉和权威型资源的供给，使农村土地制度改革具备可持续性和可控性的条件，产权改革的内在动力得到补充和增强。再者，以组织载体培育为核心的市场化路径的形成，同时也解决了农村土地制度改革的路径深化问题。

目前较为典型的农村产权改革与精准扶贫的链接模式有：集体资产收益型、购买服务型、承包经营权流转获利型以及产权抵押贷款型四种链接模式。不同的链接模式覆盖的范围不同，其意义和效率也不同。因此，因地制宜地选择适宜的链接模式，不断地改革和创新，才是实现两者协同发展的必由之路。

二、政策建议

首先，通过政策宣传提高经营主体和农民对政策的认知和理解。进一步完善和发展农村集体经济股份合作"三变"模式，首先要提高认识，包括基层政府、经营主体以及农民。基层政府应加强政策学习，提高理论水平。同时，积极向农民宣传政策的好处和风险，提高农民对政策的理解和认知。一方面，基层政府需掌握辖区内"三变"的基本情况、实施进度、效果成效以及问题等，只有这样才能精准把握改革的方向，为"三变"更好、更快的发展提供指导和帮助。另一方面，需加强制度建设，提高竞争能力。基层政府需要通过定期组织培训和交流学习的方式，不断总结"三变"中的典型模式和做法，整理成册形成制度供全员学习，不断提高执政能力和水平。定期动态向上级政府反映当地"三变"的问题和成效，以便政府能够从总体把握"三变"改革的方向。

其次，通过利益联结机制提高企业社会责任感和道德水平。政府应排解经营主体的顾虑，通过合理的利益联结方式吸纳更多经营主体参与"三变"，同时经营管理人员需要树立与"三变"协同发展的理念，提高对政策的理解和认知程度，勇于承担更多社会责任，将企业盈利目标放长远，不要局限于短期利益，努力增强企业的防风险能力和意识。要尊重农民的权利和利益，在不断发展壮大的同时，带动农民增收致富，倾听农民的心声和意愿，提高企业的道德建设水平。

最后，采用合理的动员方式提高农民参与意识和信心。每一次的政策变迁，或好或坏直接的受益人或者受损人都是农民。也就是说改革必定是有风险的，并且农民是弱势群体，其抗风险能力极差，经受不住失败。因此，农民在政策面前持观望态度是可以理解的。因此，政府应当采取"温和"的动员方式，使得农民自愿参与改革。这样一来，农民参与意识和信心的提高关键在于基层政府的动员和企业的稳定经营。一方面，基层政府要对农民讲清楚参与"三变"的好处，但也要让其明白风险点，不能只讲好处却不讲风险，通过这种方式使农民增强对政策的理解，使农民自愿参与。另一方面，企业需要增强自身的发展水平和管理能力，持续经营和盈利，并且通过给予农民看得见的利益，使更多的农民自愿参与进来。

第八章　农村基层治理体系创新促进乡村振兴 [①]

第一节　乡村治理体系的提出背景

党的十九大报告明确提出了乡村振兴战略，并将"产业兴旺、生态宜居、乡风文明、治理有效、生活富裕"作为实施乡村振兴战略的总要求。在十九大提出乡村振兴战略后，2017 年 12 月 28—29 日，中共中央专门召开了农村工作会议，就乡村振兴战略的目标任务、政策实施和基本原则进行了明确部署。中央农村工作会议之后，于 2018 年 2 月 4 日出台了《中共中央、国务院关于实施乡村振兴战略的意见》，这份文件直接以实施乡村振兴战略为主题，就实施乡村振兴战略的重大意义、总体要求、乡村产业振兴、生态宜居、乡风文明建设、构建乡村治理体系、实现乡村富裕、决胜乡村贫困、推进乡村制度建设、加强乡村人才队伍建设、加强党对农村工作的领导等问题进行了进一步明确和细化。2018 年 5 月底，习近平总书记主持召开中央政治局工作会议，就《乡村振兴战略规划（2018—2022 年）》进行审议。2018 年 9 月 26 日，中共中央、国务院印发了《乡村振兴战略规划（2018—2022 年）》，这个

---

① 本章为马良灿教授供稿，部分内容为马良灿本人已经发表过的文章，为保证专题的完整性和观点的一致性及连续性，本章相关内容保留了已经发表论文的主要观点。

规划对中央一号文件所确定的具体指导意见进行了进一步分解和明确。《规划》涉及乡村振兴的总体格局建构、现代农业体系建设、乡村产业振兴、生态宜居的美丽乡村建设、振兴乡村文化、健全现代乡村治理体系、乡村组织建设、保障和改善乡村民生、完善城乡融合发展政策体系等具体内容，为进一步实施乡村振兴战略指明了方向。因此，从党的十九大报告提出乡村振兴战略到乡村振兴战略规划的颁布，整个过程循序渐进，逐步深入，层层递进，稳步推进，体现了党和国家对乡村问题的高度重视。从乡村振兴战略实施的政策文件中，我们看到乡村振兴战略的实施呈现出全局性、总体性、系统性与长时段性的特征，乡村振兴涉及乡村经济、环境、社会、文化、教育、制度供给、社会服务、城乡联动、城乡融合等方面的全面复兴而不是某个层面的振兴。中央明确规定，实施乡村振兴，产业兴旺是重点，生态宜居是关键，乡风文明是保障，治理有效是基础，生活富裕是根本。① 在乡村振兴实践中，推动乡村基层组织建设、促进乡风文明，建构治理有效的乡村运行体系，加快推进乡村治理体系和治理能力现代化，这是实施乡村振兴战略的社会基石与组织保障，也是实现乡村振兴的必由之路。②

国家高度重视新形势下乡村治理体系建设，明确将培育文明乡风、良好家风和淳朴民风、推进乡村基层组织建设，健全自治、法治和德治相结合的乡村治理体系，提升乡村治理水平和治理能力作为实施乡村振兴战略的核心要素和社会组织基础。在 2018 年中央一号文件中，曾用两章对这一问题进行了论述，而《乡村振兴战略规划（2018—2022 年）》更是专门增列两篇共计五章就乡风文明、乡村治理等问题进行了详细阐释。

---

① 《中共中央、国务院关于实施乡村振兴战略的意见》，2018 年 2 月 4 日，见 http://www.xinhuanet.com/politics/2018-02/04/c_1122366449.html。

② 张翼：《乡村振兴重在治理有效》，《光明日报》2018 年 10 月 23 日第 11 版。

当前我国的农村社会处于传统与现代的链接点上，在探索当前的乡村治理创新问题时，应当对中国乡村社会治理的传统智慧，乡村治理的近现代流变与现代转型进行梳理，明了乡村治理的演化轨迹与发展规律。因为从某种程度上说，当前的乡村社会既是传统的延续，也是对传统的超越。乡村治理的传统智慧及其现代遭遇，是我们探索当前乡村治理创新问题的前提。在优化乡村治理体系与治理结构的过程中，有必要对中国乡村治理的传统智慧、变动规律及其现代转型进行历时性考察。这种考察有助于澄清当前基层治理的认知误区，进而探索新形势下农村基层治理创新的新路径。

本章将首先对中国乡村治理的传统智慧及其现代遭遇进行阐释，在此基础上结合健全和完善乡村治理体系的"塘约经验"，从基层组织建设、德治、自治、法治和善治等层面，就乡村振兴战略实施背景下的农村基层治理创新问题进行系统探索。

贵州省安顺市平坝区乐平镇塘约村位于贵州省中西部，地处长江水系乌江流域和珠江水系北盘江流域的分水岭地带，地势较为平坦，村内土地类型多以坡耕地为主，水田面积较少，主要种植玉米和水稻。全村有 10 个自然村，921 户共 3390 余人。2014 年，该村遭遇百年不遇的洪灾，使村民越加贫困。为摆脱贫困，在乡村干部的带领下，塘约村走上了土地确权、合股联营、村社一体、一清七统[①]的乡村改革道路。特别是在健全和完善农村乡村治理体系的进程中，塘约村以加强和推进乡村社区组织建设为引领，将实行协商共治、村社自治、村民治村、订立村规民约、整治村风民俗、重建乡土伦理进行有机融合，把实现乡村社会

---

　　① 一清七统："一清"是指集体和个人产权分清。"七统"是指全村土地统一规划，产品统一种植销售，资金统一使用管理，村务财务统一核算，干部统一使用，美丽乡村统一规划建设，禁止滥办酒宴，红白酒席统一办理。

的有效治理与农民生活富裕融合到村庄治理实践中，形成了特色鲜明的"塘约经验"。从某种意义上说，这条乡村治理的"塘约经验"，为新形势下加强农村组织建设，健全和完善乡村治理体系，实现乡村社会的善治，积累了宝贵财富。

著名作家王宏甲所著《塘约道路》一书在全国的公开出版，使"塘约现象"进入人们的视野。书中王宏甲从乡村组织建设、土地确权、乡村治理等层面，对塘约村以壮大村落集体经济为基础的农业合作化道路和乡村组织再造等问题进行了全面呈现，认为塘约村所创立的"村社一体、合股联营"的合作社是"一种典型的社会主义的合作社"。[①] 该书出版后，在社会上产生了巨大反响，塘约村成为新时期新一轮乡村改革与乡村振兴的关注焦点。塘约村在村庄治理、农村土地产权制度改革与农民合作化道路中所形成的经验或模式，受到时任全国政协主席俞正声同志的充分肯定，曾引起中央电视台《焦点访谈》栏目、《人民日报》《光明日报》、人民网、新华网、光明网、党建网、中国社会科学网、乌有之乡网络杂志网等众多知名媒体的持续关注和报道。近年来，关注塘约村的专家学者、新闻记者和参观访问者越来越多。《焦点访谈》栏目曾两次专题报道塘约经验[②]，该村村委支书曾专门应邀到中央组织部给全国党政系统的主要领导干部讲解塘约道路。经中央领导批准，中组部《党建》杂志社和人民出版社于 2016 年 12 月 10 日在北京全国人大会议中心举行高端论坛，来自中宣部、中央党校、中国社会科学院、人民出版社、光明日报、人民日报社等单位的相关负责人及全国"三农"问题知名专家就塘约的基层建设经验

---

① 王宏甲：《塘约道路》，人民出版社 2016 年版，第 106 页。
② 中央电视台：《砥砺奋进的五年：穷则思变塘约村》，《焦点访谈》2017 年 5 月 19 日，央视网，http://tv.cntv.cn/video/C10326/4834d603e72b4adbb85af51f6fa5e44f。中央电视台：《砥砺奋进的五年：山村"整形"记》，《焦点访谈》2017 年 6 月 14 日，央视网，http://tv.cntv.cn/video/C10326/01fe673ef94a43439769d6f4da06917a。

进行专题讨论，专家学者们充分肯定了塘约经验在新一轮全面深化农村改革中的价值。[①] 近半年来，塘约村先后接待各种参观考察团 1000 多批次，塘约经验或塘约现象在乡村振兴与乡村治理中的意义引起了广泛讨论。塘约村由此成为当前深化农村土地产权制度改革、迈向农民合作化道路、实现乡村社会的有效治理和乡村振兴的示范村。

第二节　乡村治理的近现代流变与现代转型

从历史经验来看，传统社会所建构的乡村治理模式是一套兼具自治性、内生性和伦理性等多重特征的乡村社会治理体系，这种治理方式在一定程度上彰显了乡村社区的主体性，实现了乡村自我治理、自我管理的目的，它维系了中国乡村社会两千多年的和谐稳定。

近代以来，中国社会经历了从未有过的大变局，国家社会形态发生了深刻转型。从孙中山领导的资产阶级民主共和国的建立到毛泽东领导的新民主主义革命的胜利及其社会主义新中国的建立，从大集体时代计划经济体制到改革开放时代市场经济体制的确立，一百多年来中国社会始终处于巨大的变革中，这种历时性的变革必然冲击乡村社会，并从根本上撬动乡村社会的传统文化根基。因此，从民国年间的乡村治理乱象到计划经济时代国家对乡村社会的全面管控，再到改革开放时代国家权力的上移与乡村基层民主制度的确立，中国乡村社会治理形态发生了深刻转型。理解近代以来乡村社会治理体系与治理形态的发展脉络与演化轨迹，有助于进一步明晰健全和完善新时代乡村治理体系的目标和方向。

---

① 李朝民、刘久锋：《专家学者在京研讨塘约基层建设经验》，《农民日报》2016 年 12 月 12 日第 2 版；谌贵璇、刘悦：《塘约经验引关注：塘约基层经验座谈会暨〈塘约道路〉研讨会发言摘录》，《当代贵州》2017 年第 1 期。

一、民国年间中国乡村治理^①的乱象

清朝末年，西方列强的殖民掠夺、晚清帝国的腐朽没落、清末新政与民族救亡运动、民主革命和民族复兴运动的兴起，都在激烈地冲击着传统的封建王朝与乡村社会。随着孙中山先生领导的资产阶级民主革命的胜利和中华民国的建立，在中国运行了两千多年的封建专制制度退出了历史舞台，而建基在这一制度基础之上的乡村治理模式也逐渐走向了衰落。

在新的社会发展阶段，如何对乡村社会进行有效治理，如何通过乡村治理汲取资源，成为各种政权当局者必须应对的问题。民国年间，国家治权逐步向村落共同体延伸，各种政府试图通过对乡村社会的控制来达至截取更多财富和资源的目的，"强人和暴力是乡村社会秩序的主导性力量。"^②它们推行的国家政权建设与乡村自治运动，蕴含着国家对底层农村社会的进一步压榨和剥夺。在这一过程中，由于国家依靠乡村劣绅和无赖之徒来推进乡村自治，致使乡村社会长期处于失序状态，农民成为土豪劣势、痞棍恶徒的鱼肉，农村的衰败与乡村治理的恶化是当时乡村社会生活的常态。^③

民国年间，南京临时政府、北洋军阀政府和国民党政府等各种政权都先后推行了各种类型的国家政权建设与乡村自治运动，都企图将乡村治理权纳入国家管控中，经历了由县到乡的所谓"政权下乡"过程，直接将国家治权延伸到最底层的乡村社会，以实现其对乡村社会的管控及其资源的汲取目的。民国时期，湖北省政府率先推行新政，在农村设立

---

① 马良灿：《多重逻辑视野下西部农村基层政权行为及其政权建设问题研究》，《学术论文联合对比库》2016 年 11 月 2 日。

② 于建嵘：《岳村政治：转型期中国乡村政治结构的变迁》，商务印书馆 2001 年版，第42 页。

③ 郑卫东：《"双轨政治"转型与村治结构创新》，《复旦学报（社会科学版）》2013 年第1 期。

乡公所进行管理。随后乡公所作为农村基层政权在全国普遍建立。在此基础上，国民政府进一步整编保甲，户设门牌，口必归户，户必归甲，甲必归保，保必归乡，这样，乡、保、甲组织成为当时农村基层政权基本的组织架构。

与此同时，各种乡村地方自治运动在政权当局的推动下持续发展，如1917年阎锡山在山西推行的村政建设与村本自治和1931年广西省政府所推行的"政、教、术""三位一体的"乡村改造与治理运动等。1928年后，国民党政府时期实行地方自治域保甲制，南京国民政府曾在县下设区、乡（镇）、闾、邻等"自治"组织。1934年，国民党政府在全国范围内实施保甲制。依据规定，保甲的编组以户为单位，户设户长。十户为甲，甲设甲长。十甲设保，保设保长。保甲组织的基本任务是清查户口，抽捐征税，抽选壮丁，制定保甲规约，实行连保连坐，党化教育，建立地方武装等。

上述各种政府推行的国家政权建设与乡村自治运动，尽管披上了一层现代民主政治的外衣，但要么流于形式，要么有自治之名却无自治之实，名为自治实则官治，其目的不是为民众造福、维系乡村秩序，而是最大限度地从乡村索取资源。民间社会所认可的保护型乡村精英被官府安排的赢利型经纪取代。这些乡间无赖既是国家在最底层的代理人，又是村社领袖，这种双重角色使他们成为典型的"官之差役"，扮演了"外界政府"向村庄"要钱、要粮、要人"、索取更多资源和利益的"赢利型经纪"，而早已将村庄公益建设抛之脑后。延续两千多年的国家治权与"乡民治乡"相融合的"双轨政治"出现了断裂，乡村政权"痞化"、无赖土豪痞棍充任公职，乡村治理危机日益恶化。[①]

_____

① 渠桂萍：《二十世纪前期中国基层政权代理人的"差役化"：兼与清代华北乡村社会比较》，《中国社会科学》2013年第1期。

　　国家一方面尽可能将权力延伸到乡村并依赖土豪痞棍加强对乡村社会的控制，一方面又无从对这一群体的乡村治权进行有效监管，造成国家治权与乡村自治的脱域，使底层民众遭受到各级政府和乡村恶棍的双重剥夺，国家政权建设在人民心中的合理性与合法性受到了普遍质疑，"村庄与国家的关系仍处于紧张状态之中"①，国家威信更为降低。特别是国家政权的渗入与赢利型经纪相互作用，加之土豪劣绅滥用职权践踏村庄，最终导致旧日的乡村关系发生质变，完整的村落共同体在土豪劣绅和国家权力渗入的双重压力下瓦解崩溃了。因此，民国年间各种政权自上而下推行的国家治权与乡村自治建设运动，非但未树立国家在底层民众中的权威，反而对乡村社会造成了新的困扰，出现杜赞奇所说的"国家政权'内卷化'"现象。在这一过程中，由于国家将乡村治权转交给以土豪劣绅为主体的"掠夺经纪"，而这一群体本身就是乡村社会的血吸虫，他们充任政府公职不是为了捍卫国家利益和村民利益，而是为了追逐私利。乡村治权落入这群贪求名利的地痞恶棍之手，"国家权力的延伸只能意味着社会的进一步被压榨和破产。"②

　　民国年间各种政权自上而下推行的国家政权建设与乡村自治运动，破坏了传统社会的"双轨治理"之道，使乡村治理陷入"专政劣治"的困境，导致底层农村社会更加混乱。这样的乡村治理局面的出现与各种政权的掠夺性和赢利型土豪劣绅的贪婪性直接相关。因此，要改变乡村治理的"专政劣治"局面，就应当从根本上颠覆国家政权性质、根除土豪劣绅对乡村社会秩序的破坏。伴随国民党政府的崩溃、共产党领导的新民主主义革命的胜利和中华人民共和国的成立，民国时代形成的"专

　　① 黄宗智：《华北的小农经济与社会变迁》，中华书局2000年版，第314页。
　　② 杜赞奇：《文化、权力与国家：1900—1949年的华北农村》，王福明译，江苏人民出版社2003年版，第52页。

政劣治"的乡村治理模式走向了终结。

二、集体化时代国家对乡村社会的总体支配[①]

中华人民共和国的成立，不仅从根本上摧毁了封建主义和官僚资本主义对中国社会秩序的破坏和对普通民众的压榨，而且重构了乡村社会与国家、国家与农民、乡村精英与下层民众之间的阶级权力关系。随着新生政权的稳固、土改运动的完成、人民当家作主地位的逐步确立和一系列新的社会政治运动的展开，乡间土豪劣绅被彻底铲除，广大农村社会的发展能量得到了充分释放，中国乡村社会治理迈向了新的治理阶段。

集体化时代，自上而下的国家治权渗透到乡村社会的每个毛孔之中，乡村社会成为高度行政化、组织化和政治化的社会单元，"政治权力的高度渗透和严格的计划经济使农民失去了传统的自由。"[②]作为国家与农民之中介性存在的乡村精英阶层，要么作为土豪劣绅、权贵阶层被打倒，要么作为地主、富农被进行政治改造与批斗，乡村精英的中介性角色被彻底颠覆，传统乡村社会形成的双轨治理模式被自上而下的单向度的控制型治理模式所取代。国家通过采用"控制型治理"的单向度控制策略，形成了以集权主义和政治运动为基础的"集权式乡村动员体制"[③]。

新中国成立后，新生政权通过以"打土豪、分田地"为基础的农村土地改革运动，使以贫下中农为主体的劳苦大众真正成为土地的主人，农民获得了实实在在的利益。因此，土地革命的完成，极大地调动了广大农民的生产积极性，提升了党和政府在农民心中的威望。然而，如何

---

① 马良灿：《多重逻辑视野下西部农村基层政权行为及其政权建设问题研究》，《学术论文联合对比库》2016 年 11 月 2 日。

② 张乐天：《告别理想：人民公社制度研究》，上海人民出版社 2012 年版，第 203 页。

③ 于建嵘：《岳村政治：转型期中国乡村政治结构的变迁》，商务印书馆 2001 年版，第218 页。

消解传统小农的私有化生存逻辑，如何将传统分散的个体化小农组织起来，如何将以家户经济为基础的农民改造成为社会主义新型农民，这是当时党和国家必须应对的重大问题。

新中国成立之初（1949—1958 年），国家正式将乡、民族乡和镇确定为农村基层政权组织。与此同时，中国共产党通过"政党下乡"的方式在乡村社会成功建立起了党支部。在对农村的经济、文化与社会进行管理的过程中，乡镇政权曾发挥了重要作用，乡镇权充当了国家在乡村社会的代理人。同时，新政权还通过组织农协会、让农民直选乡人民代表和村干部等，使农民获得了前所未有的政治权利。因此，在新中国成立之初，国家权威和农民权益在基层治理中得到了体现。

1958 年以后，新生政权对原有的乡—村权力结构进行了改革与重构，通过一系列的农民合作化运动，通过在广大农村先后成立互助组、初级社和高级社，农村社会被彻底改造了，农民被成功融合在国家治权的体制之中。农民合作化运动中，国家打破了常规权力在乡村社会的运作逻辑，先后指派了政治忠诚、阶级立场坚定、代表国家"专断权力"[①]的工作组（队）直接主导了乡村社会的改造过程。通过常规权力与专断权力的有效配合，通过一系列的乡村政治运动，新生政权完成了对乡村社会的集体化改造。随着农村高级社的建立和合作化运动的持续展开，国家权力强制性地嵌入乡村社会，这不仅改变了农村基层社会的治理格局，而且从根本上颠覆了传统的乡村社区组织，使乡村社会形成了"村社合一"的政治结构。可以说，到了高级社阶段，国家专断权力和国家权威已经彻底摧毁了原有乡村的社会组织基础，乡村社会已完全整合到自上而下的国家治理体系中。然而，农村高级社的建立不是农民合

---

① 周雪光：《运动型治理机制：中国国家治理的制度逻辑在思考》，《开放时代》2012 年第 9 期。

作化运动的终点。新生政权的主要目的在于实现广大农村社会的高度政治化、组织化和社会化。最终，迈向人民公社成为农民合作化运动的归宿。因此，"人民公社的建立，将国家行政权力体制与乡村社会的经济组织结合在一起，真正实现了政社合一"①。

以政社合一为基础的人民公社直接取代了传统的乡村治理模式，取代了乡镇政权组织，在农村社会治理过程中扮演着底层国家治权代理人的角色。人民公社组织结构中，中国乡村社会形成了以公社——生产大队——生产队为基础的农村基层治理格局，三者通过自上而下的纵向权力整合机制实现对乡村社会的治理与改造。②在这种纵向秩序整合机制中，中国农村社会形态呈现出组织规模扩大化、日常管理军事化、社会生活政治化、行政体制科层化等特征。以人民公社制度为基础，新生政权形成了以集权统一为特征的"集权式乡村动员体制"与单轨治理格局。人民公社作为乡村社会的政治、经济与社会组织，全面支配着农民的社会生活，任何农民都不可能离开公社而独立生存，是一种典型的总体性支配的社会。特别是城乡分治的二元户籍制度，更是严格限制了农民社会流动的可能，造成农民对公社、生产大队和生产队的高度组织性依附，在一定程度上失去了个人自由，而在新中国成立之初萌发的自主意识也受到了抑制。③

人民公社通过自上而下的纵向协调机制形成了对乡村社会的全面管控与总体性支配。党的十一届三中全会后，随着国家一系列农村政治经济制度的变革，原来建立在集体经营基础上的农业经济被以家庭为基础

---

①　于建嵘：《岳村政治：转型期中国乡村政治结构的变迁》，商务印书馆 2001 年版，第 261 页。

②　李友梅：《中国社会管理新格局下遭遇的问题：一种基于中观机制分析的视角》，《学术月刊》2012 年第 7 期。

③　马良灿：《多重逻辑视野下西部农村基层政权行为及其政权建设问题研究》，《学术论文联合对比库》2016 年 11 月 2 日。

的家户经济取代了。特别是家庭联产承包责任制的全面推行和以追逐理性化、个体化为特征的市场观念对农民生活的渗透，使人民公社存在的合理性和合法性遭到普遍质疑。在农村政治经济体制变迁的背景下，国家对以人民公社为基础的农村基层政权组织进行了改革，将原来的公社重新改建成乡镇，将生产队大队改建成以村民自治为核心的村民委员会。国家权力收缩至乡镇一级并尽可能减少对农民社会生活的干预。

三、改革开放时代"乡政村治"模式与治理困境①

改革开放后，广大农民由集体劳作转为包产单干，由大集体时代的组织依附者转化为社会生活的主体，乡村社会生活的去集体化成为不可扭转的趋势。党和政府为了从根本上释放乡村社会的发展能量、搞活农村经济，决定废止人民公社，建立以乡镇政府为基础的农村基层政权来行使国家治权，而在乡镇以下实行村民自治，由村民自行选举村干部组成村民委员会来自行管理乡村社会事务。从国家制度设计的初衷看，这种以"村民自治"为核心的"乡政村治"的治理格局，体现了国家对农民政治参与权利的尊重，也是国家将治理权力重新归还于社会的重要体现，它"改变了建国以来乡村组织化的进程，标志着国家行政权与乡村自治权的相对分离"。②

"乡政"即国家将原来的公社建制改造为乡镇建制，通过设立乡镇人民政府来实现国家对乡村社会的社会管理。以乡镇政府为基础的农村基层政权作为国家与社会之间的中介性存在，它向上应对的是国家权力，向下面对的是基层民众，在国家治权与乡村治理之间扮演着十分重

---

① 马良灿：《多重逻辑视野下西部农村基层政权行为及其政权建设问题研究》，《学术论文联合对比库》2016 年 11 月 2 日。

② 于建嵘：《岳村政治：转型期中国乡村政治结构的变迁》，商务印书馆 2001 年版，第419 页。

要的角色。该组织既是国家在基层农村社会的政权代理人，又是具有自身利益诉求的行动主体，他们同时兼具"代理型经营者"与"谋利型经营者"的双重身份。[1] 这种双重身份使其既可能成为国家与农民之间关系的协调者，也可能成为两者的离间者。事实上，在市场经济条件下，乡镇干部在国家制度的保护下已蜕变为"谋利型政权经营者"[2]，他们兼具经济角色与政治身份为一体，通过利用政治身份直接从事经营活动，为自身营造更大的利益空间和生存空间。乡镇干部的这种经营活动直接损害了其政治权威，使其与乡村社会之间的关系处于"权威的分割结构"中。在这种关系结构中，"国家总是一个力不从心的被动者"[3]，国家利益和基层社会的利益被基层政权所绑架，国家与农民关系被离间了。乡镇干部不仅利用政治权力参与经济活动，而且利用国家政权代理人的公共身份直接向农村社会索取资源。[4]

"村治"即撤销原来的生产大队的国家权力，将之改造成具有村庄自治性质的村民委员会，由村民通过民主选举、民主决策与民主参与的方式选举村干部来实现乡村社会治理。乡村自治是国家力量进行推动与建构的产物。由于这种制度不是农民自主选择的结果，一开始便缺乏内生性的社会组织基础，暴露出先天性的组织缺陷。在经历了农民集体化运动和"文化大革命"的政治洗礼后，中国农民学会了远离政治，将更多的精力放在个体化的家庭农业生产与经营活动中，农民的社会生活变得更加务实、也更加理性了。同时，集体化时代国家对传统村落内

---

① 荀丽丽、包智明：《政府动员型环境政策及其地方实践：关于内蒙古生态移民的社会学分析》，《中国社会科学》2007 年第 5 期。

② 杨善华、苏红：《从"代理型政权经营者"到"谋利型政权经营者"》，《社会学研究》2002 年第 1 期。

③ 张静：《基层政权：乡村制度诸问题》，上海人民出版社 2006 年版，第 293 页。

④ 马良灿：《多重逻辑视野下西部农村基层政权行为及其政权建设问题研究》，《学术论文联合对比库》2016 年 11 月 2 日。

生性组织与乡村精英的打压与肢解，改革开放后市场化浪潮对农民个体化、理性化、私密化和功利化人格的塑造，乡村人口流动与阶层结构分化的加深，都在加速着村落共同体的解体，广大农民的社会生活更加原子化、分散化、差异化和异质化了。在急速变迁的乡村社会中，村民自治已很难承载起社会治理的重任。在村民自治实践中，由于村民缺乏自治的主体性，处于被动、单向和内敛的弱势地位[1]，乡镇干部通过对村党支部和村落选举过程的操纵，使村两委直接受控于乡镇政府，使村治融汇于乡政之中，成为受乡镇政府控制的半行政化组织。最终，"村治"中的"自治"与"乡政"的"官治"合二为一，蜕变为一种自上而下的"权威性自治"，这种自治抑制了农民公民权利的发展。[2]

因此，以"乡政村治"为特征的乡村治理模式由于缺失对农民基本社会权利的保护，由于缺乏对农民主体性的尊重，没有从根本上缓解乡村社会的矛盾与冲突，特别是基层政权与乡村自治组织的利益共谋行为引发了新的治理危机，乡村社会治理问题更加复杂。20世纪90年代中后期，很多乡村干部不是将精力花费在农村公共服务与社会建设事业上，而是想尽一切办法加强对乡村社会资源的掠夺，各种乱集资、乱收费、乱摊派现象盛行，广大农民形象地将基层政权的掠夺本性比喻为要钱、要粮、要命的"三要"政府。乡村干部的掠夺行为不仅严重损害了国家在农民心中的形象，而且加重了农民负担，导致农村干群关系恶化，引发了日益严重的"三农"问题。加之家族势力、黑恶势力和乡村混混充斥乡间社会，致使乡村社会治理陷入多重困境之中。[3]

---

[1]　程为敏：《关于村民自治主体性的若干思考》，《中国社会科学》2005年第3期。

[2]　张静：《村庄自治与国家政权建设：华北西村案例分析》，载黄宗智主编：《中国乡村研究》（第一辑），商务印书馆2003年版，第214页。

[3]　马良灿：《多重逻辑视野下西部农村基层政权行为及其政权建设问题研究》，《学术论文联合对比库》2016年11月2日。

21 世纪初，为调和干群关系、减轻农民负担、缓解日益突出的"三农"问题，解决乡村社会治理危机，中央先后采取了全面取消农业税费，试图使乡村社会秩序重新整合到国家治理体系中。农业税费的全面废止和取消切断了基层政权向乡村社会索取资源的可能，使农民负担明显减轻，农民再次感受到了国家给予的实惠，乡村干群关系得到了一定程度的缓解，乡村治理性危机得以缓解。县级政府直接控制了乡镇政府的财权和事权，进入了所谓"事权上收、乡财县管"的时代。因此，农业税废止后，农村基层政权的性质由汲取型向与农民关系较为松散的"悬浮型"转化。在这一过程中，该组织非但未转化为服务农村的主体，而且正在脱离与农民旧有的联系，悬浮于乡村社会之上，陷入财政空壳化、社会管理职能单一化的半瘫痪状态。[1]基层政权职能的弱化致使农村公共产品供给中断。农业税费的终止一方面缓解了基层政权组织与农民群体之间的紧张关系，使乡村社会秩序趋于稳定，另一方面也使中国乡村社会面临新的公共物品供给不足，基层治理能力下降等问题。

在这样的背景下，中央启动了以资源下乡为基础的农村社会建设，其目的在于通过财政资金的专项划拨和涉农项目投入的方式来重建国家、基层政权与农民之间的新型关系，让广大农民群众分享到社会进步与社会发展的成果，进而建构和谐稳定的乡村关系与秩序。资源下乡作为后农业税时代农村社会建设与社会治理的标志性事件，它同时嵌入在行政组织场域与村域社会中，其所彰显的这种双重嵌入性特征使其将基层政府间的组织关系与组织治理、乡村关系与村庄治理等问题勾连在一起，从根本上颠覆和撬动了乡村中国的社会关系与社会秩序。在资源下乡过程中，各个社会行为主体展开了微妙而复杂的社会互动，这种互动

---

[1]　周飞舟：《从"汲取型"政权到"悬浮型"政权：税费改革对国家与农民关系之影响》，《社会学研究》2012 年第 1 期。

在一定程度上重构了基层政权与农民、农民与农民、国家与社会之间的关系。可以说，资源下乡对基层社会治理产生了重要影响，特别是当这一事件被基层权力利益关系与各种关系网络所绑架时，它不仅会破坏乡村社会团结①，而且还会引发新的社会矛盾和治理风险，从而使乡村社会治理问题更加复杂。在农民生活个体化、农民行为理性化、乡村社会组织碎片化、人口流动超常规化、村落共同体空心化、农村社会"过疏化"背景下，以乡政村治为基础的乡村社会治理模式面临着前所未有的挑战。②

总之，从民国年间乡村治理乱象到新中国成立后国家对乡村社会生活的全面支配，从大集体时代人民公社制度的解体到改革开放时代国家权力的上移再到乡政村治的基层民主制度的确立与实践，近现代乡村社会治理体系和治理形态经历了不断的演变与重组，而乡村社会治理的深刻转型又直接同国家社会形态与经济社会体制的转型密切相连。当前，我国已经步入社会主义新时代，而与之相伴的当代乡村治理形态与治理体系，也必然会积极回应和应对乡村社会衰败的现实。

第三节　全面推进新时代乡村社会的有效治理

国家乡村振兴战略的提出，主要是为了回应和应对乡村社会衰败的现实。面对村落空心化、乡村道德滑坡、乡风文明衰落、乡村社会组织松散化、农民生活个体化、私利化与功利化等多重困境，如何通过乡村组织建设和乡风文明的重塑，并在健全和完善德治、自治和法治相结合

---

① 王春光：《扶贫开发与村庄团结之关系研究》，《浙江社会科学》2014 年第 3 期。
② 马良灿：《多重逻辑视野下西部农村基层政权行为及其政权建设问题研究》，《学术论文联合对比库》2016 年第 11 期。

的乡村治理体系中优化乡村治理关系、治理结构与治理秩序，进而实现乡村善治，确保广大农民群体过上幸福美好的生活，这是新时代实现乡村社会有效治理的基本前提。国家出台的《乡村振兴战略规划（2018—2022 年）》为实现乡村社会的有效治理指明了方向。《规划》明确指出，实现乡村社会的有效治理是实施乡村振兴的基础和保障。在优化乡村治理体系与结构、实现乡村善治的过程中，应当加强乡村组织建设，信守"自治为基、法治为本、德治为先"①的治理理念。

一、基层组织建设是实现乡村善治的基础

加强基层治理的组织体系建设，提升乡村社会的组织行动能力，是健全和完善乡村社会治理体系的社会组织基础，也是实现乡村社会善治的组织保障。因此，《规划》明确提出要推动乡村组织振兴，打造充满活力、和谐有序的善治乡村。乡村组织建设包含两个层面，一是夯实党的农村基层组织和村民自治组织，提升农村基层党支部和村民自治组织的行动能力。面对基层党组织涣散、组织行动能力较弱等组织困境，在新形势下需要加强农村基层党组织建设，优化农村党组织的结构，为基层党组织补充新的力量和血液，充分发挥党员在乡村振兴与基层治理中的模范带头作用，强化党组织在乡村振兴与乡村治理中的核心地位。没有坚持原则、尊重农民、清正廉洁、敢于负责的基层党组织，就难以振兴乡村。当前，我国农村基层党建存在薄弱环节，需要通过健全党管农村工作领导体制机制和党内法规，确保党在农村工作中始终总揽全局、协调各方，为乡村振兴提供坚强有力的政治保障。

同时，村民自治组织是乡村社会治理的基础。加强和创新农村社会

---

① 中共中央、国务院：《乡村振兴战略规划（2018—2022 年）》，2019 年 9 月 26 日，见 http://www.gov.cn/xinwen/2018-09/26/content_5325534.htm。

治理，必须优化村民自治结构、扩展村民自治领域和延展空间（如实行村组自治），将有担当、有能力、有公益心的乡村精英充实到村组自治组织中，提升村民自治组织在乡村振兴与乡村治理中的组织协调能力。将具有公共意识和责任担当的乡村精英充实到基层自治组织中，这必将夯实乡村治理的自治基础。二是要充分培育和发展农村社区组织，提升村民以群体的方式应对社会生活风险的能力，从根本上解决村落空心化、原子化和功利化的组织困境。农村社区内生性组织是植根于村落社会文化、具有广泛群众基础和社会认同的乡村关系网络，这种关系网络是村落共同体延续与发展的灵魂，也是乡村之所以成为乡村的重要体现。通过社区组织能力建设提升乡村社会关系协调能力与治理能力，是破解当前乡村社会治理困境的重要路径。因此，在加强农村党组织和自治组织建设的同时，还应充分发掘乡村社会的内生性组织资源，在突出村民主体性的基础上，培育和建设契合村落实际的各类乡村社会组织，如乡村文艺组织、经济合作组织、邻里互助组织、老年兴趣小组等。这些乡村组织的培育和再造，实际上是对传统乡村治理的中存在的双轨治理、简约治理的进一步运用。

塘约村在优化乡村治理结构的过程中，以村级组织建设为引领，以提升村民自治组织的治理能力为目标导向，建构了党总支（行政村）——党支部——党小组（自然村）、村民委员会（行政村）——村民小组自治委员会会（自然村）的村级组织治理结构。塘约村十分重视村级党组织建设，建立了一个党总支、四个党支部、九个党小组的村级组织架构，直接在自然村建立了党小组，将党的组织建到了村庄上。同时，为及时回应村民诉求，解决村民内部矛盾，村民以十五户为单位推选一名村民代表，在每个自然村组建了以村民小组长为核心、村民代表为纽带的组委会，并设置了直接面向全组村民服务的村组工作室，每个组委会都专门持公章，使村组权力的运行更加规范化和常态化。

在塘约村村庄治理运行实践中，党小组和组委会作为村庄自治层面最基层的群众组织，在组织发动群众参与村集体公益事业建设、进行集体土地确权、村庄环境整治、表达村民利益诉求、调解村组矛盾、化解邻里纠纷、家庭纠纷、协调村民关系、维护村民权益等方面发挥了重要的基层治理功能。在实践中，村民社会生活中出现的各种家庭纠纷、邻里瓜葛、关涉村民的一些利益诉求、个人利益与村组集体利益的纠葛以及发动组织群众劳动等具体工作基本上都可以在村组层面给予解决。通过自然村组委会来组织协调和处理各种治理性难题，组织发动村民参与村组公共事务，投工投劳建设村落公共活动空间，实现村落社会的再组织，这是塘约村在创新乡村治理中的重要经验。

塘约村通过成立村合作社以及下设的妇女创业中心、运输队、建筑队等子公司，以及塘约村目前正在建设的连户路、机耕道、产业大道、路灯安装等村庄工程，招用村民进行劳动，一方面为村民增加就近就业机会，同时有联动村民之间的感情，强化村民的合作意识和组织行动能力。村民通过参与村庄公共活动，进行集体劳作，大家不仅增进了情感，促进了相互协作与交流，更重要的是逐步培养了一种民主协商的议事能力，村民的公共性意识在村落集体活动与协商共治的过程中逐渐培育与壮大。这种议事协调能力和村落公共意识的成长是新时期村落共同体重建的灵魂，是增进村庄互助团结的情感纽带。①

在塘约村，从党员、党支部书记到党总支书记，从村民小组长、村委会成员到村民委员主任，每月都要直接接受村民的评议和积分考核，考核评议直接和相应职务待遇挂钩，所有职务采取定岗不定人的动态管

① 马良灿：《农村社区内生性组织及其内卷化问题研究》，《中国农村观察》2012年第6期。

理方式。村组干部、村民代表和党员一旦年终考核不合格，要么进行经济惩罚，或直接撤销相应职务。针对村干部，塘约村制定了《塘约村村干部百分制考核办法》，该办法规定，对村干部采用"定岗不定人"的工作机制，实行年薪制，按照每分300元兑现报酬，其中工作任务完成的分值占50%，年底村民小组长评分占30%，村民代表评分占20%，少一分扣300元。针对党员干部，塘约村制定了《塘约村党员量化积分管理办法》，每位党员人手一份《党员记分册》，总分120分/人，10分/月，考核内容涵盖学习教育（1分）、组织生活（2分）、职责履行（3分）、廉洁自律（2分）、遵纪守法（2分）。年末考核积分80分的党员给予奖励，低于60分的为不合格，连续三年低于60分的采取组织措施，严重的劝其退党。这种对党员干部的动态考核方式被当地村民称为"驾照式"考评。针对村民小组组长，形成了《塘约村小组长百分制管理办法》，该办法规定，村民小组长工作落实情况占50%，村民代表测评占50%。考核结果分为优秀、称职、基本称职和不称职四个等次，作为小组长发放报酬的依据。在这种动态的考核管理过程中，无论是村民小组长、村干部还是党员干部，在服务基层群众的过程中都必须勤奋工作，公平公正，热情周到。因为一旦被取消各种资格或职务，不仅直接关系到自身的待遇和津贴，而且关乎自身的名誉和脸面。在相对熟悉的乡土社会，大家对脸面和名誉看得很重。

完备的乡村社区组织体系和灵活的村组干部考核机制，使塘约村的村级组织治理能力得到了明显提升，村民组织行动能力和公共意识得以明显加强。加强村级组织建设，提升乡村组织的行动能力是实现村民自治和善治的组织保障。塘约村通过加强推进乡村组织建设，真正将分散的村民组织了起来，真正形成了组织联动，抱团发展的态势。乡村组织的重建夯实了乡村治理的社会组织基础，实现了村落共同体的再造，克服了村落空心化、村庄组织松散化、村民生活原子化的组织困境。

正是在强有力的村级组织的协调下，塘约村先后完成了土地承包经营权、集体建设用地和农民宅基地使用权、林权、"四荒"使用权、农村集体经营性资产、农村小型水利工程产权等各类产权的"七权"确权工作，明晰了村民、村民小组和村委会的产权关系。在确权过程中的各种纠纷和矛盾，基本上村级组织都能够化解。塘约村通过土地确权，使农村所有权、承包权、经营权进行分置，这为该村壮大集体经济，盘活村集体资产、实现村民与集体的"村社一体、合股联营"农业合作化发展道路扫清了障碍。除进行土地确权外，塘约村在村级组织的推动下，先后制定了切实可行的村规民约，对村中乱办酒宴、赌博、酗酒、懒惰等不良社会风气、对脏乱差的村容村貌等现象进行了综合治理，取得了良好的乡村治理效果。

二、德治是创新乡村治理的前提

乡风文明建设即德治建设是实现乡村治理有效的社会伦理基础。所谓乡风文明建设，从根本上说就是要不断提升乡村民众的道德文化素养、精神风貌、伦理道德水平，通过培育自尊自爱、积极向上、理性和平的社会心态和淳朴乡风民风来夯实乡村社会建设的文化道德基础，最终建立邻里和谐、孝老爱亲、重义守信、勤俭节约的文明乡村。乡村治理要有效，需要乡风文明和道德伦理的支撑。通过礼俗伦理教化的方式来促进乡风文明建设，通过乡风文明建设弘扬孝道伦理、尊老敬老的社会风尚，进而重建农民的精神文化家园，增进家庭和谐、睦邻友善，促进社区团结互助，实现乡村社会的有效治理，这是德治在乡村治理与乡村振兴中的主要呈现方式，也是传统的文化资源在现代乡村治理中的有效运用。没有良好的乡风文明、社会风尚和道德礼俗的支撑，乡村社会将会变成一个物欲横流的世界，出现个人主义、功利主义膨胀，攀比之风、厚葬薄养之陋习蔓延、邻里关系紧张，村庄公共意识和传统美德的衰竭，这一切将摧毁乡村社会的道德根基，危急乡村治理的社会伦理基础。因此，《规划》明确指出，要"以德治滋养法治、涵养自治，让德治贯穿乡村治理全过程"①。乡村德治建设的推进，实际上是对传统乡村社会中所延续的礼治观念、礼俗教化、实体治理、情理原则的进一步延续和展开。中国传统乡村社会的治理方式主要依靠德治。这是一种典型的柔性治理，它以润物细无声的方式来限定和约束人们的行为规范，直指人心。健全和完善乡村治理体系，需要用德治来夯实社会善治的道德伦理基础。

针对乡村社会出现的不良社会风气和伦理道德滑坡的德治困境，塘约村以治理滥办酒席铺张浪费现象，治理赌博、酗酒、懒惰等不良风气为重点，以弘扬孝道情伦理，促进邻里互助，增进村庄团结，培育村民互助合作精神与公共意识作为乡风文明建设与社会伦理重建的方向，率先开启了以德治村、以礼化人的乡村治理实践。塘约村民甚至以村规民约的方式将道德伦理作为衡量村民行为是否合格的基本道德尺度。如被村民广泛接受和认可的村规民约的"红九条"中的四条就明确规定"凡是不孝敬、不赡养父母者，不管教未成年子女者，滥办酒席铺张浪费者，不参加公共事业建设者"的村民将被在全村张榜公告和通报批评，将被列入村庄治理的"黑名单"。村民一旦被刷黑，不但会受到公共舆论的指责，同时还会被取消其享受各种优惠政策、村组干部拒绝提供任何服务的资格，例如不予办理开死亡证明、合医报销证明、换户证明、准迁证明、接收证明、落户证明、银行开户证明（未成年人）、贫困证

---

① 中共中央、国务院：《乡村振兴战略规划（2018—2022年）》，2018年9月26日，见 http://www.gov.cn/xinwen/2018-09-26/content_5325534.htm。

明（精准扶贫户）、建房申请、低保申请、临时救助申请、用电申请、拨户申请（自有住房不属违章建筑）、贷款证明、高龄补贴，等等。在塘约村村庄治理实践中，无论是村组干部还是村民，很少有人去触犯这些道德的红线。因为一旦触犯这些红线或做人的底线，村民不仅要为自身的行为后果负责，而且还会受到道德、良心和社会舆论的谴责，并由此在村庄中受到孤立和排斥，很难在村中立足。

赡养父母、养育子女，这本身是一个正常的成年人应当肩负的责任，也是道德礼俗规定的做人底线。塘约村民将这两条作为村规民约加以强调，一方面是信守和重申中国传统的孝道伦理，更重要的是强化塘约人对家庭的责任意识，强化村民对家庭的责任担当。因为一个对家庭有责任、有担当的人，一般不会懒惰、不会去进行赌博、更不会嗜酒如命。塘约村之所以要对游手好闲的"懒鬼"，沉迷赌博的"赌鬼"以及烂醉如泥的"酒鬼"进行惩治，就在于这些"三鬼"没有家庭责任担当，败坏了乡风礼俗，危及了乡村秩序和村民的生活安全。因此，对"三鬼"和没有家庭责任担当的人的治理深得民心，塘约人积极配合村委会和村支两委对这类群体进行有效治理。

原来塘约村有 10 多家娱乐室，村民在 2004 年到 2012 年在春节期间聚众赌博现象严重，现通过停业整顿，教育说服、打亲情牌（男人在赌钱时，村委便安排其妻子在旁边）和加强春节期间村里巡逻查赌、喝酒闹事等手段，村里聚众赌博的现象大为减少。同时，村里雇用懒汉、酒鬼到合作社种植作物或是到下设的子公司工作，采用奖励措施和动态发放工资机制，在月工资基础上给予适当金额奖励，普通员工采用按月发放工资，"三鬼"工资按周发放；派人进行合理督促，避免在合作社劳作中滥竽充数，吃大锅饭；村委会和帮扶单位达成协议：子女有赡养能力的不列入低保范围，不以年龄作为低保参考的指标，精准扶贫中包保人员慰问低保户、贫困户时不能携带物资，断绝贫困户"等靠拿要"的思想。

同时，塘约人移风易俗，以倡导文明节约、简化礼俗程序、树立文明新风为重点，对村里的乱办酒席和和铺张浪费的不良社会风气进行了整治，取得了良好的社会治理效果。塘约村规民约的"红九条"之一，便是将"滥办酒席铺张浪费者"列入"黑名单"，明确规定今后全村村民除了举办婚宴酒席和丧葬酒席外，其他酒宴如搬家酒、过寿酒、状元酒、满月酒等名目繁多的酒宴一律不准操办，一旦发现操办者不仅要被刷黑，所有食材将被没收并送给学校或养老院。《塘约村关于"滥办酒席，反对铺张浪费"致全村村民的一封信》和《酒宴理事修改草案》中，进一步对全村酒席事项进行了明确规定，村民办酒席需提前一周到酒席理事会办理备案手续，老人过世必须当天填写备案表，审核通过的酒宴由理事会指定厨师4—5人提供服务，只提供餐具免费服务，但凡超过40桌以上由操办酒席方按每桌20元交纳服务费，红喜"八菜一汤"、白喜"一锅香"，红喜不超过3天，第一天是村里面的人去帮忙，第二天是吃正席，第三天早上村民帮忙吃饭之后就结束；白喜办酒则一般在五天左右，之所以时间不确定，是因为有些时候白事办酒需要听风水先生的建议，办酒的时间可能会延长，超过5天者，服务费由操办事宜者负责全部费用。

为减轻村民负担，塘约村还专门组建了红白喜事酒宴理事会和服务队，村里专门配置了餐厨具无偿提供村民使用。由理事会指派厨师和相关服务人员无偿上门为村民办理红白喜事，服务队的劳务费由村集体统一标准补贴，一般红喜事村里每桩补贴1000元，白喜事村里每庄补贴3000元。在酒宴改革之前，村民的人情送礼、操办五花八门酒宴的负担很重，贷款办酒、借款走人情现象极为严重。因此，这项酒宴改革和村风治理工作得到了村民的普遍认同，特别是村里免费统一操办酒宴，免费提供丧葬一条龙服务，极大地减轻了村民的人情开支、经济负担和各种后顾之忧，这项革除旧陋习、树立新乡风的改革可谓众望所归，深得民心。

塘约村还成立了各种专业合作小组，村民在合作社的集体劳动中不仅获得了生存机会，分享了村集体的成果，更重要的是加深了彼此的沟通交流，融合了关系，增进了情感联系，平日产生的隔阂和摩擦，将在集体劳作中逐步消解。正是在这种互助合作中，村民与村民之间的关系更加密切，村庄的公共性逐步成长，人们也更加深刻地体会到组织引领，抱团发展对自身、对村庄和乡村共同体的意义。村庄的公共性和村民的集体合作意识、责任意识正是在共同的集体劳作过程中得以逐步增长。同时，在塘约村进行的各种公共服务建设中，村干部严于律己，敢于担当，乐于奉献，不计个人得失，成为乡风文明的指引者和践行者。村干部和村民在日常互动过程中，自觉践行和遵守村规民约和道德习俗约定，将德治观念内化于心，外化于行，在村治实践中真正体现了以德治村、以德化人的新精神。

而由村支两委倡导，塘约全村村民参与共同评选的"寻找最美塘约人"（如最美家庭、最美教师、最美中小学生、最美大学生、最美儿媳等）的评选活动，更是将公益心、责任心、使命感和孝道伦理作为评判标准，强调用道德的标杆来引领乡风文明建设的方向。这种以德治村、以德育民的村庄治理理念已深入塘约人心中，德治观念及其实践在调解邻里纠纷、培育村民互助合作观念、规范村民行为、弘扬乡风文明中发挥着重要作用。

塘约村革除旧陋习，治理旧恶习，重建乡村新礼俗和新习惯的德治观念及其实践表达，促进了乡风文明建设，增进了村民之间的团结互助，培育了村民的公共观念和集体意识。这进一步表明，乡村德治或者说以德治村绝不是说教式的空中楼阁，而是在乡村移风易俗和乡风文明建设实践中一点一滴地养成的，这种新礼俗和新习惯一旦养成，它将为实现乡村善治，健全乡村治理体系、实现乡村振兴提供强大的道德伦理基础。

三、自治是健全和完善乡村治理体系的核心 [①]

自治是健全和完善乡村治理体系的核心，是实现乡村社会善治的关键。因此，在提升基层组织行动能力的基础上，应深化村民自治实践，突出村民自治在乡村治理中的核心地位。在乡村治理实践中，应当突出农民的主体性地位，充分保障农民的自治权利，将村民治村、协商共治、民主参与的自治精神渗透至乡村治理的实践过程中，使之成为维护和实现村民自我决策、自我管理、自我监督、自我服务和自我参与的各项民主自治权利的基础性制度并扎根在乡村社会的深厚土壤中。在乡村自治实践中，应优化村民自治组织结构，将村民自治和村组自治结合起来，充分发挥村民代表大会、村民理事会、村民议事会、村组自治组织在乡村治理中的地位和作用，形成民事民议、民事民办、民事民管的多层次现代乡村治理格局，进而更好地调和乡村生活、维护乡村秩序。[②]在涉及村民的核心利益时，应从法律制度上维护村民的民主选举、民主监督、民主协商和民主决策的自治权利。

塘约村在村民治村、村组自治、协商共治等层面的实践探索，从根本上破解了新形势下乡村自治的难题。在塘约村所形成的"党建引领、改革推动、合股联营、村民自治、共同致富"的发展模式中，"自治"

---

①　马良灿：《乡村振兴背景下农村基层治理体系创新》《贵州民族报》2018 年 10 月 26 日。

②　李三辉：《自治、法治、德治：完善乡村治理体系的三重维度》，载谢建社主编：《新时代中国社会变迁与社会治理问题研究》，中国社会科学出版社 2018 年版，第 267 页。

是确保乡村社会全面发展的前提，是实现乡村振兴的民意基础。塘约村在推进村民治村、协商共治的过程中，建立了相对完整的自治体系。在乡村治理实践中，通过广泛收集民意并以民主商议的形式就村组村民关心的议题和重要事项进行公开讨论，在村治过程中彰显村庄本位，突出村民的主体性和自主性，进而体现乡村民主决策、协商共治、村组自治与村民治村的自治精神，这是村民自治最好的实现方式，也是塘约村实现村庄有效治理的主要经验。

以村庄为本位、以农民为主体，突出乡村自治、村民治村、民主协商的基层民主精神和自治原则贯穿至塘约村村庄治理实践的始终，成为实现乡村有效治理的核心要素。无论是村庄事务协调、乡村治理规则制定，还是村民土地确权与流转入股经营、危房改造、村庄整治、乡风文明建设等关乎老百姓切身利益的重大事项，都是通过组委会、村两委、合作社和村民代表大会等议事机构进行民主协商、充分讨论基础上决定的，这样的决定由于村民的知晓率较高、参与度较深，因此得到村民的普遍认同。与很多地方流于形式的乡村自治实践不同，塘约村的村组自治、村民自治和协商共治的自治精神具有深厚的群众基础，自治理念深入民心，从本质上是一种将农民核心利益置于首位的村本自治。在长期实践中，塘约村民逐渐培养了主人翁意识，养成了民主协商、公开讨论、关心公益、积极参与村庄公共事务讨论的新观念。村民这种自治精神的养成是健全和完善村民自治体系，体现村人治村，实现村庄善治的前提。

由群众推选出来的村民代表所组成的组委会是实现村组自治的基石。组委会不定期召开会议，就本组内部村民反应的各种利益诉求和问题进行协商讨论，尽可能在小组层面协商解决村民的各种利益诉求和矛盾冲突。如若村民小组自治委员会对村民反应的各种问题和诉求无法解决，由组委会提出建议，提交村民委员会和村党总支进行专题讨论解决。塘约村村民委员会和村党总支每周定期召开工作例会，就各个组委会提交和反应的各种问题进行集体协商、集中解决，最后以村两委的名义下发对各种问题的处理意见。如若村民对村两委的解决方案持有异议，塘约村将启动村级层面最高级别的议事协调机制，即召开全村村民代表大会，由全村村民代表就一些重大事项和村民关心的焦点问题进行投票表决。一旦通过村民代表大会会议决定，将作为村级处理问题的最高决定。决定一旦作出，村民就应遵照执行。一般通过村社组委会会议、村支两委会议和村民代表大会三级议事协调机制，村民的各种诉求和问题都能得到相对合理的解决。在调解邻里纠纷、整治乡风民俗、化解干群矛盾、进行村落规划与环境整治以及处理各种土地确权问题的过程中，塘约村所形成的"小事不出组，大事不出村"的工作原则和三级议事协调机制是村民自治的精神实质所在，也是当前乡村自治实践过程中"社会问题社会化"的处理方式在塘约经验中的真实呈现。

在塘约乡村治理实践中，凡涉及村中的重大决定、民生问题、村容整治、制定村规民约、整治乡风民俗事项等都必须召开全村村民代表大会，通过民主协商和民主投票的方式就一些重大问题进行决策。因此，自治是核心，是塘约村民解决各种问题、表达合理诉求的重要渠道。而健全的村民代表大会制度则为村民治村、为村民自治权利的实现提供了重要的展现平台。

四、法治是乡村治理的制度保障

法治即依法治村是实现乡村有效治理，维系村民各项权利的制度保障。乡村治理中的法治规则，不仅指依据《村民自治法》或相关法律规定依法治理村庄，更重要的是在契合村庄伦理、得到村民认同、符合村庄实际的基础上订立村规民约，并依据村规民约来治理村庄。对村民而言，村规民约就是法律，或者说是发挥着同法律相同或相似效力的"软规则"。这些村规民约是对传统乡约的延续，是新时代乡村治理的新乡约，是简约治理在新乡土社会中的再现，它可以大大节约和降低乡村治理的成本。

在推进乡村法治建设的过程中，一方面要不断深入推进依法治村实践，强化法律在乡村治理中的权威地位，突出乡村治理法治化。乡村干部要破除官本位思想和人治思想，不断提升自身的法律素养、法治观念与守法意识，严格将自身服务乡村社会的公共性行为嵌入到法律制度规则中，严格依法治村。同时应当向农村开展普法、送法与法律知识进村活动，健全和完善乡村社会的仲裁机制、法律调解机制和司法保障机制，提升村民对法律规则的知晓率、敬畏感，并依据法律规则来维系自身的正当权益，真正让法治落地生根。另一方面要不断修订和完善各种村规民约制度，充分发挥各种软规则对于乡村治理的重要意义。[①]乡村社会介于传统与现代之间，传统社会形成的村规民约、礼俗制和文化规则依然在乡村社会中得以延续。因此，如何对这些规约进行现代性改造，使之成为村民所信守的新乡约，这成为建设乡村法治的重要组成部分。[②]

在塘约村乡村治理实践中，最有效果且最被村民最认可的治理规则是运行成本较低的各种村规民约。这里并不是说村规民约超越了法律限度，而是说它更符合村民的治理需要，能够迅速回应和解决村民面临的各种现实问题。对村民而言，现行法律和村规民约的运行是并行不悖的，村规民约首先必须符合法律规定，其次还得合情合理，契合乡土人情，能够解决现实问题。关注乡村治理的治理规则，既要关注它的治理内容，更重要的是要关注治理规则是如何产生的，村民为什么会认同治

---

① 马良灿：《乡村振兴背景下农村基层治理体系创新》，《贵州民族报》2018年10月26日。
② 马良灿：《乡村振兴背景下农村基层治理体系创新》，《贵州民族报》2018年10月26日。

理规则。塘约村践行的各种村规民约，是与村庄面临的各种问题和村民的真实需要高度耦合的，是在进行广泛讨论和充分论证基础上并得到全村村民所认可的，因此可以视为新时代的新乡约。

以被村民广泛认同并严格遵守的塘约村村规民约"红九条"和"黑名单"制度为例，这些条款中的每一条都同村民的日常社会生活息息相关，都是为了解决或维护村民的各项权利而制定的。这九条规定除上面列举的四条外，其余五条是凡是"不交卫生管理费者，贷款不守信用者，不按规定乱建房屋者，不积极配合组委会工作者，不执行村支两委重大决策者"，只要违背其中任何一条，便被纳入"黑名单"管理，并受到相应处罚。塘约村"红九条"的制定过程和方式是：先由各组村民代表和组委会就村民想解决的主要问题和具体意见进行整理归纳，然后提交村民委员会进行汇总、分类，并通过组委会将汇总后的意见反馈给村民，征求具体意见，最后召开村民代表大会，就村规民约的具体内容进行投票表决；投票表决通过后以村民委员会的名义在全村进行张榜公告，村民无异议后还要同村民委员会签订责任书，表示同意遵守"红九条"。塘约村的"红九条"和其他村规民约如《塘约村整治滥办酒席制度》之所以得到村民的遵守和认同，根本原因在于村民不仅明了这些规约的产生过程，而且它们直接应对村民社会生活中的现实问题，表达了村民的真实需要。在村规民约的执行过程中，无论是村组干部还是普通村民，都会共同维护这些规约的权威性和治理的有效性，一般都不会跨越这些规约所划定的红线。

塘约村所制定的各项治理规则的执行，一方面来源于群众的普遍认同，另一方面来自村级组织强有力的推动。在村庄治理实践中，治理规则和治理主体是互相牵制的。主体既是规则的制定者和遵循者，又是规则的执行者和推动者。从某种程度上说，正是治理主体和治理规则的双向契合，使塘约村民逐渐有了规则意识，而这种规则意识正是实现乡村社会有效治理的制度保障。

五、善治是乡村治理人民幸福的归宿

在乡村振兴背景下，乡村治理的最终目标是在坚持村民主体性立场的基础上实现善治，也就是使村民的生活更富裕，使他们的各种社会权利能够受到有效的保护和实现，他们的生存前景更美好。因此，实现生活富裕既是乡村振兴的根本，也是健全乡村治理体系的最终目标。在乡村治理实践中，只有跳出治理看治理，只有将尊重和实现村民的根本利益作为乡村治理的目标，这样的治理方式才具有可持续性。因此，实现乡村社会有效治理的过程本身就是使农民迈向美好生活的过程。在健全和完善乡村治理的实践中，无论是基层组织建设，还是自治、德治和法治相结合的乡村治理体系的构建，都必须坚持以村庄为本位，以村民为主体，都必须直接面向村民的社会生活实践，从村民最迫切的现实需求与各种社会权利的实现中去探寻优化乡村治理之道。① 当前乡村治理面临的主要问题，就是要推进城乡融合，尽快破除城乡二元结构，取消身份限制制度，尽快解决城乡之间发展不平衡问题，缩小城乡差距，尽早实现城乡之间公共服务均等化、平等化和公平化。

乡村治理的塘约经验，不仅在于建立了组织行动能力较强的村级组织，将自治、德治和法治三种理念成功融合至乡村治理体系中，最终实现了乡村社会的有效治理，更重要的是它将乡村治理同实现村民对美好生活的追求紧密联系在一起，让村民在参与乡村治理的过程中获得了实实在在的利益，使村民的生活水平和生活质量发生明显改善，让村民真切感受到集体利益和个人命运紧密相连。

---

① 马良灿：《乡村振兴背景下农村基层治理体系创新》，《贵州民族报》2018年10月26日。

塘约村通过"七权"同确，划清了村集体和个人土地的权属关系。在此基础上，村集体通过采用"流转＋入股"的方式将分散的农民土地集中起来，加上村集体已有的土地，成立了在村两委领导下的农业专业合作社，实现了土地的集中利用和规模化种植。每年年底，农民不仅可以获得土地使用权流转所产生的流转费，而且可以直接参与合作社所产生的收益的分红。合作社的利润收益分配为村集体占30%，合作社占30%，农民占40%。也就是说，农民可以分享40%的利润收益。无论是专业合作社的管理人员，还是合作社的农业耕种者，均为塘约村村民。村民不仅享受了土地流转的租金和入股分红的股金，而且可以直接给合作社打工，就地解决就业问题。除了成立合作社外，塘约村还成立了建筑公司，将长期在外面从事建筑业的本村村民召唤回来，为他们解决就业问题。另外，依据村民各自的特长，塘约村还组建了运输队，成立了妇女创业小组等。这一切都是为了解决塘约村村民的就业问题。目前塘约村村民的就业问题都得到了解决。对老百姓而言，这是最大的民生问题。只有老百姓的生活有保障，乡村善治的目标才能实现。

塘约村集体除了成功解决老百姓的就业问题、协助村民操办红白喜事外，还在村落广场建设、村庄通村通组公路改造、危房改造、村容整治、农田水利建设等民生问题上做了大量工作，老百姓在村集体经济发展壮大的过程中切实感受到了组织起来、抱团发展的好处。在今后的发展过程中，村集体还将从根本上解决塘约村村民高中以上的学杂费、承担村民医疗负担等问题，将尊重和实现村民的教育权和健康权作为村集体工作的中心内容。因此，乡村治理的塘约经验，所呈现的是村集体将实现村庄善治与村民的就业、上学、医疗、居住、社会服务等民生问题密切联系起来，使村民在参与村庄治理的实践中实现了生活富裕。

第九章　精准扶贫促进乡村振兴之关键问题研究

第一节　乡村振兴中经济主体的内生动力及影响因素

一、问题界定及相关研究

党的十九大报告进一步指出，新时期我国社会主要矛盾已经转化为"人民日益增长的美好生活需要和不平衡不充分的发展之间的矛盾"。解决社会主义新时代的主要矛盾，一个非常重要的路径就是要解决农村的平衡发展和充分发展问题（李先军，2017）。乡村发展落后、城乡差距过大是发展不平衡不充分的重要表现，是实现中华民族伟大复兴必须要解决的问题及弥补的短板。以乡村振兴战略为抓手，破除我国社会主要矛盾，发挥社会主义制度优势，消除贫困，才能最终达到共同富裕的重要契机。产业兴旺、生态宜居、乡风文明、治理有效、生活富裕是乡村振兴的总体要求和目标。将"产业兴旺"置于目标首位表明，发展农村产业的重要性，也是培育乡村、农户可持续发展能力的重要途径。农业供给侧结构性改革作为新时期我国"三农"政策的重要遵循，成为优化农业及农产品结构，提高农业供给质量以及综合效益和竞争力成为其主攻方向（中发〔2017〕1号，2017；韩俊，2017）。针对贫困地区的生态环境及社会经济状况，"十三五"扶贫攻坚计划将产业扶贫作为实施精准扶贫、精准脱贫基本方略的重要方式，鼓励、扶持贫困农户通过发展特色产业实现脱贫（中发

〔2015〕34 号，2015；国务院扶贫开发领导小组办公室，2016；中共中央组织部干部教育局，2016）。深化供给侧结构性改革才能有效加快贫困地区农业产业结构优化调整步伐，提高精致扶贫质效。

针对贫困地区、贫困农户的帮扶方式从输血式转变为造血式、参与式、开发式扶贫是我国政府注重培育贫困地区及农民可持续发展能力的最好证明。消除贫困是实现乡村振兴的基本前提，随着扶贫方式、瞄准机制不断科学与精准，我国前期的扶贫开发工作取得了举世瞩目的成绩。农村绝对贫困人口从 1978 年底的 2500 万人减少到 2006 年底的 2148 万人，贫困发生率从 30.7% 下降到 2.3%（熊理然、成卓，2008）。从目前来看，我国贫困地区分布从整体贫困到局部贫困，具有明显的地缘性特点，并集中分布于老少边穷的西部地区。这些地区生态环境脆弱、生产资料匮乏、基础设施差、医疗保障水平低等问题严重，属于深度贫困地区。政府尽管逐年增加扶贫资金投入，但扶贫边际效益却不断下降，扶贫政策的边际成本也不断上升，贫困人口下降速度不断减慢（汪三贵等，2004）。扶贫工作的难度持续加大，对我国扶贫工作提出了更高的要求，积极探寻贫困地区、贫困农户脱贫的有效路径以提高扶贫绩效成为我国解决贫困问题的不可回避的课题。

我国扶贫方式、瞄准机制的推进重点及基本方向是不断调动贫困地区农户，特别是贫困农户自身的内生发展动力。在供给侧结构性改革下精准扶贫面临的主要障碍也是如何充分调动贫困农户的内生发展动力，提高其自主发展能力（张琦等，2015）。1986 年我国扶贫的瞄准目标为县级区域，扶贫方式是以发放物资等直接救济为主。这时期的扶贫目标主要体现为民政意义上的救济，并不算真正意义上的扶贫（洪名勇，2009）。随着扶贫工作不断地推进，这种单方面的输血式扶贫逐渐显露出弊端，尤其在贫困问题出现新的特点，扶贫效果越来越差的背景下，而多数专家、学者给出的解释是瞄准机制出现了偏差（刘文璞、吴国宝，1997；洪名勇，2009；刘冬梅，2001；李小云，2006）。国家扶贫机关因此不断调整了扶贫对象以期提高扶贫的精准性，1994 年颁布的《国家八七扶贫攻坚计划（1994—2000 年）》提出："扶贫项目必须覆盖贫困户，把效益落实到贫困户。"标志着中国贫困治理实现了从救济式扶贫向开发式扶贫的转变。2001 年《中国农村扶贫开发纲要（2001—2010 年）》进一步提出："要把贫困地区尚未解决温饱问题的贫困人口作为扶贫开发的首要对象。"扶贫到户思想的提出，标志着中国政府扶贫战略重点由贫困区域转向贫困户。最近，《中国农村扶贫开发纲要（2011—2020 年）》中提出："建立健全扶贫对象识别机制，做好建档立卡工作，实行动态管理，确保扶贫对象得到有效扶持。"扶贫瞄准机制不断地精确，扶贫方式也更加科学：主要以注重参与式、造血式的扶贫资源利用模式，杜绝滋生"等要靠"思想的输血式扶贫资源发放形式。承载着主要扶贫资金的项目制形式就是这一转变的最好体现，当前，我国已经形成了一整套完整的项目扶贫体系，包括教育扶贫项目、医疗扶贫项目、文化扶贫项目、科技扶贫项目、产业扶贫项目、生态扶贫项目、妇女扶贫项目、儿童扶贫项目等（方劲，2014）。但是由于贫困地区农户在生产技术、组织管理及市场销售等方面能力欠缺，抵御自然风险及市场风险能力弱，以及一些参与式扶贫项目与贫困农户实际能力及需求不完全匹配，导致贫困户扶贫项目参与率低、退出率高，以及增收效果不显著，降低了精准扶贫成效。张琦等利用 2013 年全国特困地区 680 个县级统计数据进行回归分析发现，产业扶贫在惠及贫困人口方面的作用还不显著，贫困户参与产业扶贫项目程度亟待提高；此外，由于缺乏对扶贫项目影响因素、可持续性以及贫困人口满意度等考评，难以准确判断精准扶贫成效（张琦等，2015）。

随着扶贫攻坚进入决战期，扶贫工作难度不断加大，政府扶贫资源持续投入效果却不尽理想。由此，学术界也从外部资源投入转变对扶贫资源承接主体自身动力的角度关注。其中要解决的首要问题就是发展能力。国际上对能力贫困的关注和研究始于 20 世纪 90 年代，世界银行在《1990 年世界发展报告》中将贫困定义扩充为"缺乏达到最低生活水平的能力"；《2000—2001 年世界发展报告》又将"脆弱性"，即"家庭或个人在一定时期经受收入和健康贫困的风险（包括暴力、自然灾害、被迫失学等）"也纳入能力贫困。森（Amartya Sen）对不平等及贫困问题研究指出，贫困必须被视为基本能力或可行能力（capability poverty）被剥夺，而不仅仅是收入低下；贫困的真正含义是贫困人口缺乏创造收入的能力以及享有正常生活的能力，其根本原因是能力被剥夺或机会丧失（森，2002、2015、2016）。国内学者将能力贫困（也被称为人力贫困）定义为劳动人口在获取生活资料方面，在体力、智力、知识和技能、营养健康等方面能力不足或缺乏（叶普万，2003）。都阳、蔡昉（2005）指出当前我国农村贫困主要表现为缺乏能力造成致贫，应通过创造（就业）机会解决贫困问题。邹薇等（2011）以及杨龙等（2015）分别利用 CHNS 调查数据和中国农村监测调查数据，从收入、教育、生活质量等维度对中国贫困人口和贫困农户的能力贫困状况进行测算，发现多维贫困程度更严重、波动更大。他们认为注重贫困人口能力开发才能更有效地进行扶贫，从根本上消除贫困户脆弱性和贫困的持久性。张琦等（2015）在分析绿色减贫战略理念时强调形成培育贫困人口自主发展能力为核心的内源发展机制，通过培养贫困户在供给侧结构性改革过程中对发展方式转变的接受能力、适应能力、掌握应用能力等，增强贫困户内在动力，并刺激贫困户内在发展动力。

针对农村经济发展过程中农民内生动力问题，徐志明（2008）认为农民内生动力不足是造成扶贫效率降低的主要原因，而农户的人力资本水平低、较低的农业产出率、较高的农业生产风险是农民内生动力不足的原因。舒丽瑰（深度贫困地区金融扶贫内卷化）认为深度贫困地区农户缺少资本积累、资源利用的文化习惯是其发展内生动力不足的重要原因，由于承接主体的能力有限导致金融资源无法将扶贫效果发挥出来。对于农户贫困原因的分析更多是从心理因素出发进行论述的。李维斯（Lewis，1959）提出"贫困文化"的概念：长期生活在贫困状态下的穷人会形成一套特定的生活方式、行为规范、价值观念。心理学研究表明，贫困者处于较强的约束下时，其意志力和执行能力也常在较大程度上被削弱（hall et al.，2013）。贫困可能导致个体出现负面情绪和压力，个体对环境的要求超出了自我控制的范围，会进一步影响个体的经济行为从而完成了心理视角下的贫困逻辑，即贫困心理陷阱（Haushofer & Feht，2014）。徐志明（2013）对江苏省 342 个贫困农户的实证研究中也发现，得到政府补贴的农户由于生产与市场的风险也不愿意参与产业结构的调整，依然从事自己熟悉、产出低下的传统农作物的生产。

现有文献主要从政府、农户等角度论述了农户在扶贫开发工作的重要性，以及分析贫困形成的原因，动力不足原因等。尽管强调了能力贫困中的个人因素作用，对贫困农户能力因素对政府扶贫政策成效影响的研究仍不足。本章从理论与实证角度论证农民积极性更多地依靠外部力量的带动，农户自身禀赋决定了其在市场条件下的角色定位，因此在实际的政府扶贫工作中改变以农户为发展主体的思路是关键。

本章主要基于分工理论分析贫困地区农村经济主体内生动力（见图9-1）。首先，从微观层次，劳动生产力上最大的增进，以及劳动时表现出的更大的熟练、技巧和判断力，似乎都是分工的结果；其次，从宏观层次，分工既是经济进步的原因又是其结果，这个因果累积的过程体现出的就是报酬递增机制。农民的市场定位是做市场主体还是职业的农业工人，如果作为市场主体则既要懂市场又要搞生产，而职业工人只需专心生产。

分工理论主张参与市场经济，分享社会经济发展红利，打破贫困陷阱；结合供应链管理"横向一体化"的系统管理思想，立足于通过建立战略关系将节点企业形成一个有机整体，使他们从合作伙伴中快速获得互补性的资源和能力，并在合作过程中寻求系统的整体优化。

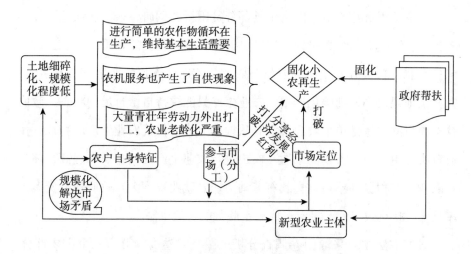

图 9-1　困地区农村经济主体内生动力分析思路

具体分析的技术路线如图所示：

第一，通过描述调研地区生产生活面貌，突出该地区深陷低水平的均衡状态（贫困）。除了生产环境恶劣，政府功能缺位、帮扶措施不到位等重要原因。普惠制的项目帮扶，只是暂时解决了农户生活上的困难及低效率传统的重复再生产。

第二，农户参与市场经济活动或分工是打破贫困均衡重要条件。根据马克思的唯物主义辩证法，外因只有通过内因才能起作用。相关案例分析（如下文提到的订单养猪），说明只有系统内部主体即农户，发挥积极性、主动性才能脱离贫困陷阱。

第三，根据供应链理论及农户的特征，正确定位农户参与市场的角色。茶叶种植案例进行实证分析（成为基地工人，自种茶叶）。

第四，探究影响农户市场参与的条件、因素。

第五，结合雷山贫困村的现实情况，提出相应的政策建议。

二、经济主体内生动力状况及存在的主要问题

本章基于贵州省黔东南雷山县部分贫困村的调研、入户访谈及问卷调查数据，讨论贵州少数民族聚居区、连片贫困区脱贫的新思路，以探讨如何提高我国扶贫开发工作的质量与效率。该地区农户农业生产资料匮乏，尤其土地规模小、细碎化严重，农业生产只能维持自给自足的状态。政府扶贫项目的主体是单个农户，没有从根本上改变传统农业生产的特征，没有解决小生产与大市场的矛盾。农户进行农业生产的利益没有提高，体现在农业生产积极性不高，青壮年劳动力非农就业程度大。政府扶贫资源效率低下，扶贫效果差，没有形成稳定脱贫的长效机制。

研究方法主要采取问卷调查分析。调查问卷内容分为八个主要部分：第一部分为农户家庭、生产特征的调查，以了解家庭特征、户主特征以及家庭成员外出务工情况，并考察了农户人情礼的情况。第二部分问卷着重调查农户家庭生产消费及市场化水平，主要从事的农业生产特征（订单、合作社），以及生活消费情况（包括主要消费物品的数量、来源）等。第三部分考察农户参与产业扶贫项目情况，详细调查了扶贫项目的主要内容，包括开展时间、补贴方式、持续时间、培训等。还有农户从事项目资金来源、劳动力数量、劳动强度。第四部分进一步考察农户参与合作社情况，包括参与合作社的方式，合作社的作用等。第五部分进一步调查了农户参与农业订单的情况，包括签订订单的产品及数量，价格水平等激励。第六部分考察农户参与农业保险情况，包括面临的主要风险类型，保险的农产品品种，理赔情况等。第七部分涉及农户的社会保障方面，主要包括养老、医疗、教育。最后总结农户家庭生产消费的各种收入与消费情况。

问卷调查过程采用入户访谈形式，直接与贫困地区农户进行交流，避免被调查户对问卷中的问题产生歧义。此外，还对新型农业主体带动贫困农户从事产业发展情况进行了详细的问卷调查，与部分经营负责人进行了访谈交流。由于调查仅在贫困地区展开，农业产业工人的问卷调查比较缺乏，案例分析或比较分析资料不充分。

（一）内生动力状况及影响因素

参与市场经济是打破贫困均衡的关键策略。参与市场的主要的表现就是参与分工，分工是实现经济发展的微观经济基础，农户积极参与分工可以分享经济发展的红利。此外，随着分工程度的进一步深化，农户在参与市场中得到极大的锻炼，形成明显的干中学效应积累人力资本。对于极贫地区的农户，现阶段积极参与市场具有关键意义。如果农户直接作为产业主体参与分工，必然要直接参与市场进行生产决策又要从事农业生产。农户局限于自身禀赋包括人力资本、资产财富、抗风险能力并不适合以产业主体的形式参与市场分工。构建农业现代化生产体系，培育农业新型主体是农业提质增效的重要战略举措，也可避免小农户与大市场对接的问题。家庭农产、合作社、龙头企业不仅解决了土地规模小、生产组织化低等问题还为小农户提供了当地就业的机会，使得农民转变成农业工人，以农业工人的角色参与市场分工从而降低风险、提高收入、增加人力资本。基层政府必须加快转变以小农户为主的扶贫思路，注重新型主体的构建与扶植，进而带动农户，形成长效的脱贫机制实现乡村振兴。

第一，农户内生动力及影响因素。

经过调查发现，贵州贫困落后地区有着相当严重的土地细碎化、规模化程度低的问题。围绕该基本情况衍生出贫困自循环的状态，即贫困陷阱。生产资料匮乏，只能进行简单、少量的农产品循环再生产，以维持家庭成员的基本生活需要。更为重要的是，不仅生产有着明显的自给现象，相关农业服务尤其农机服务也基本呈现家庭内部供给现象。几乎每家每户都拥有打米机、碎谷机、犁田机，这是一种巨大的浪费。一方面，加固了小农再生产的循环，另一方面，使得扶贫资源大打折扣，没有发挥出应有的"造血"功能。在家庭联产承包责任制的制度之下，如今农业生产仍带着明显的小农户式、分散式的生产方式，这给农业规模化、集约化的现代农业的发展造成了巨大挑战。为此，必须找到一条适合中国国情的路径实现农业现代化，来应对全球一体化的激烈竞争，以实现农业增效、农民增收的目的。许多学者研究表明，规模效应不仅体现在供给方面，需求的规模化也能带来成本下降效益的提升，而后者特别适合我国小农户生产的组织形式，是实现农业现代化的重要路径。但调研地区的农户家庭农机自给完全"堵死"了农机服务供给组织化的路径，反过来也加固了小农生产的循环系统。最后，生产资源尤其土地的匮乏，造成大量的农业劳动力过剩，农业边际产出率低。调研中发现每家每户基本都有外出打工的现象，这也从侧面证明了农业劳动力过剩。从外出打工农户的家庭来看，大部分外出非农就业的家庭成员几乎从事相同的基层体力活，收入微薄，仅仅能勉强应对社会的发展和通货膨胀的需求。主要表现在打工收入主要花费在教育、医疗、住房改善上，没有能力进行生产资料的积累。在调研中还发现，青壮年农业劳动力非农就业率高，村庄内部劳动力有老年化、女性化的趋势。换句话说，从事农业生产的劳动力供应刚好或者少于实际需求。陈旧的生产资料（没有积累和改进）、局限的劳动力供给（包括人数和能力）只能维持小农户的循环再生产，进一步加固贫困陷阱、低水平的均衡。

政府行为作为系统之外的影响因素，给贫困落后的经济系统注入积极的外部推动力，但并不能根本解决人地矛盾，贫困落后循环没有打破，贫困问题也就不能得到根本解决。虽然从地方政府到中央已经形成系统、完整的扶贫体系，科学的扶贫战略，关键的扶贫思路，但地方政府尤其县级以下政府作为扶贫操作主体面对着千变万化的实际情况，对基层工作人员能力提出了极高的要求。而基层政府人员的整体素质往往没有达到标准，尤其在扶贫攻坚进入决战期，为了完成政治任务出现急功近利的现象。该地区实施的扶贫项目几乎都以家庭为单元的生产资料的发放，例如，发动农户种植茶叶，为每家每户发放茶苗以及化肥。生产资料的发放以农户自愿种植面积为准，多种多补少种少补。后期种植，单个家庭自营为主，没有统一的农技服务、化肥农药供给等。养猪扶贫项目主要也是以农户家庭为单位，进行圈养。没有形成规模，只够维持家庭基本需求以及村庄内部少量的交易，充其量只是暂时改善了农户基本生活水平，没有任何实质改变。

第二，其他经济组织内生动力及影响因素。

除了农户，我们还对贵州贫困地区农民专业合作社、农业企业等进行了调查。通过调查发现，尽管贵州贫困地区合作组织发展仍存在许多困难，在促进精准扶贫、推进乡村振兴中面临巨大挑战，但在发展中也涌现出许多成功案例，为未来其他贫困地区发展提供了宝贵经验。

案例一：九丰生态园的建设与发展[①]

雷山大塘九丰生态农业园（以下简称农业园）由雷山大塘镇人民政府与贵州九丰现代农业科技有限公司共同建设，农业园位于大塘镇新塘村，用地规模约 250 亩，建设面积 52000 平方米。项目建设主要包括：观光园智能大棚 12000 平方米，内设玻璃栈道及观光棚；观光园采摘棚 39500 平方米，内设育苗、生产种植、采摘体验棚等；农技培训中心 1 栋 500 平方米。项目建成后，是集科技展示、体验观光、休闲和农业科普文化教育功

---

① 资料来源于《雷山大塘九丰生态农业园建设项目简介》。

能为一体的现代山地高效农业示范园区。同时，公司将利用完善的物流、冷物链网络及市场占有率等优势，每年在大塘镇开展农业技术培训 2000 人以上，解决贫困人口 60 人以上在基地稳定就业。带动大塘镇 32 个村 6383 户（其中贫困户 1082 户）及周边乡镇农户参与果蔬种植 10000 亩以上，有效助推当地贫困群众脱贫致富。

目前，该公司主要通过以下四个渠道为贫困户实现增收。一是土地流转费增加贫困户的收入。农业园流转土地 273 亩，涉及农户 147 户，其中建档立卡贫困户 44 户，涉及土地 52.5 亩，按照协议，每年每亩土地有 800 元的流转费，贫困户户均收入 950 元。二是聘用人员直接在基地务工增加收入。项目在建设中，大棚桩基开挖和建材的搬运等都优先聘用当地的群众，女工每天 130 元，男工每天 150 元，从 3 月中旬开始建设到现在，共用工 23 人（其中贫困户 8 人）；现在长期在基地务工的农户有 19 人（其中贫困户 6 人），月工资在 2200 元。随着务工技术的不断熟练和提高，工资可提高至 2400 元以上。待在建的连栋生产大棚全部建成，常年用工在 60 人以上。三是公司通过技术培训提高贫困人员内生发展动力。公司通过在基地务工轮训、短期培训等方式，带动当地种植能手不断提高种植技术，直接从事蔬菜种植，实现创业收入。按每年有 6 人掌握相关种植技术，每人种植 2—3 个大棚（3—5 亩地），每亩产值 30000 元估算，每户至少有 10 万元以上的毛收入。四是公司通过对生态农业园基地的打造经营，推动休闲农业观光旅游的发展，带动新塘、桥港等周边村寨旅游服务和餐饮业的发展，增加当地群众的收入。最后，按照公司与大塘镇签订的协议，公司在营运 15 年后，基地交由地方村级合作社进行经营和管理，产生的收入全部交由合作社进行统一安排和分红。上述各种措施不仅实现合作社可持续、高效运营，而且也带动了周围农户，特别是提升贫困农户的生产积极性，提高他们参与市场经济活动的内生动力。

案例二：雷山县欧波农农旅专业合作总社 [①]

雷山县欧波农农旅专业合作社位于雷山县郎德镇，于 2017 年 11 月 23 日在雷山县工商行政管理局登记注册，注册资金 4000270 元。合作社总社在镇党委政府的领导下开展工作。目前，入社社员共 28 户，以货币方式出资，出资额总计 400 万元。合作社的业务范围主要包括物资研发生产加工销售、农产品研发生产加工销售、畜禽养殖、加工与销售；农业基础设施建设、乡村基础建设、日用品销售、家政服务、电子商务服务；劳务派遣；为社员提供运输、贮存、包装服务。为了保证合作社健康发展，借鉴国际合作社和国内企业的管理经验，大胆探索，在健全内部运行机制上狠下功夫。该合作社制定了《合作社章程》，并组建社员（股东）代表大会、理事会、监事会等组织机构。其中理事会严格执行各种报告制度，按期向成员大会报告本社生产、经营、服务和内部管理、财务管理等情况。

欧波农农旅专业合作社打破了农民"单打独斗"、产业不成规模的状态，以"政府为依靠、合作社为依托、贫困户为主体"，通过财政扶贫项目量化到户资金、流转土地及土地资源入股等方式，委托欧波农农旅专业合作总社牵头运营管理，带动村民大力发展食用菌、蔬菜种植、黑毛猪养殖等扶贫产业，再以优惠的价格和销售保障带动贫困户参与发展食用菌等产业。发展模式采取"1+N+N"的模式，即以欧波农农旅专业合作社作为龙头企业带动发展（即"1"），负责项目争取、资金筹措、市场开拓、产品销售、技能培训等，13 个村合作社负责衔接合作总社（即"N"），完成政策宣传、入户技能指导、农产品定点回收等，同时由全镇贫困户全部参与种植、养殖（即"N"），打通了种养殖、技术和销路等产业发展各个环节，在带动群众发展产业、创收方面，取得了显著效益。2018 年度该合作

[①]　资料来源于《雷山县欧波农农旅专业合作社简介》。

社共向参与入股分红的 820 户贫困户发放分红金额 123.15 万元，户均分红1500 余元。

（二）存在的主要问题及成因

通过对调查资料的整理与分析，发现贵州在提升贫困地区经济主体内生动力以促进乡村振兴过程中，主要面临以下几方面问题：

第一，土地规模小、细碎化严重，只能进行简单的农作物循环再生产，维持基本生活需要。第二，小规模的土地供给，农产品剩余低，使得农产品交易水平低，甚至农机服务也产生了自供现象。每家每户都拥有打米机打谷机，加固了低水平的均衡状态，形成了贫困的恶性循环。第三，大量青壮年劳动力外出打工，农业老龄化严重，抑制了农业规模化发展趋势，进一步加固了农业自给程度。第四，政府实施的扶贫项目多为普惠制，以小农户为单元发放物资，不成规模，只能暂时提高农户的生活质量，提高当年的收入。第五，政府没有解决小农户与大市场的矛盾，尤其没有帮助农民解决销路问题。

通过深入分析上述问题，我们归纳了主要成因：

第一，以小农户为单位进行生产不能满足农业大生产的趋势，小农户自身特征限制，难以成为市场生产主体；第二，当地政府普惠项目的扶持方式无法冲破封闭的农户自给系统；第三，新型农业主体缺失，对市场缺乏认知，产业发展能力欠缺；第四，青壮年外出就业，剩余农业生产力只能维持家庭自给程度；第五，农户非农就业主要从事基层的体力劳动，在社会发展、物价不断上涨的背景下，微薄非农收入也只是维持了家庭基本开支需要和非生产性资本投入，无法进行生产资本积累。

三、主要政策建议

当前首要是打破贫困陷阱的均衡状态，政府要发挥主导作用，明确农户为乡村振兴主体的发展思路，创造条件加强对农户及其他经济主体的引导与带动。不仅要加强新型农业经营主体的发展意识，提高种养殖规模化，充分发挥多种形式适度规模经营在农业机械和科技成果应用、市场开拓等方面的引领作用。避免知识储备匮乏、资本欠缺、生产技术不足、规模化程度低的分散小农户直接参与市场竞争。而应以多种形式进入农业规模化的生产当中，包括土地入股、资金入股、成为职业工人，尤其为青壮年劳动力提供就业机会促进当地就业。为此需要把提高劳动者综合素质和培养自我发展能力，作为促进就业与农村人力资源开发的着力点，大力发展劳务经济，积极推进农村劳动力转移和农村人力资源开发，最终提升其内生发展动力。

（一）就业促进与农村劳动力转移

第一，合理调整就业结构。将第二、三产业作为拓展就业的方向，调整三次产业结构，逐步增加三产从业人员比重。构建农村、小城镇、县城三级城乡就业平台，将小城镇作为农村就业转移的主阵地。对农村劳动力进行分类引导、差别培训，推动兼业型农民转变为职业化、专业化农民。

第二，拓宽就业渠道。积极探索建立中小企业创业基地示范点，建立农户创业、就业微型企业。立足本地开发就业岗位，鼓励地区企业优先招收贫困劳动力就业。以农业旅游业为先导，大力发展劳动密集型企业、服务业、公司制农业企业、小型微型企业，创造就业机会，开辟公益性岗位。此外，支持自主创业、自谋职业，以创业带就业，积极拓宽异地就业渠道。

第三，完善就业服务。统筹做好城镇新增劳动者就业、农村富余劳动力转移就业、失业人员再就业工作，针对不同就业群体特点开展就业服务。完善就业援助制度，帮助零就业家庭解决就业困难。保障劳动者合法权益，提供法律援助。构建覆盖城乡的劳动力市场信息服务网络。在用工比较集中的地区设立劳务工作站，提供就业跟踪服务。此外，开展进城务工人员的继续教育、职业培训和心理辅导，促进务工农民融入城市。

（二）提高农村劳动力素质

第一，职业技术教育。改扩建贫困地区职业技术教育学校，重点支持旅游、民族文化和现代农业等专业，改善学校设施，完善实训基地建设。加强特色专业建设，培养特色产业发展专门人才。实施"阳光工程"和"雨露计划"积极鼓励农村贫困家庭未继续升学的应届初、高中毕业生参加劳动预备制培训并给予一定的生活费补贴。支持农村贫困家庭新成长劳动力接受中等职业教育并给予生活费、交通费等特殊津贴。对贫困户中接受高等职业、中等职业教育和一年以上技能培训的在校学生，在享受国家规定的其他补助政策的基础上，每人每年再予适当补助。

第二，劳动力转移就业培训。支持本地各类教育培训机构开展订单、定向培训，加强与发达地区职业院校联合办学。鼓励农村劳动力参加职业技能考核鉴定，对取得相关职业技能证书的农村贫困劳动力给予补助。认真贯彻落实就业扶持政策，完善和落实促进劳动者自主创业的小额贷款、税费减免、场地安排、社会保险补贴、创业重点企业贷款贴息等政策。支持知识密集型、劳动密集型、社会服务型、小型微利等就业潜力大的中小企业发展，鼓励企业在新增就业岗位时优先聘用高校毕业生、就业困难人员、失地农民等。加快实施本地企业吸纳本地劳动力岗前培训项目，促进就业增长。

第三，乡土人才培养、农村实用技术培训。建立村干部轮训机制和后备村干部管理库。通过项目、资金、培训等方式扶持致富带头人，鼓励创业兴业。开展"致富能人""技术能手"等评选活动。鼓励支持优秀大学生村官扎根农村，成长为农村致富带头人，以带动地区农户内生发展动力。有针对性地开展农村经纪人培训，加强信息服务，建立激励机制。支持企业深入农村，围绕产业发展开展技术推广和技能培训。鼓励科技人员现场示范、指导农业科技的应用，与农户建立互利共赢的合作关系。大力发挥远程信息网等现代化手段在技能培训中的作用。

本章针对乡村振兴中必须要解决的贫困问题，从微观主体的角度，结合村庄、政府、农户的特征从实践层面发现问题与不足，帮助提高扶贫工作的质量、改进扶贫思路。研究主体主要是少数民族贫困聚居区，其他汉族聚居地区贫困问题形成机制以及解决路径有一定共性，也存在差异，其中的逻辑与规律有待深入探讨。

第二节 乡村振兴中知识溢出角度的关键问题

一、问题界定及相关研究

上一章重点探讨了精准扶贫促进乡村振兴中经济主体的内生动力及其作用，本章集中关注社会力量及外部因素的影响及作用。随着城镇化及市场化的推进，农村资源（特别是大量剩余劳动力资源）向城市转移，造成农村地区生产要素匮乏。基于此种背景，2018 年，中央一号文件指出要鼓励社会各界投身乡村建设，加快制定鼓励引导工商资本参与乡村振兴的指导意见。党的十九大报告提出了实施乡村振兴战略，基层干部反映，乡村振兴，手里急缺的就是资本，而资本下乡就是撬动乡村振兴的活水。

资本跨区域的流动，以及城市资本向农村地区转移，可以直接或间接提升农村地区发展能力。不仅如此，在新的政策背景下，农村内部和外部各主体在政府和市场引导下需更好的服务农村发展。社会资本也不仅仅盯着城市地区的投资需求，一部分人把注意力投入到了农村地区发展，寻求新的发展空间，在雷山县郎德镇和大塘镇调研中不乏一些优秀的企业家，如万城公司、银丰公司、九丰公司的老板等，都体现了对农村地区发展卓越的奉献精神。本章将从内部主体和外部主体对农村地区及农户的外溢角度出发，分析这一过程中的知识溢出途径和影响，从而给政府提供政策支持，协调好农村地区内外部各资源，更好促进农村发展和农户增收。

本章主要探讨的问题包括：（1）精准扶贫促进乡村振兴过程中，农村内部各主体对农户的知识外溢。具体包括村中致富能人的带动作用，地方政府的项目实施与培训，农户外出打工从外地获得的知识外溢等；（2）农村外部主体对农户的知识外溢。具体包括外来村干（包括挂职官员等）的作用，企业对农户的知识外溢（包括本地企业和外来企业，通过合作产生较强的知识溢出效应）等。

国外学者格里利谢斯（Griliches）将知识外溢定义为"从事类似的事情（即模仿创新）并从其他的研究（被模仿的创新研究）中得到更多的收益"。国内学者从国家、产业、企业等多种角度把知识溢出定义为知识或信息从组织内部的一个部门流动到另一个部门，或是从组织内部流动到组织外部的状态和过程。① 知识溢出普遍被认为是一个知识的流动和吸收再利用的过程，其本身包含了很多的要素和步骤。目前关于知识溢出效应影响因素的研究尚未得到足够的重视。特别在我国，关于知识溢出的研究还处于初步阶段，关于这方面的实证研究还非常少。

由于知识本身的稀缺性、流动性和扩散性特征使得知识外溢普遍存在。首先，在贫困地区由于农户吸收能力较弱，现阶段需要政府投入更多要素，比如培训、生产资金补贴、保险补贴等，通过教育和培训增强农户吸收能力，通过更多的投入弥补吸收能力不足的弊端；其次，农户外出务工带来了新的视野和新的知识，在外省长期打工过程中，农户看到外界新的经营方式和生活方式，对自身产生潜移默化的影响，而且大部分农户最

---

① 吴晓颖：《基于博弈论的知识溢出效应解构及约束机制》，《情报杂志》2008 年第 27 期。

终会重新回到农村,一部分有能力的农户开始从事较大规模的种养殖或其他行业,也就是说外出务工的经历间接促进了农村发展和农户增收,得力的外来村干和当地企业对农村地区发展的溢出效应也很强,

对于极贫地区的农户来讲,大多是从公共利益角度来讨论,因为贫困地区农户在接收意愿和吸收能力方面存在一定问题,比如自身禀赋的匮乏、人力资本等级低再加上自身发展动力不足等问题,在微观层面讨论各主体对农户的知识溢出时,不必着重考虑给知识拥有者带来的损失,因为贫困地区的特殊性,各主体及行为存在公益性质。

二、农村主体间知识溢出途径

截止到 2014 年底,农业部统计数据显示:流入企业的承包地面积有 3882.5 万亩,达到我国农户承包地流转总面积的 10%(新华网,2015)。近些年,流入企业的承包地面积开始增速发展,更多的城市资本开始转向农村建立公司型农场经营农业。同时农业劳动力也开始大量外出,农村人口老龄化和空心化现象严重,农村地区面临资源短缺困境,集体组织功能弱化,尤其是极贫地区。但随着大量城市资本进入农村产业,将对农村地区形成知识溢出效应、知识溢出效应和社会组织效应,同时也要求农村地区各主体具有较强的吸收能力,可以配合资本有效发展和利用。而且通过调研发现,农户在与公司合作互动过程中得到了一定的收益,农户对此评价较为积极,很多农户愿意将自己的土地流转给企业获取租金。

在此背景下,本书调研组基于"精准扶贫促进乡村振兴关键问题研究"课题,截止到 2018 年 10 月 26 日已经去过雷山县 2 个镇 12 个村,共调查 453 个农户。在调研中,基于知识溢出角度我们发现的知识溢出途径主要为:非贫困户和村里能人对贫困户的外溢;外出打工(外省)对农村人口产生的外溢;企业对农村地区和农户产生的知识外溢;政府对农户产生的

知识外溢。

（一）村里面能人和外来挂职人员对农村地区及贫困户的外溢

扶贫必先扶智，人才是扶贫之本。然而农村地区人才短缺，给乡村发展带来了重大阻碍，且此种现象短期内难以改善，政府只有通过引资引智并深挖贫困地区内部农村能人资源，优化基层组织结构、提升农民素质，才能真正对脱贫提供助力，从外部和内部双重提升。

贫困户因为自身的资源以及人力资本的匮乏，人力资本等级较低，大部分劳动力只能胜任低技能工作岗位，从而难以发挥溢出效应，且吸收能力有限。而村里面的一些能人所掌握的资源水平要高于贫困户及外来的挂职官员可以给本村带来更多的资源，能够带动村里发展，且带动作用明显，所以也会使得贫困户能享受来自本村能人和外来挂职官员的外溢性。

（二）外出打工（外省）对农村人口产生的外溢性

根据侯风云（2007）的观点，城市人力资本主要表现为内溢效应，而农村人力资本主要表现为外溢效应。对于农村而言，素质较高的劳动者具备更好的迁移条件，农村人力资本向城市转移会增加城市人力资本，降低农村优质人力资本，最终加剧城乡收入差距的扩大。虽然这一观点对农村人力资本向城市转移认识得更为深刻，但同时也存在对这一效应的高估。从沃特斯（Wouterse，2008）和德米尔热（Demurger，2010、2013）的研究中发现，大部分农村劳动力的迁移往往伴随着两种形式的回流。其一，资金的回流。沃特斯（2008）等认为农村劳动力洲际迁移往往是长期的，并有较大汇款汇入农村，能够促进农业的发展；其二，人力资本的回流。德米尔热（2010、2013）等研究发现，个人转移经验有利于返乡后在本地非农就业，影响农村的就业模式，促进农村经济发展。

在这次朗德和雷山调研中发现，大部分农户都有外出打工的经历，虽然更多的都是偏向于纯体力劳动，但依然可以获得一定的外部性，而且这种影响是十分深远的。当然，由于城乡之间从事的职业有较大的差异性，来自农村的人力资本难以在城市中获取专业化较强的外部性，但可以从城市的多样化生产和服务中享受到一定的外部性。

另外，我们发现农村外出打工也存在很强的带动作用，一个村外出从事的工作具有明显的同质性。比如砍甘蔗、搞建筑、铁轨工作等。基于亲缘、族缘、地缘关系建立了信任与理解关系的稳固的农村社会关系网络能够把不同的个人、群体、产业和区域有效地连接起来，从而加快信息交换，促进知识的流动和扩散。同时，这些机制的联结使得部分来自农村的人力资本可以在其一定时期的返乡行为中将其积累的城市人力资本传播和应用到农村生产和管理活动中。比如村里面的一些能人，一定是有过打工经历，且积累了各方面的经验，不管是技术还是市场认知能力，通过边看边学，慢慢产生了想法再付诸行动，即使现在从事的工作与之前的工作性质不同，但这已经是很强的溢出效应了。例如采访的一个村里的能人（掌雷村龙某某），2018年以前是在浙江永康机械厂里面做师傅带徒弟的，做了将近11年，也很有能力，后来怀着自己的理想，也想带动村里面发展，2018年回乡创业，承包了村里面的12个大棚，虽刚刚起步，却很有冲劲，如果发展的好，将来会带动很多人就业，辐射到更多人。因此，农村人力资本的流动对城市的溢出作用虽然较小，而城市对农村的溢出作用却很大。

（三）企业对农村及农户的溢出效应

在以往关于村企关系的研究中，大多数学者关注的是企业与村庄互动关系和地位变化，主要观点集中在企业对村庄"吞噬"的关系，与城市资本下乡研究有本质的不同。张永强等（2014）指出，"农业龙头企业的知识溢出与扩散已成为我国农业知识转移的主要方式和渠道，并直接有效地促进了农业发展和农民增收"。上述研究中的企业主要是村庄内生型企业，比如乡镇企业甚至村办企业，而非外来企业。传统典型农民占绝大多数的极贫地区，"农业型村庄"却很少。当然，企业的"内生性"并非决定村企关系的关键，外来企业也会形成"公司型村庄"，关于外来企业与"农业型"村庄互动关系的研究指出，外来企业下乡后，迅速完成了对村庄的"再造"，形成了"村企合一"的模式（徐宗阳，2016）。我们在调研中也发现企业对农村个体农户产生较强的溢出效应，有外来企业，也有本地企业。

在所调查的雷山县大塘镇99生态项目公司、九丰公司、银枫公司和万城公司，最主要的发现就是商人与农民之间的紧密联系。很多本地企业家有很深的家乡情怀，同时他们又是最有能力做成事的人，带动及辐射作用更大，扶贫效果也更显著。商人、企业家是一把双刃剑，协调好的话将会成为地区发展最好的助推力量，同时政府也要甄别和什么样的企业合作才会有利于地区发展，要给予这些企业更多的支持。政府需要提高引资引智的能力、眼光和魄力。我们都知道商人逐利，外商虽会在一定时期内给当地带来一定的正外部性，但从长期来看，有故土情怀的本地商人才是需重点扶持的对象。本地企业是最有可能存在持续正外部性的。

比如九丰公司是山东寿光过来的外来企业，所带动的就业农户有二三十个，贫困户占了一半，公司不仅给农户带来就业机会，最主要还让当地农户看到外省的蔬菜如何运作，是怎么卖的。公司对农户的溢出效应不仅包括技术上的，还有认知市场的能力，接触新事物的能力。农户一定是得到了公司的知识溢出，这种溢出有显性的（技术提升）也有隐性的（认知市场能力提升）。

再比如本地企业银枫公司和万城公司，他们通过"公司+合作总社+合作分社+贫困户"的扶贫模式，带动了一部分贫困户。这种模式下，农户直接参与养殖，技术含量不高，公司提供技术指导，同时又给予收购。

这种模式下，农户获得收入也认知了市场，知道卖猪是可以换来收入，有能力的农户也会多养一些。

（四）政府对农户发展的溢出效应

朱中彬指出："制度外部性主要有三方面的含义：第一，制度是一种公共物品，本身极易产生外部性；第二，在一种制度下存在另一种制度下无法获得的利益（或反之），这是制度变迁所带来的外部经济或外部不经济；第三，在一定的制度安排下，由于禁止自愿谈判或自愿谈判的成本极高，经济个体得到的收益与其付出的成本不一致，从而存在着外部收益或外部成本。"[①] 政府通过项目和培训给农户带来溢出效应，虽然有限，但影响深远。比如一些中药材（丹参、黄精等）的种植，带动一部分农户种植，最主要的是在去年丹参种植失败的情况下，今年又有一部分农户在种植黄精，这种愿意担风险来获取可能的更大利益的现象说明一部分农户已经在认识市场了。

三、提升外部主体知识溢出效率的对策建议

（一）突破知识溢出地理限制，积极引进外来人才

由于知识本身的空间黏性，知识溢出尤其是隐性知识通常会遇到空间限制，具有明显的本地化特征。尤其对于资源匮乏的农村地区，要充分利用政策优势，引进优质人才参与到农村区域的建设与发展，比如得力的外来挂职人员。并且知识溢出效应会随着空间距离的增加而减少，但是在调研中发现贵州不少地区基础设施薄弱，有些村庄离县城较远，离知识中心较远，且通信网络不畅，农村地区难以有效得到知识溢出效应。所以配套的通信设施和得力的外来人才是突破知识溢出地理限制的重要途径。

---

① 沈满洪、何灵巧：《外部性的分类及外部性理论的演化》，《浙江大学学报（人文社会科学版）》2002 年第 32 期。

（二）增加农村地区教育投入，增强接收方的吸收能力

接收方的吸收能力是知识溢出的关键保障。贫困地区农户教育水平低，吸收能力弱，即使有优质的知识资源，对于他们来讲也很难吸收利用，反而会造成社会资源的浪费，知识资源造成冗余并被搁置。解决接收方吸收能力不足问题的关键是教育和培训，只有农村地区的教育投入增加，农户教育水平提升才可以最终解决农村发展问题。另外，要努力开展农业技术培训，讲究实用、高效的培训方式，为农业生产培训大量技术人才储备，提高知识溢出效率。

（三）引导村民有序外出务工，支持返乡创业

外出务工可使农户有效获得城市的知识溢出，通过合理引导村民有序外出务工，政策支持返乡创业可以使农村地区得到长远发展。引导农户从事某些将来会对本区域发展有利的工作类型，以后的乡村发展需要有一定技术的这部分农户来贡献力量；鼓励农户就近就业，有生活成本低、便于照顾家庭等有利因素；支持农户返乡创业，对于"城归"农户，有一定资金、技能、营销意识、办厂能力且对农村有感情的农户是最应该鼓励创业，支持农村发展的。这部分农户经过进城务工的磨炼，自身具备了一定的知识积累，只要有政策扶持，由他们来从事产业发展，成功率更高，发展也更快。

（四）与企业建立长期有效合作关系，使农户有稳定收入

有效长期稳定的合作关系是企业和农户共同期望的，在企业发展的同时，一定兼顾农户真正利益。农户在市场经济中处于弱势地位，且存在市场信息不对称、谈判能力弱的问题，生产行为盲目、销售能力弱，从而面临较大的收益风险。和企业长期合作可以有效解决这一问题，通过发展订单农业、规范合作社，既可以长期合作，又可以减少成本，稳定双方利益。但是实际生产过程中，企业不仅得到大部分利益处于垄断地位，而且

由于市场势力较强，在议价上有绝对控制权，使得企业间接控制着收购价格，未按照合同约定价格收购，农户收益实际受损。虽然政府为保护农户利益，要求企业制定保护价格，但面临大的市场风险时，由于企业和农户在市场上的不平等地位，会导致农户收益受损，合作关系不稳定。所以和企业建立长期有效合作关系是稳定农户收入的关键，但政府应起到实际监督作用，同时要有分散风险的措施。

第三节　乡村振兴中产业组织及制度研究

一、农民专业合作社发展问题研究

（一）问题背景及相关研究

从全球范围来看，合作社已经发展了100多年。1895年，第一个非官方的合作经济国际组织"国际合作社联盟"成立，并提出了"罗虚代尔原则"，为其他各国合作社的兴起提供了原则范本。20世纪80年代，为适应市场经济大力发展生产力的需要，农民合作社也随之兴起并不断发展壮大。改革开放40年以来，在1982—1986年、2004—2018年期间，中共中央、国务院先后发布了20个以"三农"为主题的一号文件，这些文件中虽然没有系统发布中国农民合作社的发展政策，却根据具体实践制定了趋近合作社发展的重要文件，根据农业农村部的统计，截至2018年6月底，依法登记的组织，达到209.9万家，是2007年年底的近80倍。平均每个行政村有近3家合作社。目前入社的农户超过1亿户，约占全国农户总数的46.8%。也就是说，全国有将近一半的农户加入了这个农民自己的经济组织。由此可以看出农民专业合作社对实现乡村振兴是强有力的抓手。如今农民专业合作社已成为促进乡村振兴过程中除了政府和企业以外的最为重要的第三方平台，其天然的益贫性对促进乡村振兴具有不可忽视的作用。

贵州作为一个山区省份，农业发展历来受到地理环境因素及社会因素的多重制约。根据农业部门统计，截至 2017 年 12 月底全省农民合作社 57080 家，运转正常的合作社 33044 家，占 57.89%。合作社社员 179.52 万人，其中建档立卡贫困户 152.92 万人。通过发展合作社，使入社贫困农户收入得到不同程度的增加，但也面临一系列问题。从调研的样本中观察到农民专业合作社多为政府组织引导的农民合作社，不少合作社的发展不容乐观，它的出身就决定了难以做大做强。缘起地方政绩、精准扶贫套取资金催生了一些空壳合作社。从其诞生、成长、壮大、衰退到死亡的过程，显现出农民专业合作社标准化、农产品市场化、规模化、管理分工、分配制度、激励机制等方面存在不足。从发展绩效来看样本中存在僵尸合作社、空壳合作社、套牌合作社等。农民专业合作社的发展绩效是衡量不同经济背景下农民专业合作社通过不同的方式方法有效发挥其益贫作用提升农产品市场化率水平的重要方式之一。在提升农业生产经营效率促进农民专业合作社发展中更应该凸显能人作用，能人不仅熟悉区域发展的特点，而且更重要的是代表了农民的利益，如何让能人在合作社的发展中发挥最大效用？解决这些问题是农民专业合作社在促进乡村振兴中发挥重要作用的保障。

关于农民专业合作社的扶贫作用，苏群、陈杰（2014）利用江苏省海安县水稻种植户的调查数据，借助倾向得分匹配法分析了稻农加入农民专业合作社的增收效果，发现农民专业合作社可明显提高水稻种植户的净收益，并且对其中大规模农户的增收效果更加显著。张晋华、冯开文、黄英伟等（2012）以 16 省 32 个行政村的 561 户农户为研究对象，采用两阶段模型分析了加入农民专业合作社对农户收入的影响，结果表明，加入农民专业合作社对农户纯收入有显著的正向作用，且这种正向效应在纯农户的农业收入和兼业户的农业收入及工资性收入上均有所体现。赵晓峰、邢成举（2016）作为社会扶贫的重要组成部分，农民专业合作社参与精准扶贫主要通过嵌入村落社会以拓展农民自主发展空间并承担扶持主体的角色来实现，这既可在一定程度上缓解"谁来扶"的难题，又能通过农民专业合作社的产业项目、技术培训以及金融合作等来化解"怎么扶"的问题。陈琦、何静（2015）提出农民专业合作社参与扶贫行动在提高贫困农户组织化程度、优化扶贫资源配置、提升扶贫效益方面发挥了重要作用。

胡联（2014）对农民专业合作社对扶贫、收入分配等作用的分析认为，贫困地区农民专业合作社虽有促进农民增收的作用，但存在社员受益不均现象，难以保证贫困农户的利益。林坚、黄胜忠、徐旭初（2007）认为，农民专业合作社的剩余控制权和索取权主要由少数核心社员拥有，换言之，核心社员拥有农民专业合作社多数财产的所有权。而且，在农民专业合作社后续发展过程当中，少数核心社员与多数普通社员的初始分层将逐渐泛化和固化。更甚者，何安华等（2012）以典型的农民专业合作社为例，研究发现，社员分层会形成不对等的权力格局，即农民专业合作社的主要权力集中于核心社员，而普通社员的收益获取能力微弱，甚至不断下降。

对农村能人作用的研究指出，经典合作社由农村弱者联合组建，然而组织的创建需要突破技术、融资、交易成本、政策等一系列约束（邓宏图、崔宝敏，2008）。而弱势群体在资金融通、人力资源、组织网络、物质资产等禀赋上的种种缺陷使农民合作社很难内生于小农户中（张晓山，2002）。并且，胡敏华（2007）指出农民合作社的创建实际上受到农民合作意愿和合作能力的共同影响，因此，具有一定社会活动能力和献身精神的发起人在合作社创建过程中必不可少（国鲁来，2001）。罗倩文（2008）将之称为农民合作社企业家，具体包括龙头企业主、供销社领导、农机部门负责人、业务部门负责人和农村能人大户等。相比于普通农户，农民合作社企业家敢于打破固有的农业经营模式，承担市场风险。韩国明、高建海（2008）指出，在农民合作社创建过程中，小农户和合作社企业家间的博弈是典型的"智猪博弈"，后者对组建合作社的期望较高，更可能出面创建合作社，并且，合作社企业家的禀赋优势也使其具备率先进行组织制度创新可能。因此，发挥农村精英群体的作用，实现政府、乡村精英和普通农户的良性互动，是破解欠发达地区农民组织化程度低的有效路径（尹广文、崔月琴，2016）。

以上研究从正反两方面考察了农民专业合作社对扶贫的影响，并且也考察了能人在合作社发展的影响，所得结论和观点为本章奠定了坚实的研究基础。有关农民专业合作社的积极扶贫作用方面的研究多指向广义上的增加农民收入，极少瞄准贫困群体入社的实际受益状况、增收幅度。鉴于此，本章以贵州省受访农户为研究样本，探究在以计划经济为指导的农民专业合作社和以市场经济为指导的农民专业合作社如何提升其发展绩效。

（二）合作社的现状及主要问题

本部分从合作社的角度挖掘能人这一主体的价值及对合作社生命力的影响，分析、验证其如何促进乡村振兴。调研地区集中在黔东南地区和黔西南、毕节、安顺等贫困的乡村，选择了黔东南雷山县两个极贫乡镇朗德镇和大塘镇，以及黔西南的安龙县和贞丰县进行了农户及合作社调研。对于农户的合作社问卷我们采取入户调查的方式进行数据收集，对于合作社的问卷我们采用访谈的形式以及向理事长做问卷访问的形式收集数据。

农民合作社通过嵌入到村落来拓宽它的发展道路，它与农民有着密切的联系，让处在较为弱势的农户联立为组织，构成政府与贫困农户及市场与贫困农户之外的第三方，成为政府与农民之间及市场与农户之间的中介组织。由此课题组对贵州省黔东南的朗德、大塘，黔西南的安龙县、贞丰县进行了问卷调查，具体从农户及合作社两个不同的角度来分析其现状及面临的问题：

问题一：多数合作社规模较小，运营乏力

首先，贵州省贫困地区农民专业合作社的规模较小并且分散，每个村都有一个合作社，由于规模有限，而企业对于相关农产品的用量需求较大，因此合作社的规模不足，没有与大企业对接形成长期稳定的合作关系，从而限制了效益水平。

其次，运营资源有限，土地、人力、物力、管理等投入成本较高。有些合作社成立之初借助于政府的资金投入延续生命周期，一旦政府停止资金投入合作社也会随之萧条，政府资金投入钱款使用方向固定。计划经济下政府引导的农民合作社，在对于农民合作社项目投入的使用方向专一，有的项目缺少资金而其他项目的资金无法注入导致项目无法继续运行。

最后，合作社虽然是农户自发成立，却存在被动入社的问题。入股资金按照每户定额，没有政府的资金注入凭借入股资金根本难以启动合作社，虽然这样的入股方式对于分配而言简单并且公平，但同时也限制了合作社的发展，甚至成立之初的合作社就要面临停运的威胁。另外对于项目选择方面把控不严格，导致大量投资注入之后出现项目设置不合理，导致严重损失。

问题二：合作社的各项制度建设不够完善

首先，合作社激励机制不完善。基层制度的完善需要时间，但是不容忽视。长此以往会挫伤基层工作人员及农户的积极性，无法让农户积极主动的投身于合作社的生产发展中来。政府引导下的农户自发组建的农民专业合作社，由村支两委领导，组织规模小自身建设受限制，分工不明确，缺少长期可行性规划，在运营的过程中会出现发展后劲不足。

其次，合作社的分配制度不完善，由于《合作社法》规定成员入社自由，因此加入合作社的不仅有贫困农户还有非贫困农户，合作社为了精准扶贫、对口扶贫而倾向于为贫困农户提供更多的帮扶和补贴，不仅降低了非贫困农户对合作社的参与度满意度，而且这里的公平问题会延续到乡村振兴的后扶贫时期。在此过程中应该看到合作社发展中能人的作用，能人在合作社的发展中扮演者农村企业家的角色，而非仅仅公益性角色。他不仅需要全身心投入到农民合作社的建设中，而且还需要不停的学习为合作社注入新的经济活力，提高合作社的发展经营效率。但是在盈余返还的分配制度上能人的作用似乎是被忽略和遗忘了，分配制度的问题极大挫伤了能人在发展农民专业合作社的积极性，甚至可能导致其选择找更好的出处而给合作社造成更大的损失。

最后，管理人员分配及分工不合理。计划经济下的农民专业合作社组成形式为村支两委+合作社+农户，主要由政府引导，村支两委兼任合作社管理。存在管理精力不足，既要负责村里的事务又要忙于合作社的事务等问题，且缺少明确分工，如专门负责种养技术、市场推广、财务、销售等专业技术人员。

问题三：合作社与农户的衔接不够紧密

首先，合作社专业化程度较低。非专业化的合作社技术能力达不到市场要求。某镇合作社养的牛，从牛棚的建设到养牛的投入全部依靠政府的资金注入，养殖的非专业化导致这一养殖项目不营反亏。此外，缺少统一的养殖规范、合理的分工、明确的制度也是导致合作社停运的原因。

其次，多数正在运营的合作社都是通过土地流转的方式租用农户成员的土地，一亩地400—1000元不等的租金。而农户在合作社工作则按照一天80—100元不等的工资付费工作，时长10—12个小时。农户对于合作社的参与度不高，满意度不高，作为合作社的成员，并未真正参与合作社的生产与发展。

最后，由于农户能力、观念等问题，使农户对农民专业合作社这一平台关注度不够。多数农户认为合作社并未提升他们的技术能力及市场能力，从而间接的降低了对合作社的参与度，合作社的存在并未对农户自身的种植养殖的规模有所改变，因此也未发挥出农民专业合作社对于贫困农户天然益贫性的重要作用。此外，贫困农户责任心意识不强，商业意识极弱，多数经济作物悉数自给自足，造成自身发展动力不足等问题，也挫伤了合作社对于农户的信任度。

（三）推进贵州农民专业合作社健康快速发展的对策措施

从六个方面提出完善贵州农民专业合作社对策建议。

第一，合理管理人员分配及明确合作社分工，进一步加强合作社管理标准化。强化人员管理标准，明确专门负责种养技术、市场推广、财务、销售等人员，尽量避免一人身兼多职，保证有足够的精力耐心带动合作社发展。多角度调动合作社成员（管理人员、贫困农户、非贫困农户）的积极性。其次选择好适合的项目使用好政府投入。

第二，完善合作社激励机制、着重改善分配制度。增强成员的积极性及与组织的互动性，让农户自愿的积极的主动的投身于合作社的生产发展中来。增加成员对合作社的参与度满意度，可以通过引导贫困农户做相应的公益实践（保洁、绿化、鸣锣喊寨等）来补贴贫困农户，既消除了非贫困户因不公平而产生的不满，又提高了贫困农户的自身发展动力，也实施了对贫困农户的对口帮扶。

第三，成立合作联合社扩大规模，进一步提升合作社的专业化水平。合作联合社的成立实现了各个分社抱团闯市场，扩大了合作社的规模使之每天的产出量可以与企业的用量需求相匹配，实现合作社与企业对接形成长期稳定的合作关系。集约化的同时促进其从多角度提升合作社的专业化水平。

第四，提高农户合作社的关注度、参与度、满意度、信任度，促进农产品的市场化率水平不断提高。合作社应多方面提升成员的能力，增加成员培训学习的机会，不只是保障一份土地流转收入，还应该保证农户有活干，能学习到新的技术新的知识，不断提升成员的技术能力和市场能力，增强农户对专业合作社的责任意识、增强其自身发展动力，强化合作社的公平公正透明制度，提高农户对农民专业合作社的关注度和信任度，使成员真实的参与合作社的生产发展，自愿并且能够在流转的土地上尽自己最大的力量，与管理员并肩作战带动合作社从"输血式"到"造血式"的发展转变，提高产品的市场化率的同时增加收益。使合作社作为连接政府与企业的第三方平台真正地发挥它天然的益贫性。

第五，提升农民市场竞争力，将商业意识带进合作社来。降低自给自足发生率，避免种出来的经济农产品悉数自给自足，强化商业意识，增强农民的"话语权"，使农民专业合作社更好的保护农民的利益。以农民专业合作社为中间桥梁，衔接能人或企业、政府及农户。以促进乡村振兴为发展目标，以《中华人民共和国农民专业合作社法》为指导原则，在加强政府法制建设，明确农民专业合作社益贫性的基础上，不断发展生产提高农产品的市场化率，提高农民对农民专业合作社的信任感，参与度及责任感。将计划经济与市场经济相结合，将政府的投入与商业意识相匹配，协调创新新时代农民专业合作社的发展路径。

第六，政府可以加大监管力度，降低僵尸合作社、套牌合作社的发生率。在合作社的启动初期，要求合作社的领头人必须提供明确的目标，选择因地制宜的具有本地区民族特色的项目，并做好合作社发展的短期、中期、长期规划。政府要严格把控项目选择及项目的审核，避免项目设置不合理。在合作社的发展中期，应严格监管合作社的发展动向，避免政府投入与项目走向不匹配，对合作社及时作调整。

二、精准扶贫促进乡村振兴中的订单农业问题研究

（一）问题背景及相关研究

党的十九大报告中提出实施乡村振兴战略，并将其作为现代化经济体系建设的六大战略之一，实现乡村振兴离不开产业的发展，而产业的发展需要规模化生产、先进的现代经营手段及产前、产中、产后实现一体化。在贫困地区，解决销路问题迫在眉睫，即使农民有高产出，因信息封闭只能堆积在粮仓，对于水果蔬菜则会腐烂，订单农业的出现对于种养殖户来讲，减少了很多关于销售方面的烦恼，销路有了保障，就不用再考虑种什么，怎么卖。即农户在农业生产过程中，通过与购买者签订契约来进行生产的一种农业产销模式。2018年是脱贫攻坚关键的一年，但曾被誉为在扶贫道路中"出经验"的贵州，还尚未探索出一条订单农业与乡村振兴紧密衔接的有效路径。因此，对订单农业的研究不仅具有理论意义，更具有现实意义。本部分主要从契约理论、分工理论两方面分析订单农业的实质，为研究订单农业奠定了理论基础。

契约，通常也被称为合同、合约、协议或者订单，是指为了规定人们相互之间的义务、权利而签订的一个协议。契约本质上也是一种有约束力的共识，人们依据彼此达成的共识来决定对其他人是否负担给付、作为或不作为的债务。学界在近30年来兴起的现代契约理论的研究过程中，首先就辨析了完全契约和不完全契约。在农业方面，农业生产具有生产周期长、受自然条件影响大、价格受供求影响波动幅度大等特点。订单农业的主体作为理性经济人，必然会追求自身利益最大化，现货市场又不能准确及时地传递农产品的质量、时间、需求等生产信息和市场信息，缔约双方事前既无法预测生产过程中可能出现的各种自然风险，又不可能确定农产品收获时的市场价格。因此，订单农业中的契约注定是不完全的。在不完全契约下，契约条款的不完全性导致签订契约的任何一方都有违约动机，

从而产生契约纠纷。

分工作为经济增长和生产力发展的一个重要推动力，一直都是经济学中的核心研究点。斯密是第一位对分工进行系统研究的学者，他在《国富论》一书中第一次提出了劳动分工的观点，斯密的分工理论思想大致以这三个方面为中心：一是分工能够提高劳动力生产水平，二是资本积累是分工作用发挥的基础，三是市场规模会限制分工。农业中分工源于交易，而交易主要产生于不同的经营主体之间。订单农业某种程度上是不同经营主体之间分工理念的具象化，不同主体间的要素禀赋与交易成本这两个条件的差异，独立或联合决定了交换倾向，这种倾向促使了农业分工的产生，从而出现了包括订单农业在内的其他农业生产组织形式。[①]

郭红东等认为，通过实施保护型、返利型合同，可以减少农户的事后机会主义行为，从而达到稳定合约的目的。威廉姆森和克莱因的观点认为，契约的履行主要有两种机制：一是由政府或其他外部机构通过法律实施明确的契约保证，即明确的契约条款能通过降低交易一方对违约方施加个人惩罚的成本，而促进自我履约保证；二是通过市场机制实施的默认的契约保证，在契约履行存在交易成本的前提下，产生契约违约的原因在于存在可被交易双方当事人占用的专用性准租，这种准租使交易的参与者各方的机会主义行为成为可能。大卫·轩尼诗（David A.Henessy）、黄祖辉学者等运用不完全契约经济学理论论证加大专用性投资可提高企业与农户协作成功的概率；为了解决"敲竹杠"问题，阿格依奥（Aghion）与梯若尔（Tirole）等经济学家设计出许多契约，如收益分享契约、成本分享契约等。[②]樊丽淑、贾东生、周莉莉认为订单合同存在内部机制不完善，没有

---

　　① 刘建徽：《订单农业主体协作选择及其机理研究》。

　　② 中国人民银行西安分行课题组：《订单农业合同履约率影响因子的 Logistic 实证研究——基于陕西 381 个订单农户的样本》，《当代经济科学》2014 年 5 月。

使公司和农户双方之间真正建立起一种"风险共担、利益共享"的利益风险机制，这是导致合约违约、订单农业难以健康持续发展的根本原因。刘风芹、赵西亮、吴栋认为：合约的签订并非是市场风险的完全转移，风险分担机制的设计、农户的联合和企业的保险应该是解决农业契约履约率过低的基本方向。尹云松（2003）通过理论分析并结合典型案例分析发现，在龙头企业选择守信的前提下农产品专用性是决定农户履约率的首要因素，专用性较强的农产品契约比专用性较弱的农产品契约执行效率高，在产品专用性较弱的情形下，农户类型是决定履约率的决定性因素。

（二）订单农业发展的现状及存在的主要问题

第一，订单农业发展现状。

通过对雷山县的郎德镇和大塘镇、安龙县的纳桃村及贞丰县的龙场镇进行了入户调研，了解到农户的基本生活状况、种养殖情况以及订单农业参与度，除此之外本书编写组还走访了雷山县万城生态农业发展有限公司（以下简称万城公司）和贵州雷山银枫生态农林开发有限公司（以下简称银枫公司）、雷山大塘九丰生态农业园（以下简称农业园）、九十九茶旅一体休闲观光园区、雷山合兴生态产品开发有限公司、西江旅游公司等6大公司，从种养殖、发展旅游等方面带动农户脱贫致富。

万城公司和银枫公司两大帮扶主体以种养殖增收促脱贫的形式，带动整个雷山县的经济发展。万城公司以给贫困户免费发放猪苗为主，农户可以自由销售也可以选择公司作为最后的销售渠道，这完全取决于农户的自愿性。大部分农户会选择自留用于人情礼或自己吃，并不懂得市场交易，变现能力差。而银枫公司以"公司+基地+农户"模式和契约的方式与1310户农户合作，其中贫困户有472户，公司也是采取发放仔猪给贫困户饲养并负责收购，若逾期收购，公司会以8元/天的管理费给农户作为补偿。若农户违约，则退出帮扶行列。总之，两种契约方式会产生不同的激励效果。

　　贞丰县龙场镇的对门山村主要以发展食用菌、高粱、白茶、烤烟为主。有"一长三短"的统称，即：茶叶、高粱+蔬菜+烤烟。在2018年"春风行动"农业产业结构调整中，与茅台贵州盛和有限公司订单种植高粱1000亩，以2.5元/斤回收。与烟草公司订单种植烤烟500亩，按烟叶质量差额定价。并采用"决战决胜夏秋攻势"的策略，在蔬菜方面，规划二期生产食用菌60万棒，规划种植示范蔬菜基地500亩，带动群众种植蔬菜1000亩；在发展茶叶方面，调整规划把已无产收效益的桃林、梨林地换种茶树1500亩，建设产业加工厂，并种植油菜。

　　九丰生态农业园是集科技展示、体验观光、休闲和农业科普文化教育功能为一体的现代山地高效农业示范园区，带动大塘镇1082户贫困户致富。

　　九十九园区为茶旅一体休闲观光旅游示范点，大塘镇三农综合开发专业合作社与县水务局签订协议，农户可免费使用水进行渔业养殖和垂钓场开发，为412户贫困户1435名贫困人口，带来稳定的经济收入来源，建立脱贫致富的长效机制。

　　西江旅游公司大力发展旅游产业，公司通过农户入股或解决就业带动方式，帮助8345户贫困户实现增收，170人实现就业。

　　合兴生态产品开发有限公司积极与大塘、达地、方祥、桃江等乡镇的茶叶种植专业户签订茶青收购合同，收购标准透明，委托村级合作社代收茶青，实行"公司+基地+农户（合作社）+专卖店"产销模式，在基地管理（除草、施肥等）、加工环节中带动贫困户35户127人，在收购环节中受益63户323人。

　　第二，订单农业发展面临的问题。

　　稳定的合作关系会增加农民收入、减少市场风险、充分利用闲置的土地及减少失业人员。但在发展过程中也会遇到问题。

问题一：合同本身的约束较弱

为了更好的发展产业扶贫项目，通过契约的形式将公司和农户联系在一起，实现"以大帮小"。合同本身的约束力弱，加上农户的惰性思维以及缺乏自觉性，订单农业很难维持下去。除此之外，公司和农户双方在机会面前会做出各自的选择——获取自身利益最大化，从而失去了订单存在的意义。就万城公司而言，饲养后的猪没有规定加以制约，对农户的销售渠道并无限制，可销售可自给。由于猪苗不需农户投入成本，即使出现损失农户也会将损失降到最低，所以会产生"无所谓"的态度。相比之下的银枫公司，对农户的约束力较强，农户必须将猪卖给公司，在这种情况下，农户会额外喂养两头，以满足自己的生活需求。因此一份完整的合同会激发农户的积极性，增强内生动力，不完善的合约会影响农户的参与度。

问题二：契约未能长期持续

合作时间的长短受到诸多因素的影响，比如，农户和公司的诚信度、自然灾害等不可控因素、合约本身规则的合理性等。除此之外，首先，更重要的原因是所签订单的性质，以猪为例，一定时间内，在相同的猪舍环境、喂养技术及喂养方式下，农户自购的猪苗比公司订单发放的猪苗生长速度快，获利更快，而发放的猪苗出栏时间较长、投入大、自然获利少，因此农户会退出合作。其次，受客观因素影响，随着农业产业结构的调整，农户土地流转用于种植果树和蔬菜以后，粮食种植面积就会相对减少，而猪的饲养需要粮食的投入，再加上资金匮乏，投入不足，只能选择退出。最后，即使到了回购时间，公司也会延迟收购时间，投入大于补偿，对于养殖户也会造成损失。

问题三：农户自身发展动力及权利不足

首先，农户受教育水平有限。落后的思想观念严重影响合同的参与率，部分农户即使签订合同也不会关注合约条款，对合约内容一无所知，导致一些不必要的损失。总之，对合同的依赖感较弱。其次，农户处于自身的惰性及权利的缺失，对于政府给予的产业扶贫政策概不关注也不了解。最后，信息不对称。农户作为小生产者，市场竞争及获取市场信息的能力弱，从而增加了经纪人的可乘之机，与市场价相比，经纪人会压低价格来收购农户的农产品，高价销售给市场，赚取其中的高额差价，对农户来说也是一种财富的转移。

（三）促进订单农业发展发展的对策措施

第一，加强合同的激励机制。无论是从价格、技术还是补贴方面，都应以农户利益为主，体现扶贫效益，不能实行"一刀切"。要精确了解农户的心理需求，只有紧抓重点，才能激起农户参与订单的兴趣并一直持续。

第二，强化合约内容，加强约束并严格履行。首先，做到按时收购，按时支付货款，若未能按时做到，需提前告知农户。其次，对农户的种养殖情况也要有严格的要求，不能随意施肥、使用除草剂或掺杂饲料喂养，要定期抽检。除此之外，制定违约条款，若有一方违约，一方面可以执行罚款措施，另一方面建立信用等级，降低政府和公司提供的待遇或直接退出参与行列。这样会进一步增进农户与公司的互信度，增强合作关系。

第三，加强农户培训。一方面，增加农户对订单的了解，强化农户对订单的认可度，摆脱传统自产自销的固化思想，引导农户规模生产并进入市场，提高农户的市场化水平，不仅学会卖出去，还要买进来，达到商品互换。另一方面，对农户给予技术、专业培训，增强农户专业技术水平，提高农户生产效率，增加农民收入，改善生活水平。

第四，鼓励农户参与订单农业。订单农业规避了市场与自然风险，减少了农户损失，可获得稳定的收入。在保证土地较充足的情况下，订单农业解决了农民的销路问题，并极大地调动了农民的生产积极性，使失业农民获得就业机会。

第五，加大资产专用性投资。大力投入劳动力、技术、资本等，可以有效提高合约的履约率，若一方违约，承担的损失较大，因此在损失降到最低的前提下，会继续履约。

第四节　乡村振兴中的农业保险等问题

一、问题背景及相关研究

根据我国 2012 年《农业保险条例》第二条规定："农业保险，是指保险机构根据农业保险合同，对被保险人在种植业、林业、畜牧业和渔业生产中因保险标的遭受约定的自然灾害、意外事故、疫病、疾病等保险事故所造成的财产损失，承担赔偿保险金责任的保险活动。"同时，农村金融作为"农村的"金融，是指与"农村经济发展"的金融需求相对应、具有促进农村经济发展功能的"金融"。只有那些为适应农村经济发展的金融交易需求，而在分工和交换体系中逐渐形成和发展起来的金融机构、金融市场和组织体系才属于农村金融的范畴，即农村金融的交易功能决定了农村金融机构和组织体系的形态。

贫困理论即"恶性循环贫困理论"是由纽克斯（Nurkse，1953）提出的，其中心观点是"一国穷是因为它穷"。贫穷不是因为一个地区内的资源不足，而是因为经济中存在若干互相联系、互相作用的"恶性循环系列"。要解决发展中国家贫困问题，扩大投资和储蓄是必要的方法，进而转化为资本积累。

农业保险的福利经济学理论于 1980 年由 Yamauchi，Kraft，Mishra，Goodwin 等提出。理论内容包含两方面：国家通过实施政策性农业保险保费补贴，将财政资金间接分配给投保农户；农业保险的赔付金额对于投保人来说，一定程度上也是经济福利，即使支出了一部分保费。这表明国家在对于资金再分配的统筹规划中，重视对于农业的资金投入。在协助农业生产的稳健发展中，通过这种方式，将社会资金和基于大片地区的保险费用运用到农业中。

传统的经济理论认为，金融内生于经济发展，农村金融成为调动农业、农民、农村经济资源和经济剩余的有力工具（林毅夫等，1994）。过去的农村金融体系是由政府主导的金融体系，它只是向工业和城市输送农村经济资源的管道（温涛等，2005）。没有内生于经济增长的农村金融体系反而成为农村地区经济增长的绊脚石，导致农村地区的金融和经济发展极为不平衡。因此正确地理解农村金融在农村经济发展的过程中扮演的角色是必要的（丁志国等，2012）。自麦金农和肖从制度层面奠定了金融与经济协调发展的理论基础以来，农村金融与农村经济相互依存、相互制约的关系越来越明显。冉光和等（2008）从制度层面上对农村金融与农村经济关系进行了实证研究，结果发现：若宏观制度环境能安排适当，则能强化农村金融产生的作用，促进农村经济的增长。熊德平（2006）提出农村金融交易规模是农村经济的函数，农村经济的发展会对农村金融服务产生需求，这一需求达到一定水平时，金融交易才会实现。特定的经济状况会产生特定的金融需求。农村金融的发展程度反过来又会影响农村经济的发展水平和发展质量（Stiglitz，1992；Meyer 和 Nagarajan，1999；Vega，2003）。[①]

我国农业保险始于新中国成立初期，但是受一些历史因素的影响，在1970年终止了该业务。到20世纪80年代初逐步恢复农业保险业务，国内学术界也开始逐渐重视对农业保险方面的研究，涉及的内容主要包括：论述农业保险性质（郭小航，1986；李军，1996；刘京生，2000；庹国柱、王国军，2003）；农业保险行为主体包括农户、农业保险公司与政府之间

---

① 丘皓威：《我国普惠型农村金融改革理论与实践研究》，《学术论文联合比对库》2015年4月。

的互动关系研究（龙文军，2004）等方面。对于农业保险的扶贫效率影响因素分析，黄渊基、王韧和刘莹在《基于 DEA — Tobit 面板模型的农业保险补贴扶贫效率影响因素分析——以湖南省为例》中给出五个与扶贫效率正相关的因素，如参保农户数、风险保障、受益农户数、已决赔款和政府保费补贴等。农业保险作为农村金融重要组成部分的角度，建立与分析了农业保险影响贫困减缓的作用机制（韩玉梦，2018）。[1]

　　国外学者发现农业保险的市场需求相对偏低，需求高低又与政府行为相关。古德温和史密斯（Goodwin & Smith，1995）估计了农民对农业保险的需求水平，需求弹性很低，其数值处于［0.2，0.92］的区间。卡文（Calvin）和邱根（Qulggin，1999）在参与联邦农作物保险计划的农民调查中，发现风险规避只是农业投保的次要原因，政府保费补贴的高低才是决定是否投保。这一点也体现在农民购买保险的决策与保险费率变化的相关关系不显著。只有农业保险的政策变化直接作用于需求价格弹性。萨拉（Serra）和古德温研究发现，农民资本存量越大，越会趋于自保，从而减少对农业保险的需求。马金（Markin 等，2002）认为，农场主参与农业保险的决策及合约选择的影响变量有风险程度、合约成本、保险费率、期望赔偿支付水平、联邦政府补贴水平和保险项目的可获得性等。彼特·哈泽尔（Peter Hazell，2006）[2]认为期望收入、收入变异程度和风险回避程度影响着农业保险的市场需求。

二、农业保险发展现状及存在的主要问题

　　本章涉及调查涵盖种植业、养殖业和林业生产过程中遭受了哪些风

---

　　① 宁满秀：《农业保险与农户生产行为关系研究》，《南京农业大学博士论文》2006 年 6 月。
　　② 徐黎明：《中国农业保险的政府行为、利益博弈及制度创新研究》，《华中师范大学博士论文》2016 年 5 月。

险，以及农户是如何应对风险的（应对风险的方式有哪些）。具体问题包括：使用农业保险抵御风险的情况如何？农户获取保险信息的来源？没有购买农业保险的原因有哪些？提示风险信息后，是否购买保险？调查主要运用"观察＋访谈＋问卷"相结合的方法，通过调查问卷的方法获得数据，以便掌握基础数据。同时，实地走访了一些农业企业如银枫黑毛猪养殖公司、万城集团和九丰公司，采取实地抽样调查法。

《关于做好保险业助推脱贫攻坚工作的意见》[①]强调了农业保险对于精准扶贫、分散农业风险、防灾减损功能的不可替代性和重要性。《省财政厅关于2007—2017年贵州省政策性农业保险发展情况的报告》中指出，贵州省农业保险经过10年的发展，发生了质的飞跃。农业保险的功能不断转变与丰富，从为农业生产提供风险保障、灾后恢复生产，发展成为助力农业产业发展、助推脱贫攻坚的有力抓手。在《乡村振兴规划（2018—2022年）》文件中，第四篇第十五章"完善农业支持保护力度"提到要提高农业风险保障能力，第九篇第三十五章"加大金融支农力度"提到要健全金融支农体系、创新金融支农产品和服务和完善金融支农激励政策，加上全国正处于脱贫攻坚的关键时期，每一种能够为农业增收的方式都在为全面脱贫贡献自己的力量，农业作为弱质性和高风险性产业，急切需要农业保险为其提供保障，从全国范围来看，农业保险的发展慢慢走向稳定，从中央发布的文件中可以看出政府对农村金融在乡村振兴中的重视程度。基于这样的背景，农业保险和金融关键问题研究成为此次乡村振兴与精准扶贫课题中的一部分。

关于农村实际的农业保险普及情况，调研显示情况并不乐观。农业的弱质性以及对天气的强烈依赖，使得贫困地区农户在生产生活中存在大量不可控因素。在此次调研的过程中分别从不同主体的角度出发发现了以

---

① 2016年5月，中国保监会和国务院联合颁发。

下问题。

（一）农户视角下的农业保险

首先从农户的视角出发，在我们走访的山区的一些村庄中，农民依旧是小规模农业生产的主体，在农业生产与决策中承担最为主要的角色，同时，他们也是风险和损失的直接承担者。由于贵州地区多山地貌的因素限制，农民依旧采取传统种植方式，对自然风险的抵御能力并没有随着农业现代化的发展有所强化，这使得生产环节的风险完全取决于气候，虽然农药的广泛使用使得农作物对抗病虫害的能力增强，但是管理不当和市场需求（食品安全方面）限制农药使用使得农作物生产依旧面临较多的风险。加之多数村庄是自然形成的寨子，对农业保险的认知以及是否购买农业保险具有高度的同质性。

从我们走访的情况来看，村民对农业保险的认知几乎为零，部分对农业保险有所耳闻的村民几乎也对农业保险的保障作用持悲观态度，农户视角下的农业保险似乎是一种可有可无的风险防范措施，基于传统农业靠天吃饭的传统观念，不在少数的农户在灾害发生之时，首先的解决方式就是自己消化风险，依靠自身的存款储蓄或者社会资本来应对，虽然政府已经为农户免费购买了相应的农业保险，如水稻保险，但是风险发生之后，报案查勘风险损失的农户寥寥无几，这不仅使得政府提供的农业保险这一公共品作用近乎失效，也使得保险公司在风险认定上低估了实际存在的风险，导致后续其他相关农业保险产品存在偏差。其次是在农户的认知中，损失查勘的手续过于繁琐，要考虑农户自身的时间成本和机会成本，在与农业服务中心以及保险公司交涉的过程中，农户所需耗费的成本远远高于对那几分地的水稻带来的损失的补偿。加之部分贫困户存在主观能动性不足的情况，懒得申报损失的现象也屡有发生。只有当损失的情况较为严重，受灾面积较广，波及农户较多时，才会引起村支两委和保险公司的重视，或是村里有号召力的农户会组织牵头处理相关的查勘定损的手续，普通农户以及贫困户此时会选择"搭便车"，既可以获得风险发生之后的损失补偿，也可以不必东奔西走，与保险公司交涉，获得搭便车带来的经济补偿。

在走访的过程当中，不少农户甚至都不清楚自家已经购买了农业保险这一事实，从中可以反映三个方面的问题：免费的水稻保险没有引起农户的重视，因为无需为之付费，所以既没有经济上的成本考量，也没有心理上的成本负担，自然未能引起足够的重视，发挥相应的功效，农户只清楚自己出钱购买的农保服务这一情况更是从侧面证实了以上问题；村支两委对于农业保险的宣传力度不够。首先，农业保险的宣传原本不在村委工作人员的工作范围之内。其次，村委忙于脱贫工作的文件资料的提供与整理，无暇分身；保险公司的农业保险的代理人员数量有限，人力成本较高，很难为每一个村庄安排相应的基层代理人员，保险公司将农业保险的"最后一公里"的工作任务直接交给了村委，并没有到户宣传和介绍相关的农业保险的详细情况。要使得农业保险发挥作用，以上的问题是不能绕过的阻碍。

（二）企业与保险公司视角下农业保险

从企业的视角来看，他们对于农业保险的需求因其自身特点而定，比如九丰公司的负责人认为其蔬菜生产基地具备足够的抗风险能力，无需购买任何有关的特色农业保险，加之其市场销路良好，目前没有出现农产品滞销的情况，所以价格指数农业保险对其也没有吸引力。同时，其负责人表示，一个蔬菜大棚种植的作物种类不同，有的可以参保，但是部分不具备参保资格，农业保险条框限制较为繁琐使得企业不愿意花太多的精力去研究农业保险的相关产品。

从保险公司的角度来看，农业保险的开展工作需要大量的人力和物力，就人力而言，每一个村其实至少需要一个农业保险代理人入村宣传，若出现风险，代理人需要进村进行定损、查勘和复勘，以及理赔的手续对接等。但现实情况是一个镇只有一个保险代理人，该代理人涉及的工作不仅仅局限于农业保险，加上各个村寨分布较为分散，期间交通也不便利，空间移动要耗费大量的时间和精力，其工作量可想而知，对于农业保险的宣传力度不足可从这一情况中得以证实。当出现大面积的受灾情况时，代理人查勘的工作量巨大，在查勘理赔的过程中也会出现疏忽。农业保险投保人的数量巨大，情况复杂，加之土地分散，短期内没法核实所有申报的农户投保情况。农业保险属于政策性公共产品，保险公司为了每年政府指标的达成，数据大多只能采用往年的登记数据，使得农业保险的财政拨款没有成效。政府拨款购买的农业保险的土地可能只是农荒地，但是保险公司也将其纳入投保面积当中，一来这笔保费最终由保险公司赚取，造成了公共资源的浪费；二来政府会低估风险的发生率；三来保险公司也会低估实际存在的风险。这使得效用最小化，对各方都不利。

三、农村金融发展现状及存在的主要问题

农村的市场化率相对城市而言较低，农户对金融的理解较为片面，几乎单纯将之与银行画等号，而他们在银行办理的内容几乎就是存取款业务。出现农户向银行贷款的情况，在此次调研的过程中并不常见，农户应对教育、医疗和生产等风险的第一选项是自家存款，传统的思维方式使得他们在自家存款不足以支付相关费用时，会优先选择向亲朋好友借款。在不得已向民间借贷时，非正规渠道的交易成本高，往往要支付较高的利息，最终导致原本因借贷本金已然负债累累的农村家庭还贷压力更大，很多家庭会因此陷入贫困或返贫。另外一部分人的资本外流的情况严重，集全家几代人的累计资本去城市买房，减少农村地区的资本。

其次是银行网点的分布情况。以所调查的雷山县大塘镇为例，除了农村信用合作社之外，只有一个邮政 ATM 取款机，没有人工服务。一些没有文化或者受教育程度低的农民很难享受到相关的金融服务，部分银行的理财产品门槛较高，农户的储蓄情况很难达到购买理财的起点，只能将自家存款以定期的形式放置在银行个人账户中。银行提供的产品类型较少且长久不变，没有创新的激励机制，很难做到真正意义上的创新。

农业农村企业的经营环境较为复杂和多变，加上政府对一些农业企业的补贴和政策倾斜，一些农业企业自身的动力不足，很难单独在市场上存活。且农作物是季节性和同质性较强的产品，农业企业在与农户合作的过程当中，当一季的农产品成熟时，农业企业需要大量的流动资金用于收购，而农业企业与农贸市场、生鲜市场签订合同时，往往延迟几个月收回货款，这使得农业企业的资金压力大，但是企业在向银行申请贷款时，不仅程序繁琐，有的银行最终并不会通过审核。一些自身流动资金较少的企业不得已退出农产品市场。如此负反馈循环，会使农业企业越来越少，不利于当地农村金融市场的繁荣和有序增长。

农村合作社在发展产业时除了政府扶贫资金外，还需要向村民以入股合作社的形式融资，当遇到扶贫资金不足以支持产业的初步发展时，需要向银行贷款，可是银行的审批环节严格，加上合作社可以用于抵押的资产少之又少，最后的结果往往是贷款失败，缩小产业规模，不利于发展和壮大村集体组织，甚至导致村合作社由于资金问题产业失败，最终沦为空壳合作社，难以助力全面脱贫，遑论乡村振兴。

四、问题成因总结

第一，农户农业保险与金融意识可能与当地平均受教育程度有关，交通便利程度有关，投保作物的市场化率有关。

第二，索赔程序繁琐，查勘定损的条件严苛，与保险公司交涉需花费大量的时间成本与机会成本；由政府购置农业保险的贫困农户本身对是否投保、理赔细则不甚清楚。

第三，部分专业种养殖户之前不曾出现发生风险的情况，对其自身的种养殖能力和抗风险能力较为自信；对农业保险不信任，认为保险公司只是为了盈利，在发生风险之后推诿责任；实际赔付金额很少，不足以改变其投保意愿与支付意愿。

第四，低估农业保险分散农业风险、防灾减损功能和精准扶贫的作用；农业保险为其政绩带来的积极影响很难直观看到；大农作物保险的投保人数较多，基层干部工作量大，难免出现忽略的情况。

第五，公司的人力不足，每年发布投保公告与正式投保之间时间较短，工作量大，很难核查精准。只能根据往年数据为贫困农户投保。

第六，与传统社会结构有关，经济不甚发达的地区，人情礼和民间借贷依旧是农户应对风险的首选，不选择银行贷款的原因是农户可作为银行抵押贷款的资产有限，耕地、宅基地的使用权不能在市场上流通，自有住房难变现。贷款手续繁琐、申请条件严苛、审核难以通过等。

第七，可以提供融资的渠道较少，自身可用于抵押的资产有限等。

五、农业保险与农村金融发展对策建议

（一）对加快贫困地区农业保险健康发展的对策

对农户关于农业保险的建议。 主动了解与自身农业生产相关的农业保险产品以及投保的各个环节，必须调动农户投保的积极性，引起他们对农业保险的重视，毕竟在农业生产过程中，农户才是主体，最清楚风险的分布与发生情况。当出现相应风险和损失时，要及时与村委或者农业服务中心联系，注意先对损失情况拍照，留存证据，当熟悉了理赔的环节之后，

以后再出现相类似的情况可以更加快捷和高效索赔。积极询问是否存在与自家发展的产业相对应的农业保险，提高自身抵御风险的能力，将成功的理赔经验分享给本村的其他农户，形成规模效应，以后若出现损失，可由一家做代表与保险公司交涉，减少大家的时间与机会成本。

对政府关于农业保险的建议。完善农业风险管理和预警体系。村支两委要增强对于农业保险的产品了解，加强对农业保险相关知识的学习以便能够更加全面向农户宣传相关的保险产品。开通绿色快捷通道，当投保产品发生风险和损失时，做好农户和保险公司之间的沟通渠道，尽可能使得受灾群众能够及时得到相应的理赔金额，减少农民不必要的索赔过程环节。尽可能落实对相关土地所种作物的匹配情况，在投保日期前弄清楚投保户数与投保面积和对应作物，不应该将往年数据用于本年度的投保信息。加大农业服务中心的服务下沉情况，将"最后一公里"的问题提上日程，解决农户的实际问题。

对保险公司农业保险的建议。一方面，加大农业保险代理人员的投入，加大人力投入会使得农业保险的提供风险保障和助力灾后恢复生产的实际效果更佳，农业保险的认知群体更多，投保人数越多，规模越大。保险公司自身承担的风险会相应减少，增加盈利的可能性。另一方面，增加新的宣传渠道，除了每年投保日期前组织各个村干部了解学习和投保外，可以通过网络、电视广告和纸质传单等形式进行宣传，可以派遣相应的农业保险代理人进村组织村民学习保险产品的相关情况，尤其是对农业生产提供保险的好处。让农民切实感受到农业保险对于保障风险所起到的作用，接受农业保险对自己有益的部分。

（二）对贫困地区农村金融稳定发展的对策

健全适合农业、农村和农民特点的农村金融体系，把更多金融资源配置到农村经济社会发展的重点领域和薄弱环节，更好满足乡村振兴多样化金融需求。以下来源于《乡村振兴规划（2018—2022 年）》文件，为我们提供了良好的建议。

第一，提高农村银行网点的服务质量。为了提高农村银行网点的服务质量，应加强对普惠金融的宣传，形成有利于培养农民金融素养的社会环境，进一步增强农民的金融能力，组织农户学习手机银行 APP 的使用。并印发通俗易懂的金融普及知识，对每一位来银行办理业务的农民进行基本的理财产品的宣传，创新金融产品，在保证风险可控的情况下对农户贷款的繁琐手续进行缩减，增加新的可用于抵押的选项如农户的保险等。引导农民合作金融健康有序发展。鼓励证券、保险、担保、基金、期货、租赁、信托等金融资源聚焦服务乡村振兴。

第二，建立健全农村金融组织体系。乡村振兴需要金融市场的支持，农村金融市场的繁荣和壮大需要社会各方资本的注入，盘活农村资产需要政府的智慧，同样需要市场的力量，规范农村金融市场，发展乡村普惠金融，要深入推进银行业、金融机构专业化的体制机制建设，形成多样化的农村金融服务主体。引进商业银行立足普惠金融事业部等专营机制建设，完善专业化的"三农"金融服务供给机制，加大对乡村振兴信贷支持。支持中小型银行优化网点渠道建设，下沉服务重心。推动农村信用社镇联社改革，保持农村信用社县域法人地位和数量总体稳定，完善村镇银行的准入准则。[①]

第三，完善农村金融激励政策。继续通过奖励、补贴、税收优惠等政策工具支持"三农"金融服务。抓紧出台金融服务乡村振兴的指导意见。发挥再贷款、再贴现等货币政策工具的引导作用，将乡村振兴作为信贷政策结构性调整的重要方向。落实县域金融机构涉农贷款增量奖励政策，完

[①]　中共中央、国务院印发：《乡村振兴战略规划（2018—2022 年）》，《农村工作通讯》2018年9月26日。

善涉农贴息贷款政策，降低农户和新型农业经营主体的融资成本。

第四，创新金融支农产品和服务。加快农村金融产品和服务方式创新，持续深入推进农村支付环境建设，全面激活农村金融服务链条。稳妥有序推进农村承包土地经营权、农民住房财产权、集体经营性建设用地使用权抵押贷款试点。探索县级土地储备公司参与农村承包土地经营权和农民住房财产权"两权"抵押试点工作。充分发挥全国信用信息共享平台和金融信用信息基础数据库的作用，探索开发新型信用类金融适农支农产品和服务。结合农村集体产权制度改革，探索如何利用可以量化的农村集体资产的融资方式。提高直接融资比重，支持农业企业依托多层次资本市场发展壮大。创新服务模式，引导持牌金融机构通过互联网和移动终端提供普惠金融服务，促进金融科技与农村金融规范发展。

第五节　乡村振兴中农村食品安全问题研究

一、问题背景及相关研究

2017 年 10 月 18 日，习近平总书记在党的十九大报告中提出了"乡村振兴"战略。2018 年 1 月 2 日，国务院公布了 2018 年中央一号文件，即《中共中央 国务院关于实施乡村振兴战略的意见》，提出农业农村农民问题是关系国计民生的根本性问题，必须始终把解决好"三农"问题作为全党工作的重中之重。贵州省作为贫困面广，贫困程度深的省份，正处于跨越发展、后发赶超、同步小康的关键时期，广大农村地区的贫困问题成为制约全省经济发展的"短板"。实施乡村振兴战略，有助于推动贵州省精准扶贫战略的实现，而贫困户的脱贫和可持续发展，也离不开乡村振兴。

民以食为天，食以安为先。食品安全一直是关乎国家发展、社会稳定和每个人生命健康的重大问题。2009 年 6 月 1 日起施行的《中华人民共和国食品安全法》中将"食品安全"定义为："食品安全，指食品无毒、无害，符合应当有的营养要求，对人体健康不造成任何急性、亚急性或者慢性危害。"该概念表明，食品安全既包括生产安全，也包括经营安全；既包括结果安全，也包括过程安全；既包括现实安全，也包括未来安全。近年来，我国城市食品安全问题非常突出，城市食品安全事件引起了社会的广泛关注，政府部门加大了对城市食品质量的监管力度。[①] 而农村地区由于人口众多、经济普遍落后、贫富差距较大、居民文化素质偏低、食品安全意识淡薄、食品消费方式差异大，使得农村食品安全问题点多面广，样多类杂，监管难度巨大。

解决农村食品安全问题，尤其是农产品质量安全问题，不仅能够提高农村居民的生活质量，也能够极大的助力农业产业发展。贵州省拥有的得天独厚的生态环境优势，是农产品企业的核心竞争力，大力发展无公害、有机、绿色的生态产业，能够将生态优势转化为经济优势。同时，贵州是全国唯一没有平原支撑的高原山地喀斯特省份，人均耕地面积仅为 1.73 亩，农业单产且生产效率很低。发展高价格、高回报的高端农产品产业能够极大地增加山区农民的收入，成为其脱贫致富的新途径。

二、贵州省农村地区食品安全的主要问题

贵州省食品安全的主要问题可以从生产、流通、餐饮三个环节分析。

（一）从生产环节的角度

第一，在种植茶叶的过程中，部分农户存在违规使用农药和除草剂的情况。在抓产业就是抓扶贫抓发展的意识影响下，贵州省在精准扶贫中大力发展茶产业。2017 年，全省茶园种植面积达 46.67 万公顷，茶叶种植规

---

① 谢文博：《食品安全监管人员行政不作为影响因素分析》，《学术论文联合对比库》2011 年 11 月。

模产业位居全国前列。目前，贵州省的茶产业影响力尚不足以与东部地区知名茶叶品牌相抗衡，绿色、无污染就成为贵州茶产业的核心竞争力。农药的施用为提高茶叶产量提供保证，除草剂节约了人工成本，但不可避免也带来了茶园环境和茶叶产品污染。

第二，针对农药及化肥施用方法的培训不到位。本书编写组在调研中发现，农户对农药、化肥施用方法的了解几乎完全来自销售商的告知和自身经验。由于政府并未组织相关技术人员对村民进行培训，农户对施用农药化肥的合理剂量及安全间隔期并不十分清楚，相当一部分农户根据自身经验和实际情况自行调整农药用量，带来食品安全隐患。

第三，农户对绿色农业缺乏基本的认识。"三品一标"指的是无公害食品、有机食品、绿色食品及农产品地理标志。在与农户的访谈中可以发现，仅有极少数常年外出打工的年轻村民能够对"三品一标"做出最基本的识别。而作为农业生产主力军的中年农民和妇女，对这一方面的了解基本属于空白，不利于高端农产品的生产推广。

（二）从流通环节的角度

第一，食品安全监管部门对小农户自行屠宰的监管尚不到位。在农村地区，农户私自宰杀牲畜售卖的情况比较普遍，甚至是部分农户的重要收入来源和主要销售手段。农户自行宰杀牲畜，卫生无法保证，且屠宰的牲畜并未通过动物防疫监督机构检疫，存在食品安全隐患。而这一类型的交易规模很小，屠宰时间短，销售地点又局限在本村，几乎成监管盲区。

第二，质检员检测手段落后且单一，检测深度不足。乡镇级别的质检员对牲畜的检疫主要依靠眼观，能够有效分辨牲畜是否患有猪瘟、口蹄疫等疾病，但无法准确识别"兽用人药"或"激素、抗生素超标"等问题，存在食品安全隐患。

（三）从餐饮环节的角度

第一，食品安全监管部门对农户举办家宴的监管尚不到位。家宴是乡村文化的重要组成部分，是村民维护邻里关系、增进家族成员感情的重要手段。每逢婚丧嫁娶乔迁，在自家宴请亲戚邻里是大部分农村的一个普遍现象，但也普遍存在厨师个人卫生差、使用劣质食品原料、烹调环境简陋、餐具消毒不到位等诸多问题，一旦有传染源极易扩散，造成较大规模的群体性食物中毒事件。在调研中发现，部分村委未将村民举办家宴的情况及时上报食品安全监管部门，造成监管空白。

第二，农户存在食用病猪肉的情况。在调研活动中，极少发现食用病死猪肉的情况，几乎所有农户都能明确食用病死猪肉的危害。但仍有一些农户认为，如果在病猪死亡之前，就将其宰杀，食用这样的病猪肉不会对身体健康产生危害。出于"扔了可惜"的心理，人们往往在病猪医治无望的情况下，提前将其宰杀食用。

三、解决农村食品安全问题的对策建议

第一，加强对农户和经销商的农药化肥施用技术培训。政府应重视农药化肥施用知识与技能培训对防控农产品安全生产的作用，加强该培训的宣传推广力度，向农户及经销商说明培训的目的和重要意义，从而让农户积极主动地参与农药化肥施用知识与技能培训。加强对绿色农业的了解程度，同时增强农药化肥经销商的信誉度，提高其推荐的合理性，从根源上保证农产品安全生产。[1]

第二，政府应逐步转变其农产品安全监管职能，由主导型监管逐步向参与型治理转变。面对小农户监管难的困境，政府应减少对农业生产者的

---

[1]　王建华、马玉婷、王晓莉：《农产品安全生产：农户农药施用知识与技能培训》，《中国人口、资源与环境》2014 年第 4 期。

直接干预，逐步降低自身监管费用，减少人力物力的浪费，采取多种措施激励其他参与主体，如市场、企业、合作社等参与到农产品安全治理中，同时为农业生产者提供更多的农业补贴包括补贴资金、生物农药等激励农业生产者自觉进行安全生产。[①] 降低安全生产投入的成本，增加安全生产所获得的额外收益。

第三，完善食品安全监管工作的责任机制，明确直接责任人，解决监管执法工作中的不作为和作为不规范的问题。尤其要明确村干部在食品安全监督方面的权责，将食品安全监管纳入其基本工作重心，列入政绩考核标准。

第四，落实基层安全检测任务，强化农产品质量安全检测专门技术人才培养，丰富基层质检员检测手段，提高农产品质量安全检测技术方法水平，尤其是加强对牲畜"兽用人药"或"激素、抗生素超标"等问题的检测与监控，填补监管空白。

---

① 王建华、马玉婷、朱湉：《从监管到治理：政府在农产品安全监管中的职能转换》，《南京农业大学学报（社会科学版）》2016 年 7 月。

第十章　体制机制改革与乡村振兴投融资模式研究

我国是一个农业大国，长期的城乡二元结构严重抑制了乡村发展。2017 年我国城镇居民人均可支配收入 36396 元，是农村居民人均可支配收入 13432 元的 2.7 倍，城乡差距日益拉大。农业边缘化，农村空巢化，农民老龄化问题越来越严重。习近平总书记指出：中国要强农业必须强，中国要富农民必须富，中国要美农村必须美。可以说，乡村的发展与振兴直接关系到国家的治乱兴衰。随着脱贫攻坚进入关键时期，乡村发展已成为我国决胜小康社会的短板所在。在此背景下，党的十九大报告明确提出了实施乡村振兴的伟大战略。实现乡村振兴是涉及"产业兴旺、生态宜居、乡风文明、治理有效、生活富裕"五个方面的内容，涉及政府、企业、农民等不同利益主体的系统工程，涉及人、地、钱三个重要的要素，尤其是需要长期性投入大量的资金，乡村振兴离不开金融资本的支持，没有金融保障的乡村振兴无异于无米之炊。乡村振兴由政府主导，因此，财政投入是实施乡村振兴战略的重要保障。自 20 世纪 80 年代提出扶贫开发以来，各级地方政府对新农村建设均予以较大财力上的扶持。但是，政府财政资金毕竟有限，无法填补乡村振兴所需的巨大资金缺口。改革开放后，我国投资体制和投资格局发生了急剧的变化，投资主体和投资格局多元化，社会资本在总投资中的比重急剧上升，政府投资在总投资中的比重下降。

表 10-1　全社会固定资产投资资金来源构成　　　　　　（%）

年份	预算内	国内贷款	利用外资	自筹及其他
1981	28.1	12.7	3.8	55.4
1985	16.0	20.1	3.6	60.3
1990	8.7	19.6	6.3	65.4
1995	3.0	20.5	11.2	65.3
2000	6.4	20.3	5.1	68.2
2005	4.4	17.3	4.2	74.1
2010	4.7	15.2	1.6	78.5
2015	5.3	10.5	0.5	83.7

2018 年中央一号文件提出，建立健全实施乡村振兴战略财政投入保障制度，公共财政更大力度向"三农"倾斜，确保财政投入与乡村振兴目标任务相适应。作为地方债务严重的省份（2015 年贵州省负债率为 86.98%，高居各省首位），贵州面临着严重的资金投入不足，金融支持机制僵化，金融需求供需失衡等现实困境，客观上迫切需要改革现有的金融支持机制体制，创新投融资模式。在我国，由于农业部门生产效率低下，自身难以产生足够的积累；某些大型农业投入只适于政府来提供，如投资大、周期长、牵涉面广，投资效益不易分割，投资成本与效益关系不十分明确的大江大河治理、大型水库和灌溉工程等。同时，农科科研、农技推广等活动具有利益的"外溢"特征。使得贵州乡村振兴战略主要由政府来主导，因此，投融资的机制体制设计也主要由政府来做好顶层设计与规划。

本章紧扣乡村振兴战略的基本内涵，围绕产业兴旺、生态宜居、乡风文明、治理有效、生活富裕等五个方面剖析乡村振兴过程中的融资需求以及金融类型，通过分析贵州乡村振兴过程中的投融资现状，剖析到其中的不足，并从财政资金、金融资金、民间资金等三个角度提出了相应的金融支持途径和策略。概括而言，研究目的有以下几个方面：（1）结合实地调研和结构性访谈，全面梳理贵州乡村金融资源配置的主体、客体、载体，投融资模式以及金融支持制度；（2）提炼贵州既有投融资模式类型，并剖析投融资模式与乡村振兴的金融需求之间存在的内在矛盾，从资本规模总量以及资本配置效率两个方面分析投融资模式对贵州乡村振兴的约束作用；（3）以提高资本配置效率为目的，探索构建贵州农村市场化的投融资体制机制的可行性以及具体做法。

第一节　贵州乡村振兴发展的投融资机制体制现状

一、贵州省乡村振兴的实践概况

自 2017 年习近平总书记在党的十九大报告中提出乡村振兴战略以来，贵州省立即响应中央的决策部署，积极推动乡村振兴战略的具体实施。2018 年 4 月出台《中共贵州省委贵州省人民政府关于乡村振兴战略的实施意见》（黔党发〔2018〕1 号），该文件要求贵州省全面贯彻党的十九大战略部署和中央农村工作会议、《中共中央国务院关于实施乡村振兴战略的意见》（中发〔2018〕1 号）精神，对推进乡村振兴战略进行了全面部署，勾画了我省乡村全面振兴的宏伟蓝图。该文件部署了推进贵州省乡村振兴战略的六大任务：一是"坚决打好精准脱贫攻坚战，全面夯实乡村振兴基础"，要求把摆脱贫困作为乡村振兴的首要任务，聚焦深度贫困地区持续打好四场硬仗，激发贫困人口内生动力；二是"大力推进农村经济结构调整，实现乡村产业兴旺"，强调调整优化农业产业结构，坚定不移强龙头创品牌带农户，促进农村产业融合，推进科技兴农质量兴农，拓宽农产品销售渠道；三是"大力推进农村人居环境治理，加快建设美丽乡村"，推动农村基础设施提档升级，改善农村人居环境，统筹山水林田湖草系统治理，加强农村面源污染治理；四是"大力发展农村社会事业，促进城乡基本公共服务均等化"，强调大力促进农村劳动力就业创业和农民增收，优先发展农村教育事业，加快推进健康乡村建设，加快完善农村社会保障体系；五是"大力发展优秀乡村文化，不断提高乡村文明程度"，强调加强农村思想道德建设，传承发展提升农村优秀传统文化，加强乡村公共文化建设，开展农村精神文明建设；六是"大力加强农村基层基础工作，创新乡村治理体系"，明确加强农村基层党组织建设，深化农村自治实践，加强农村法治建设，提升乡村德治水平，建设平安和谐乡村等。

从实际来看，在中央正式提出乡村振兴战略之前，贵州省已经出现了以"资源变资产、农民变股民、资金变股金"的六盘水"三变"改革，通过"三变"改革整合了农村长期分散的资源，形成整合资源的合力。"三变"改革已经写入中央一号文件，上升至国家战略。同时为全国农村改革拿出了"六盘水方案"，提供"贵州样板"，书写"贵州答卷"。此外，还有安顺市塘约村总结了以党建引领、改革推动、合股联营、村民自治、共同富裕的"塘约经验"。"塘约经验"是贵州省实施乡村振兴战略的探索和经验。2018 年是全国实施乡村振兴战略的开局之年，尽管贵州省有了一定的经验积累和成功案例，贵州在此基础上进一步积极出台相关措施。

在今年中央一号文件，即《中共中央　国务院关于实施乡村战略的意见》出台后，为贯彻落实中共中央、国务院的乡村振兴战略，扎实推进新时代贵州乡村全面振兴。2018 年 2 月 9 日，贵州省委农村工作会在贵阳召开，大会发出了"大力实施乡村振兴战略，奋力开创新时代贵州'三农'工作新局面"的强音。3 月 17 日，贵州省下发《中共贵州省委贵州省人民政府关于乡村振兴战略的实施意见》（黔党发〔2018〕1 号），提出了我省实施乡村振兴战略的分阶段目标，重点部署了推进乡村振兴战略的六大任务，即：坚决打好精准脱贫攻坚战，全面夯实乡村振兴基础；大力推进农村经济结构调整，实现乡村产业兴旺；大力推进农村人居环境治理，加快建设美丽乡村；大力发展农村社会事业，促进城乡基本公共服务均等化；大力发展优秀乡村文化，不断提高乡村文明程度；大力加强农村基层基础工作，创新乡村治理体系。[①] 随后，全省各地也纷纷结合当地工作实际，出台了各自乡村振兴战略政策措施。贵阳市出台了《关于乡村振兴战略的实施意见》，编制了《贵阳市乡村振兴战略规划（2018—2022 年）》，紧扣产业革命"八要素""五步工作法"和"八个关键细节"，扎实推进乡村振兴战略各项工作落地落实；六盘水市出台了《关于稳步推进农村集体产权制度改革的实施方案的通知》，制定了《六盘水市建设乡村家园助力脱贫攻坚三年行动计划》，明确提出结合整体改善人居环境"10+N"行动计划，2017—2019 年有序实施全市 872 个行政村人居环境改善；铜仁市先后出台了《关于深入推进农业供给侧结构性改革加快培育农业农村发展新动能的实施意见》《全面推进农村资源变资产资金变股金农民变股民改革实施方案的通知》《2018 年农业产业助推脱贫攻坚的指导意见》等指导性文件，为全面推进全市农业供给侧结构性改革提供了政策支撑保障；黔西南州兴仁市出台了《关于进一步加快薏仁米产业发展的意见》《兴仁市创建国家级出口薏仁米质量安全示范区建设工作实施方案》等，实施一二三产业融合项目，形成产业链，进一步提高产品质量，逐步扩大产业规模；黔南州编制了《黔南州农村人居环境风貌管控图册》（暂名），解决了农村人居环境整治中"怎么建"的问题，与当前村庄规划编制工作主要着力"建什么"形成互补。

二、贵州省乡村振兴投融资模式概况

贵州作为全国脱贫攻坚的主战场，乡村振兴战略的实施紧密结合脱贫

[①]　肖克、刘久锋：《贵州用精准脱贫打响乡村振兴"头炮"》，《农民日报》2018 年 7 月 17 日。

攻坚开展，开局之年即取得了显著成效。全省立足于"三农"发展实际，在省委、省政府的坚强领导下，认真贯彻落实中央关于实施乡村振兴战略的决策部署，按照"产业兴旺、生态宜居、乡风文明、治理有效、生活富裕"的总要求，守好发展和生态两条底线，推进供给侧结构性改革，以脱贫攻坚统揽经济社会发展全局，实施大扶贫、大数据、大生态三大战略行动，全省乡村振兴战略扎实推进，农业农村发展整体呈现出"稳增长势头正劲、促改革成效显现、调结构步伐加快、惠民生扎实有力"的良好态势。在项目建设方面，全省打好农村公路"组组通"为重点的基础设施建设、易地扶贫搬迁、产业扶贫和教育医疗住房三保障的"四场硬仗"，农业农村项目建设如火如荼，有效投资不断扩大；农田水利等农业基础设施建设进一步加强，农村教育、医疗资源、文化惠民工程、乡村旅游等项目建设稳步推进；农村产业投资不断壮大发展，一、二、三产业发展持续深度融合，投资效应得以进一步凸显。综合来看，贵州省乡村振兴过程中投融资呈现出强长补短、结构优化、动能增强的高质量发展态势。

按照内容来分，贵州乡村振兴投融资首先集中在农村基础设施投资，具体包括以下内容：

（1）农村公路方面。2017 年 8 月，贵州在全国率先启动农村"组组通"公路三年大决战，计划实施 9.7 万公里通组公路硬化建设，确保到 2019 年完成全省 39110 个村民组通组公路硬化建设，实现 30 户以上村民组 100%通硬化路目标。截至 2018 年 9 月 17 日，贵州全省累计开工建设农村通组公路 8.02 万公里，累计完成路基 7.44 万公里，累计完成路面 6.02 万公里，累计完成投资 363.1 亿元（数据来源于省交通部门，以下相关数据同），其中 2018 年开工建设 5.52 万公里，完成路基 4.94 万公里，完成路面 3.6 万公里，完成投资 230.7 亿元。全省村民组通畅率从 2017 年 8 月的 68.9%提高至 82.7%，沿线受益建档立卡贫困人口达 150 万人。按照目前的工程进度，到 2018 年年底，贵州省将基本完成建设任务，最晚在明年上半年前，全面完成全省农村"组组通"公路建设任务 9.7 万公里，夺取三年大决战的全面胜利。

（2）水利基础设施方面。全省加速推进骨干水源工程和民生水利建设。今年前三季度，全省完成水利投资 341.22 亿元（数据来源于省水利部门，以下相关数据同），新开工建设骨干水源工程 45 座。夹岩、马岭、黄家湾 3 座大型水利枢纽工程建设快速推进，完成投资 30.78 亿元；其他农村安全饮水工程正在有序推进，小康水行动计划完成投资 30 亿元，发展耕地灌溉面积 71.39 万亩，新增高效节水灌溉面积 16.5 万亩，农村饮水安全巩固提升工程受益人口 121.98 万人，其中 44.35 万人为农村建档立卡贫困人口，完成水土流失综合治理任务 2144 平方公里，新开工中小河流治理项目 50 个，新增农村水电装机 6.4 万千瓦。随着项目的顺利推进、建成投产，将全面提升农村水利基础设施条件，极大促进各乡镇水源供应，切实提高农村饮水安全。

（3）电力基础设施方面。为加快新一轮农村电网改造升级实施进度，力争 2018 年底基本解决我省农村地区供电能力不足、电压不达标、网架薄弱等问题，巩固农村通动力电工作，加快开展贫困地区电网项目建设，发挥好电力在全省脱贫攻坚中的支撑性作用，2018 年贵州电网公司将投资超过 80 亿元重点对全省深度贫困地区电网进行改造升级，力争农村电网规划建设项目启动建设达 80%，确保乡村户均配变容量达到 1.93 千安，实现农村从"用上电"向"用好电"发展。贵阳市 2018 年以打好"农村电网改造升级、智能电表低压集抄、供电所建设"三大工程攻坚战为抓手，加大电网投资建设力度。农网改造升级投资 3.38 亿元，实施 304 个农村电网项目，建成花溪金石等 4 个供电所建设，完成乌当"小康电"示范县和青岩中国特色小镇电网建设。六盘水市先后出台了《六盘水市农村电网提质改造工程三年会战工作方案（2017—2019 年）》和《六盘水市新一轮农村电网改造升级电网建设目标责任考核办法》，市供电局制定了《六盘水市新一轮农村电网改造升级及电力扶贫实施方案（2018—2020 年）》，以农村电网改造为重点，加快实施农村电网建设和光明工程行动计划。2018 年 1—9 月全市新建改造低压线路 846 公里，新增配电变压器 231 台，新增配变容量 2.4 万千伏安，满足农村通动力用电需求。

（4）通信基础设施方面。随着大数据建设的快速推进，全省信息基础设施建设投资力度不断加大，近年来相继开展信息基础设施建设三年大会战、"满格贵州"、"小康讯"等建设，农村互联网基础设施、信息传输通道、信息化服务能力建设稳步推进。积极推动通信网络向农村地区深度覆盖，提升贫困村移动通信网络承载能力和接入能力。2017 年底，全省通信光缆达到 90 万公里，行政村实现 100% 通 4G 网络、98% 通光纤。今年以来，围绕大数据发展需求，完成城乡光纤到户改造，实现了所有行政村通 4G 和光纤，通信网络能力不断增强，信息化水平得以进一步提升。

（5）农村人居环境改善方面。目前，全省以农村生活垃圾、污水治理、村容村貌提升为主攻方向，大力开展农村人居环境整治行动。深入实施农村"污水治理革命"，坚持适用和量力而行原则启动实施污水治理工程，完善农村生活污水治理长效管理机制，按照"渗、滞、蓄、净、用、排"海绵村庄生态建设理念，探索市场运作模式，成片连村实施水生态系统和水环境治理。深入实施农村"垃圾治理革命"，逐步完善农村环卫要素配置，建立农村垃圾"收、运、处"运行机制，提升农村垃圾收集处理能力。按照"一户一桶、一寨一斗、一村一站、一镇一中心垃圾临时堆放场"的最低配置原则，完善环卫设施，全面推进农村垃圾清运系统建设，全面提升农村环境卫生基础设施建设水平，确保农村垃圾有地放、有人收、有处置，同步全面实施农村"厨房革命""厕所革命"。建设"宜居乡村"，不仅要道路、绿化、亮化等"面子"漂亮，还要农民自家"里子"干净。全省全力开展农村改厨改厕工作，加快农户厨房、厕所提级改造，用健康文明的生活方式引导群众提升环境意识，推动乡村生态发展，补齐农村人居生活环境短板。黔东南州今年以来共争取中央预算内人口较少民族发展专项 1480 万元和省预算内投资 910 万元，用于改善农村人居环境治理工程建设。目前，全州农村环境综合整治项目已建成项目 354 个，在建项目 150 个，正在开展前期工作项目 65 个，各项工作正有序推进中。

三、产业融合中的贵州乡村振兴投融资内容

贵州省以促进农民就业增收、农业提质增效、农村繁荣发展为目标开展农村一二三产业融合发展试点，以各试点区（县）省级现代山地高效农业示范园区为载体，重点支持带动或辐射农民分享二、三产业增值收益、同农户建立紧密利益联结机制的新型农业经营主体。进一步延伸农业产业链，提升价值链，拓展多功能性，着力发展休闲农业、农业文化产业。以培育新产业、新业态、新模式，发展加工流通和直供直销、农村电子商务、农产品产地初加工、休闲农业等方式调整优化农业结构，深入推进全省农村一、二、三产业融合发展，不断拓展农业农村发展空间、农民增收致富新渠道。六盘水市大力调整农业种养结构，着力发展以猕猴桃、刺梨、茶叶为主导的"3155 工程"，以特色禽、黑山羊、生猪为主的现代畜牧产业，农业产业朝着规模化、特色化、优质化、品牌化、标准化方向迈出了坚实步伐。随着脱贫攻坚形势发展，该市紧跟趋势调整农业产业投入重点，在继续巩固拓展"3155 工程"等"长线"产业的同时，不断加大"茶菜菌禽药"五大扶贫"短线"产业投入，聚力攻坚，形成了"长短结合、以短养长"的农业产业发展新格局。贵阳市强化一、二、三产业融合及绿色发展，坚持走园区可持续发展及全产业发展之路。一是按照"1+3+5 现代都市农业"

的发展定位，以"1433"发展原则（即 1 条主线，以农业供给侧结构性改革为主线，坚持 4 个统筹：即统筹现代高效农业园区、美丽乡村、特色景区和示范小城镇建设，实施 3 个发力：即政府主导、企业主体、农民参与，推动 3 个融合：即推动一、二、三产业互动融合）调整园区规划，逐步提高都市休闲农业园区占比。以精品景区为依托，着力发展乡村旅游，有效促进了"三产带二产、三产促一产"产业融合发展格局，着力拓宽群众增收渠道，确保持续增收、稳定增收。二是建设集产地批发、产品研发、冷链物流、精深加工等为一体的修文猕猴桃科技园和息烽肉鸡、吊瓜、清镇乳业、乌当区花卉等科技园区，精深加工集群凸显。三是实现"互联网+"销售模式，电商物流热潮兴起，2017 年谷堡园区通过淘宝、京东、美团、微商等电商平台开展销售，年度累计交易 5544 次，年度累计成交额 3210万元。息烽县农村电商网络销售突破 1923.84 万元，增长率达 201.7%。四是坚持走绿色发展之路。严格按照"一控两减三基本"的要求，坚持走修文猕猴桃、息烽肉鸡、开阳富硒农产品等绿色产业发展之路，建立健全绿色产业低碳循环的长效机制。建立大数据物联网质量安全可追溯系统，通过智慧物联网可追溯系统，做到种植过程、投入品来源、运输仓储和市场销售全过程、全信息采集，实现了安全可预警、源头可追溯、流向可追踪、信息可查询，同质化生产率达 90%。安顺市大力示范推广"塘约经验""秀水模式""大坝道路"，积极稳妥推进"三权"促"三变"农村产权制度改革，盘活农村沉睡资源，促进资源变资产、资金变股金、农民变股民，扶持壮大村级集体经济，有效激发农业农村发展活力，形成以"公司+合作社+农户"的利益联结机制，大力发展畜牧养殖业，有效提升农民收入。

四、贵州乡村振兴财政投入的机制体制

贵州积极创新农村基础设施投融资体制机制，2018 年初下发了《关于

创新农村基础设施投融资体制机制的实施意见》。拓宽投融资渠道，优化投融资模式，加大建设投入力度，完善管护机制，全面提高我省农村基础设施建设和管理水平。铜仁市积极向上争取中央和地方财政支持项目建设资金 233.5 亿元，用于发展各类产业发展和改善农业基础设施建设。其中，农业产业发展资金 83 亿元；农村生态环境治理项目资金 129.1 亿元；农业园区建设资金 20 亿元；农产品监管体系发展资金 1.4 亿元。同时积极鼓励金融机构服务乡村振兴，进一步加大对乡村振兴战略的投入，不断探索创新金融服务模式，提升金融服务效率和水平。今年 1—9 月，全市涉农贷款余额 802.47 亿元。贵阳市建立健全实施乡村振兴战略财政投入保障制度，坚持把农业农村作为公共财政支出的优先保障领域，确保农业农村投入只增不减。2018 年市级财政预算安排资金 22.54 亿元，同比增长 12%。同时大幅度增加财政专项扶贫资金投入，较去年同比增长 20%。六盘水市积极推进 400 亿凉都"三变"产业扶贫基金落地实施，与工行、建行、交行、中国银行等合作推进落地项目 16 个，放款 56.87 亿元，助推脱贫攻坚。市级财政预算安排了乡村振兴计划资金 6854 万元，重点用于村级组织运行市级配套经费、同步小康驻村补助经费、2017 年村干部补贴市级配套资金、同步小康驻村补助经费、多彩贵州"广电云"户户用工程市级配套资金等方面。

五、贵州乡村振兴中常见的投融资模式

（一）银行贷款模式

银行拥有很强的资金吸纳和资金输出能力，但改革开放以来，在农村金融的发展进程中，除了中国农业发展银行、中国农业银行和邮政储蓄银行在国家政策的推动下下沉农村地区，支持农村发展外，受制于农村贷款成本高、缺抵押物、风险大，其他商业性银行并没有发挥很大作用。在"三农"政策不断利好，尤其是国家实施乡村振兴战略，农村担保体系、

信用体系等金融基础设施和环境不断完善，以及土地确权等的推动下，制约银行贷款的一些因素将逐渐弱化，银行贷款将成为农村金融发展的一种重要方式。

这里的贷款模式主要包括：（1）"银行＋政府＋担保机构"模式；（2）"银行＋政府＋保险"模式；（3）"银行＋政府"模式；（4）"银行＋企业"模式；（5）两权抵押模式。

（二）小额信贷模式

小额信贷是一种额度小、无担保、无抵押、使用灵活的贷款模式，主要面向低收入群体和微型企业服务，是传统金融机构的一种重要补充。这一模式的优势在于：一是简单易操作，不需要抵押物，主要靠信用或担保；二是适用于一直被传统金融机构排除在外的普通农户，是普惠金融的一种重要模式。

（三）互联网金融模式

第一，电商平台支持下的互联网金融模式：电商平台＋农村金融。

以阿里巴巴和京东为代表，依托积累了大量数据和客户的电商平台，依靠产业链上的核心企业，通过自有的或合作的金融机构获取资金，并根据电商平台上的消费者购买数据及供应商的信用数据，形成信用风控模型，为上下游客户提供网上借贷业务，从而打通农资销售、农业种养殖、农产品销售产业链，形成基于电商平台的体系完整的金融闭环。

第二，农业服务商支持下的链式金融模式：大型农业服务商＋农村金融。

以新希望、大北农等"三农"服务商为代表，依托多年深耕农业领域的数据积累、线下资源优势，以本身形成的自有供应链为核心，借助互联网技术，打通金融环节，为上下游企业和农户提供支付、借款、保险等服务，实现从产业到金融的延伸。

第三，纯互联网金融平台模式：信用贷款＋P2P网贷。

以沐金农、宜信为代表，互联网金融平台利用大数据、云计算、物联网等新技术，以平台自有资金（一般以理财方式进行吸纳）或与银行、小贷公司等金融机构以及资管公司合作，破解传统金融模式在信贷方面的局限，从而为"三农"提供便捷、灵活、成本较低的小额信贷产品。

（四）融资租赁模式

融资租赁在"三农"方面的利用主要体现在大型农机设备的购置上，2014 年农业部启动了以融资租赁贴息支持大型农业机械购置的试点工作。实践中，小型农机具采购和设施大棚的建设也在逐渐采用这一模式。融资租赁以融资租赁公司（出租人）为纽带与综合服务商，在承租人付完首付后，出租人将余款付给农机厂家或经销商，承租人即可拥有该农机的使用权，并分若干年将余款及利息付给融资租赁公司，付清后即可获得农机的所有权。利息部分一般国家会给予财政补助。对于价格高昂的农机来说，农民由"全款购买"变为"先租后买"，将大幅度减轻资金压力。

（五）众筹模式

众筹是指缺少资金的企业或是个人，借助互联网平台，发布筹款项目，通过有意向人士对股权、产品或是使用权等的购买，完成资金募集。这一模式的创新点在于，不仅仅解决了资金问题，还解决了农产品销售的"通路"问题，促进了农产品进城。同时也可将城市投资人在技术、理念、需求等方面的优势有效融入产品开发与设计中。

第二节　贵州乡村振兴投融资模式的实地调研

一、遵义市湄潭县投融资模式调研

2018 年 7 月 8 日，遵义市湄潭县以深化农村综合改革为助推脱贫攻坚不竭的动力，推广农村"三变"改革试验促进一、二、三产业融合取得了显著的成效。一是农村改革促农村一、二、三产业融合。紧紧抓住全国农村改革试验区先行先试的政策机遇，围绕人、地、钱、村级集体经济组织、农业经营主体等发展要素，大力推进农村集体的土地、房屋、森林、水利等产权制度改革，把集体资产折股量化到人，发展股份合作，推动农村资源变资产、资金变股金、农民变股东，激活农村自然资源、存量资产和人力资本，推动城乡要素有序流动，激发农村经济社会发展活力。二是农业园区建设促进农村一、二、三产业融合。以农业园区为平台，产业为纽带，扶持龙头，引入"大数据"搭建农村电子商务服务、物流配送和市场合作平台，推进信息数据聚汇用，加强科技和人才建设，发展农村电子商务，建立O2O，融入大数据，改造提升传统产业，2017年湄潭茶叶电商交易额占全年销售额30%。湄潭县现有省级农业园区6个，入驻县级以上农业产业化龙头企业71家，其中国家级5家，省级31家，市级30家，县级5家，规模以上农业产业化经营企业78家。通过抓龙头企业，促进二、三产业的深度融合，实现农民增收。三是紧扣大扶贫推动农村一、二、三产业融合。通过项目折股量化贫困村股份经济组织贫困户、贫困人口，让他们从贫困农民变股民，让财政资金变成贫困农民的股金，村集体统一经营，贫困户分红，成功探索出了一条贫困户稳定增收之路，提高了脱贫质量。湄潭县在新农村建设、产业发展、乡村旅游助推脱贫攻坚等方面做了大量扎实有效的工作，探索了一些可复制、可推广的宝贵经验和做法，为大力实施乡村振兴战略奠定了坚实基础。一是规划撬动，理念超前，实现了全区域，全覆盖式发展；二是产业带动，措施得当，以农业农村发展为基础，注重茶业、大米、红肉蜜柚等特色农业发展；三是旅游拉动，提档升级，大力实施"茶旅一体化""农旅一体户"，助推乡村振兴发展。通过调研，为撰写全省"乡村振兴战略投资情况调查"报告提供了鲜活情况和很好的第一手资料。

二、铜仁市德江县投融资模式调研

铜仁市德江县深入推进农村的土地制度改革，经营权、所有权、使用权，三权分置的基础上通过摸索总结出农村承包土地的经营权抵押贷款"三四五"模式（即"落实利率优惠、额度优惠、费用优惠"三项优惠，确保改革得实惠；"谋划农产业企业流转取得的土地经营权抵押贷款途径、易地扶贫搬迁腾空流转土地经营权抵押贷款途径、入股村集体经济组织的土地承包经营权抵押贷款途径、农民承包土地的经营权抵押贷款"四种贷款路径，确保内容多元化；"建立确权颁证机构和确权颁证长效机制、建立农村土地经营权流转机制、建立农村土地承包经营权抵押登记机制、建立农村承包土地的经营权抵押贷款风险防控机制、建立农村承包土地的经营权抵押贷款司法保障机制"等五项措施，确保改革有成效）。该县作为全国农村承包土地经营权抵押贷款试点县之一，自开展试点工作以来，该县不断完善制度保障，健全风险分担机制，创新实施农村承包土地的经营权抵押贷款信贷产品，进一步拓宽了农业农村融资渠道，融资工作取得了显著成效。截至 2018 年 8 月末，德江县农村承包土地经营权抵押贷款余额达 20562 万元。上半年累计发放贷款 13854.86 万元，重点支持了烤烟、天麻、中药材、生态茶等产业项目发展，带动了 2935 户贫困户增加了收入。

三、黔西南州兴仁市投融资模式调研

黔西南州兴仁市紧紧围绕本地特色农业薏仁米的发展，让农业产业化成为乡村振兴的大引擎和助推器。全市结合以薏仁米为核心，创新产业发展新模式，打造一、二、三产业融合发展的联动产业经济体，做大做强全市薏仁米产业，全力打造亚洲薏仁产业中心。一是健全链条，明确薏仁产业主导地位。通过科学布局、合理引导，深度挖掘三次产业之间的融合共生关系，推动农业、生态工业、休闲旅游业及延伸的第三产业融合发展。二是出口导向，打造薏仁产业国际品牌。大力实施兴仁薏仁米公共品牌"1+5"战略，打造薏仁知名品牌，大力推进特色产品加工，形成一条行之有效的品牌发展之路。三是强化保障，推动薏仁产业稳定发展。牢牢把握薏仁产业发展的先发优势，坚持发展现代山地高效特色农业的路径不动摇，制定一系列持续稳定的扶持政策和长效机制，为全链条打造亚州薏仁产业中心提供保障。

四、调研总结

通过对贵州省遵义市湄潭县、黔西南州兴仁市、铜仁市德江县的乡村振兴过程中的投融资机制体制进行调研发现，可以得出以下结论：（1）PPP投融资模式主要集中在农村基础设施建设这个层面，如德江县城市综合管廊（一期）PPP项目、德江县交通运输局负责实施的骨干路网脱贫提升工程PPP项目，项目总投资为334143.82万元；污水处理厂三期工程、陆官轻工区污水处理厂、2个乡镇；麻沙河流域污水处理工程（二期）PPP项目。兴仁市北出口至义龙新区道路工程（北出口至响水段）PPP项目社会资本；潭县城镇生活垃圾收运系统工程PPP项目招商方案，湄潭至石阡高速公路PPP项目中标；（2）扶贫小额信贷（以下简称"特惠贷"）主要应用于农户小额贷款。早在2016年，中共湄潭县委办公室湄潭县人民政府办公室关于印发《湄潭县精准扶贫"特惠贷"工作实施方案》的通知，规定凡我县目前建档立卡贫困户（两无人员除外）均有资格办理"特惠贷"及享受贷款贴息政策，可以将扶贫小额信贷贷款通过湄潭县信用联社划拨到办贷对象一折通账户。截至2017年7月底，德江县"特惠贷"累放8855笔38034.94万元，覆盖建档立卡贫困户7318户，贷款余额31250.83万元，2017年新发放2397笔9844.51万元。累计安排贴息资金2282.75万元，已使用贴息资金997.84万元。

第三节　贵州乡村振兴投融资机制体制存在的问题

一、产业链条不完整，投资项目偏少

结合调研的数据和案例来看，我省乡村振兴过程中存在着如下不足：产业项目发展基础存在短板，农业产业粗放的发展方式仍普遍存在，水、电、路等基础设施建设和生产条件改善总体滞后于产业发展；全产业链发展程度不高。虽然通过产业结构调整，我省农业产业得到加快发展，但项目建设规模不大、标准不高还一定程度存在，特别是深加工缺乏，辐射力不强制约了产业发展，致使全省产业投资项目偏少，占比较低；产业聚集程度低，产业链条不完整，配套设施跟不上，特别是花椒、猕猴桃、食用菌等高效产业发展需要的冷藏车、保鲜库、烤棚、冷链物流仓库等公共资源投入相对不足，不能满足产业发展需要。农产品生产方式单一，采收后续保障有待完善，无相关的保障项目设施建设，致使还未转到依靠劳动者素质提升和科技进步的内涵式增长上来。

二、农业资金投入力度不够

调查中发现，乡村振兴过程中涉农资金投入力度严重不够，具体内容包括：农业资金投入力度不够。当前乡村振兴战略实施中基础设施及产业投资非常大，资金需求量大，但地方财政和社会资本投入有限，资金欠缺，发展后劲不足。如部分县区承诺的中央投资农村沼气项目和省投资循环农业示范工程配套资金迟迟未到位，造成项目建设滞后；农业产业项目多而规模小，单体项目总投资达 5000 万元以上的就更少，示范带动力不强；部分项目资金拨付滞后，影响我省乡村振兴规划编制进度；部分项目资金报账程序繁琐，致使项目资金不能有效按时地投入到项目建设，落地

见效慢。

三、项目融资方式单一

调查中发现，乡村振兴过程中相关项目融资方式十分单一，具体内容如下：由于货币总供给的收紧，全省各银行金融机构对新申报项目持审慎态度，对新申报项目的受理不确定因素增多，对已批复项目进行大规模资金投入难度大；是由于当前银监对各银行金融机构加强了监管，致使对新增信贷项目申报上力量减弱，进而影响了新申报项目的资金业务受理，致使一些重大项目资金短缺，影响开工建设；融资渠道不宽，创新不够，融资方式单一，主体功能不强。

四、项目税收优惠政策缺失

调查中发现，乡村振兴过程中相关项目税收优惠政策严重缺失，主要体现在：缺乏专项乡村振兴战略投资的税收优惠政策，更谈不上具体的某方面项目税收优惠政策。据悉，目前国家尚未制定专项乡村振兴战略投资的优惠政策，已有的相关优惠政策分散在不同时期、不同税种的法条和规范性文件中，大部分属于普惠性政策，且出台在制定乡村振兴战略之前，缺乏系统性和针对性；部分政策帮扶作用不大。广大农村地区相关产业受惠面较窄。现阶段与产业、项目有关的税收优惠政策大多集中于高新技术企业和战略性新兴行业，以劳动密集型产业为主的农村地区，对此类政策受益较少。

五、土地利用空间规划指标不足

由于贵州属于典型的喀斯特地貌，可供利用的土地资源有限，土地利用空间规划指标严重不足。具体而言，规划成果难以掌控。乡村振兴规划是新时代的新规划，目前尚无经验可借鉴，更无评价标准体系，只能按照设计任务书进行评判。从专业技术角度而言，乡村振兴战略规划是宏观上的、概念性的，还需如农业发展规划、村庄建设规划、乡村社会治理、生态保护等一系列的专项规划作补充完善，才能真正让乡村振兴的具体项目、措施内容等落地开花结果。加之由于历史的原因，各项规划未能实现"多规融合"，导致很多乡村振兴投资项目无法落地建设；城乡建设用地指标难以满足乡村振兴实施过程中的用地需求；是受国家政策调控和体制机制制约等因素影响，一些项目在前期手续审批办理方面，办理程序较为繁锁，时限较长，致使影响项目的开工建设和推动速度。

第四节　优化贵州乡村振兴投融资模式的对策措施

一、构建混合制的农村金融体系助力农民专业合作社

由于农民专业合作社不是企业，普遍缺少抵押物，从银行贷不到钱，融资的渠道太窄，制约着合作社的发展。在所有制基础上，农村金融既要有国有金融机构和国有股份制机构，也要鼓励民间资本成立农民合作基金会、农民合作保险机构、个体私营金融机构等辅助性小微金融组织。农民作为农村金融改革的主要指向，单靠商业性金融机构来满足普通农户家庭的金融需求仍相差甚远，而解决好这一问题最有效的手段就是搭建多种所有制形式共存的农村金融组织体系，让筹资渠道变宽。此外，农村金融的改革在增加农村金融机构数量的同时，还应该注重培育多类型的农村金融组织。比如针对农民的资金互助社、农村社区合作金融、村镇银行、小额贷款公司、担保公司、合作保险、融资租赁、信托、农产品跨期交易市场等，形成一个完善成熟的农村金融生态环境。发展农村金融不仅需要金融部门自身改革，还需要在农村培育金融意识、金融管理能力。先让农民发

展这种封闭的资金互助组织，这样做实际上是培育和锻炼农民在金融问题上的信用和能力，然后再逐步发展为比较正规的金融组织。[①]

二、实施农村信贷、担保、保险融合的发展战略

逐利是商业的天性，目前农村领域金融服务的盈利还不足以吸引商业银行主动关注对"三农"的投入。"国家和政府只能出台指导性意见，引导商业银行去做这些事情，运用经济手段，比如降息等方式给银行一些吸引力。"当下农村缺乏抵押物是制约银行农业信贷发展的重要因素。这一观点得到全国人大代表、山西原平市子干乡子干村党支部书记栗翠田的响应。"法律规定农民拥有'三权'即土地承包经营权、宅基地使用权、集体收益分配权，但同时却不能作为贷款抵押，'三权'是虚拟的财产权，并没有融资功能。"

当下要抛弃现有必须以实物作抵押的观念，在现有农村土地政策条件下，探讨土地承包经营权抵押贷款的可行性，探讨农村土地流转的相关法律问题，尝试从放宽抵押范围、推行土地经营权贷款和加强农业保险等入手。"让公共财政向农村倾斜，调整城乡利益分配格局，使农民手中的土地潜在价值得以依法确权，为农民获得金融机会创造合法的条件。同时还应实施农村信贷、担保、保险融合发展战略，扭转长期以来农村信贷业、担保业、保险业发展不协调的局面。[②]

在美、日等国家，农户参加农业保险是其获得农业信贷的先决条件，"农村金融机构应制定与保险公司合作共赢的发展规划，由农业保险带动农业信贷，弱化抵押物在银行贷款申请中的重要性。

拓宽农村资金来源渠道可采用 PPP 模式，即公私合作模式，也是目前

① 《畅流金融活水浸润农村大地——漫步乡村》，见 http://blog.sina.com。
② 《畅流金融活水浸润农村大地——漫步乡村》，见 http://blog.sina.com。

各地政府正在主推的合作模式。在该模式下，鼓励私营企业与政府进行合作，发挥民营资本在资源整合与经营上的优势来弥补农村融资短板。

三、补全农村基础设施短板，完善投融资机制设计

第一，要建立财政投入增长机制。建议建立健全实施乡村振兴战略财政投入保障机制，公共财政支出优先向"三农"领域倾斜，多层次多维度推进涉农资金整合，确保财政对农业农村投入只增不减，与乡村振兴目标相适应。创新财政资金投入方式，通过创新投融资机制，财政金融联动，用足、用好、用活脱贫攻坚投资基金和政策性融资担保政策。积极争取国家投入资金，加快乡村振兴相关项目进度，坚持"量入为出，量力而行"的原则，严禁借乡村振兴之名违法违规变相举债。充分发挥省市县信贷担保公司龙头作用，通过财政担保费率补助和以奖代补等措施，加大对新型农业经营主体信贷支持力度。

第二，要加大项目政策及资金倾斜力度。我省处于西部地区，经济基础薄弱，自我造血能力差，人才资源匮乏，基础设施欠账多，服务功能不完善，目前正处于大发展、大建设的关键时期，建议从国家层面加大对我省在产业政策、人才引进、资金配套、融资限额指标等政策方面的倾斜力度。

第三，要建立多元化项目融资渠道。加大金融支持现代农业投入力度，壮大农村信用社支农实力。强化政策性金融支农服务，健全风险补偿机制，探索创新农村金融保险机制。结合我省乡村振兴实际，创新开展符合现代农业发展的信贷产品，同时积极争取PSL（补充抵押贷款）等资金专项用于乡村振兴战略，为现代农业经营企业（项目）提供低成本、长期的信贷资金供给。在此基础上，盘活项目存量资金，增强流动性资金的支持，积极对接银行争取信贷规模，对已批未放款的项目进行投放，加快对

已放款未使用的项目资金使用，充分发挥其资金效益，形成投资拉动，避免信贷资金闲置。建立项目储备库，围绕 PPP、自营补贴，创新类项目，结合棚户区改造、乡村振兴和银行的信贷政策，做好项目前期准备申报工作，为项目融资提供有力保障。

第四，健全机构，切实推动乡村振兴战略投资项目建设各项工作高效落实。为持续深入推进乡村振兴向纵深方向发展，建议要进一步加强党委对乡村振兴工作的领导，建立健全省市县三级乡村振兴战略议事协调机构，全面帮助落实解决省市县三级乡村振兴办机构人员编制，充实人员力量，保证工作正常运转，更好加强省市县三级对实施乡村振兴战略投资项目有关事项，特别是重大项目统筹协调和指挥调度，更好地发挥各部门作用，整合资源，提高工作效率，全面落实各项任务，奋力推进乡村全面振兴。

四、出台乡村振兴优惠政策，完善投融资体系

精准施策，落实好乡村振兴战略投资项目相关优惠政策。第一，深入落实国务院关于"放管服"改革有关部署，逐步将符合条件的涉农项目审批权限下放基层，尊重基层和群众的首创精神，发挥税收职能作用，激发基层潜在的创新动力。第二，认真梳理相关税收政策，了解相关企业的涉税政策需求和工作难点，争取国家层面出台有针对性的支持乡村振兴战略项目投资的税收优惠措施。第三，精准施策，申请制定专门扶持政策。建议降低农村地区高新技术企业认定标准，对在农村地区投资回报周期较长的企业，比照高新技术企业和科技型中小企业相关政策，将亏损弥补年限延长至 10 年以上；对农村地区符合资源节约和环境保护要求的招商引资企业，予以适当的房产税和土地使用税减免，为项目实施创造良好的投资环境。

下 篇
实施方案

第十一章　案例：贵安新区农村产权
改革促进乡村振兴

　　为贯彻落实党的十八大及十八届三中、四中、五中全会、中央及省农村工作会议精神，建设创新、协调、绿色、开放、共享五大发展新理念先行示范区，探索盘活农村产权的路径与方法，为新区建设农村综合体夯实基础，根据《省人民政府关于培育发展壮大村级集体经济若干政策措施的意见》《关于引导农村土地经营权有序流转发展农业适度规模经营的实施意见》《关于在全省开展农村资源变资产资金变股金农民变股东改革试点工作方案（试行）》《中共贵州贵安新区工作委员会贵州贵安新区管理委员会关于发展壮大村级集体经济的实施意见》，制定本方案。

总体要求

一、指导思想

　　以五大发展理念为指导，以确权颁证为基础，以"三权分置"为方向，以机制创新为动力，以搭建交易平台为载体，以推动产权抵押融资为突破，以农民增收为核心，努力构建归属清楚、股权明晰、分配合理、流转顺畅的农村集体产权制度，盘活农村闲置资源，加快城乡生产要素的流动，为推动"城乡统筹发展·建设美丽乡村"提供强有力保障。

二、目标任务

在××村开展农村集体产权股份改革试点；在全区所有集体经济组织中实施以股份合作社为主，其他形式为补充的农村股份合作制改革；以现有的经济合作社改制升级为主，以差异量化股份处理村民小组资产并入隶属的股份合作制经济组织为补充的组建方式；以清产核资、资产量化、股民界定、股权配置、股权管理为主要内容的农村集体经济组织产权制度改革。

三、基本原则

一是坚持集体所有、集体经营的原则。发挥集群力量，统一思想，集体经营，村民占股，保障集体经济的效益和村民的利益。二是坚持"落实集体所有权、稳定农户承包权、放活土地经营权"的原则。在落实农村土地集体所有权的基础上，稳定农村土地承包关系并保持长久不变，放活土地经营权，允许承包土地的经营权入股。三是坚持市场运作、标准管理、可持续高效经营原则。以市场促经营，以市场促改革，通过市场机制的作用，促进集体经济标准化、规范化管理，保障经营者积极性与村民效益的最大化。通过优化配置、合理开发，让村民的效益永久化、可持续化，通过集中、统一的经营理念，保障村集体经济有效收益，盘活农村集体产权经济。四是坚持政府引导和尊重农民意愿相结合，实事求是与尊重历史相结合，民主协商和规范操作相结合原则。五是坚持多元化发展的原则。在产权制度改革的过程中，采取宜集中则集中、宜松散则松散的经营理念，允许多种模式并存，探索有益于新区集体产权制度发展的路径。六是坚持重点突破、分步实施的原则。农村集体产权股份改革要按照统筹城乡发展的要求，坚持试点先行、重点突破、封闭运行、风险可控的原则，确保取得实效。

实施步骤

严格遵循"建立班子、制定方案、清产核资、人口清查、成员界定、股权设置、股权量化、建章立制"等工作程序，以行政村为单位，对原有村经济合作组织进行股份合作制改革，确定社员在集体资产中所占股份，原经济合作组织更名为股份制经济组织，继续依法行使原村级集体资产的所有权和经营管理权。村集体经济组织改革后，新的经济组织名称为：贵安新区××乡（镇）××村股份经济合作社，其性质为村集体经济组织。改制后的集体经济组织是一个具有独立法人资格，实行独立核算、自主经营、自负盈亏、民主管理，业务上接受上级农经管理部门指导和监督的股份集体经济实体。本次股改基准日为20××年7月1日0：00时。

一、准备阶段

（一）统一思想认识，广泛宣传发动

农村集体经济股份制改革是农村经济管理体制改革的重大举措，是改革开放以来农村生产关系的又一次重大调整，涉及面广，政策性强，利益关系复杂，事关广大群众的切身利益。各村要召开专门会议统一部署，同时要召开党员、组长等会议进行广泛宣传发动，统一思想认识，营造浓厚氛围，取得广大干部群众的理解和支持。

（二）成立领导小组，制定工作方案

各村建立村经济合作组织股份合作制改革领导小组，组织实施改革工作；根据各自实际制定工作方案，对股份制改革的目标任务、时间安排、人口及资产的清查项目和实际操作中可能遇到问题进行处置等事项进行明确；召开社员代表会议，表决通过股改工作决议，股改决议上报乡（镇）

政府并得到批复同意后实施。

二、实施阶段

（一）清产核资

第一，以全行政村、组、社区所属的集体经济组织及其下属的集体经济实体（包括各类经营服务性公司）为对象，全面调查核实农村集体资产家底，妥善处理债权债务，明确集体资产的权属关系。清产核资范围包括集体所有的资源性资产、经营性资产和公益性资产。20××年以来已经完成清产核资的村，可对资产变动情况进行核实后，通过公示形式向全体社员公布无异议后核定。清产核资结果须经社员（代表）大会审议通过，并报乡（镇）政府审核后在村务公开栏中公开。对确实无法收回的债权和其他坏账，须经社员（代表）大会讨论决定后，予以核销。原则上只对村集体经营性资产进行量化，一般不作评估，以20××年6月会计报表的账面价值计算。

对属于集体经济组织及其下属的集体经济实体所有的土地、地上建筑物、各种资源性资产收益、农作物和经济作物收益；集体净资产中的经营性货币资金（即现金、银行存款）；对外投资资金、应收款项、有价证券，集体享受国家各种优惠政策（如税收、信贷、技改等）所形成的资产及其增值部分，进行核算。

第二，集体所有的工业、商业性用地要进行量化。

第三，对资源性资产的农用地以股份合作制改革时前五年农用地经营性收入平均总金额进行量化：①必须是经确权符合"三资"管理规定要求的资源；②未确权有争议的资源，在未解决争议之前，仍按原使用渠道统计及量化；③由于历史原因造成无合同、无交租；租期长、租金低的农用地，在未解决"一长一低二无"问题前，参照周边同等用途、同等条件农用地经营收益作价量化；④由村、乡（镇）两级经管部门及有经验的干部组成资源性资产的农用地经营收益统计、审核小组负责量化，制表盖章确认。

第四，上级政府、社会团体及个人的无偿拨款、资助、补贴、馈赠等形成的资产，以及集体投资兴建的非经营性和福利性资产（如办公楼、学校、幼儿园、文化室、公园等），实行造册登记，不作价量化入股。

各村必须将清产核资情况在村内公示，公示期为十五天，接受集体经济组织成员的监督；如有异议，由乡（镇）政府组织复查、复核。公示无异议后，各村、组要将集体资产清查核实和产权界定的结果报区农政部门和乡（镇）政府备案。同时，将结果向集体经济组织成员大会或代表会议张榜公示，公示无异议后，经集体经济组织成员大会或代表会议审定后登记颁证。

（二）股民资格认定（20××年10月中下旬）

股民资格按照"依据法律、尊重历史、照顾现实、实事求是"的原则，以村民的户籍、承包责任田、履行义务等实际情况为基本依据，以原参加集体分配的经济组织成员为基础进行界定。

股民资格认定主要是调查排摸各村股份合作制改革基准日前在册的社员及其在册家庭成员（保留社员资格），以户为单位的人口情况，并编制底稿，以队组为单位编印成册，供各个农户核对。在乡（镇）股改工作领导小组的指导下，由村级自行组织实施，可与清产核资工作同步进行。人口清查情况及时进行公布并报乡（镇）政府备案。

具备以下条件之一的，可认定其股民资格：

第一，户籍在本村且开始实行农村双层经营体制时原生产大队成员的农村居民。

第二，户籍在本村且属于农村集体经济组织的成员（含农转非）；父母双方或者一方为本村集体经济组织成员的农村居民；因社员依法收养落户本村的农村居民；政策性移民落户本村的农村居民；履行法律法规和组织章程规定义务的，具有股民资格。

第三，符合计划生育政策所生的子女以及婚嫁迁入本村户口的妇女（含纯女户其中一个入赘的本村户口女婿，但都只能在一村享受），户口在农村集体经济组织所在地，并履行法律法规和组织章程规定义务的，具备股民资格；集体经济组织成员违反计划生育政策所生的子女原则上属集体经济组织成员，但必须按《贵州省人口与计划生育条例》现行规定接受处罚，并在规定年限后才享受股份分红，具体年限由各村根据《贵州省人口与计划生育条例》规定执行。

第四，回迁人员股民资格的认定，由集体经济组织成员大会或成员代表会议按法律法规和政策规定表决通过决定。

第五，非本村成员，即上述第一到第四条规定以外的成员，可以资金形式进行股权认购，所购股权比例由集体经济组织成员大会或成员代表会议按法律法规和政策规定表决通过决定，并报乡（镇）政府备案。

第六，本节第一点所述的成员新出生、婚嫁迁入（含入赘），以及第四点所述人员的资格界定，经集体经济组织成员大会或成员代表会议表决决定，并报乡（镇）政府备案。

第七，本节第一到第二点所述的成员，但目前在外就读大中专的学生、现役义务兵、违法服刑人员，可保留股民资格至期满为止，期满后由村集体经济组织根据实际情况认定股民资格；但在校期间、服役期间、服刑期间均不享有股权分红等股民权利。

第八，符合法律、法规、规章、章程和国家、省有关规定的其他人员；经社员（代表）大会按程序表决通过、同意给予享受集体资产股权的人员，具有股民资格。

符合以下条件之一的，不具备股民资格：

原户口在村的现役军人中已提干和应由政府统一安置的士官；或国家行政、事业单位和国有企业入编人员（含退休）；或已在其他村经济合作社享有股权的人员；或其他按照法律、法规和政策不应当享有集体资产股权的人员。

股民资格认定后，必须张榜公布；对股民资格认定有异议的，由筹备小组根据国家法律和有关政策讨论决定。

考虑到出生、死亡、流动等因素造成人员结构在一定时间内发生改变，股民资格需隔3—5年重新进行认定，具体时间应由村集体经济组织根据实际情况设定，经集体经济组织成员大会或成员代表会议表决决定，并报乡（镇）政府备案。

三、股权量化（20××年12月中旬）

各村按照社员代表大会通过和乡（镇）政府批准同意的实施方案，及时开展成员界定、股权设置和资产量化工作。

第一，成员界定。按照"尊重历史、权利义务对等、程序公开、宽接收、广覆盖"的原则，由全体社员（代表）大会讨论决定集体资产股权享受人员边界和资格，编制成员清册，经核对无误后在村务公开栏中公开接受社员监督。经公示无异议或者异议不成立的，报乡（镇）政府备案。

第二，资产量化。折股量化到户的资产，原则上为村集体经营性净资产，公益性资产和资源性资产暂不列入折股量化的范围，耕地、林地等土地资源承包关系不变，股份经济合作社仅获得土地的经营权。对集体经营性净资产较少的村集体经济组织，采取先股权测算到人，即先完成股民资格认定及股权数量的确定工作，暂不确定股值，即"确权确股不确股值"。股权量化后，将量化到人的股份享受情况等全部进行上墙公布，接受监督。

第三，股权设置。经清产核资量化折股后形成股份合作经济组织的总股本金，可划分为集体股和个人股两部分，其中集体股为固定股权，个人股为动态股权：

集体股用于扩大再生产、抵抗风险、村内公共事务管理和福利事业开支，提取公益金、公积金等；所占比例为20%—40%，具体应由合作社根据实际情况设定，经股民大会或股民代表大会表决决定。

个人股是分红的基本依据，根据股民每年的实际贡献、履行责任义务等方面的情况进行动态调整（附件3），股权证书按"一户一证"制发。

由于股民资格每3—5年重新进行认定，集体股和个人股也应在3—5年根据当年实际价值重新进行划分，具体应由合作社根据实际情况设定，经股民大会或股民代表大会表决决定。

四、健全机构（20××年12月下旬）

改革实施方案经批准后，在设置股权、确股到户等工作的基础上，召开由社员股民（代表）参加的设立大会，讨论通过《合作社章程》，建立健全社员股民（代表）大会、理事会、监事会等组织机构，宣告股份经济合作社成立，依法行使合作社资产的所有权和经营管理权。

第一，制定章程。股份经济合作社必须制订章程，乡（镇）政府应对章程制定提出必要的规范，并草拟本乡（镇）的股份合作经济组织示范性章程，务求章程各项条款合法、表述清晰、内容全面、操作性强。股份经济合作社拟定章程草案送乡（镇）政府审核后，交由股民大会或股民代表大会审议修改、通过后，报乡（镇）政府备案。实行股份合作制的农村集体经济组织，股份经济合作社章程的条款不得与国家法律和有关政策的规定相抵触。执行中有需要修改的，须经股民代表大会2/3以上股民代表出席，出席股民代表会议的一半以上代表讨论通过后才能生效。擅自修改、变更股份经济合作社章程的条款无效，直接责任人要承担由此产生的一切后果。

第二，股民大会。股民大会是股份经济合作社的最高权力机构，实行"一户一票"制，重大的事项由股民大会决定，一般的事项由股民代表会议决定，股民代表按股份经济合作社章程规定的程序选举产生。

第三，理事会。理事会是股民大会的常务决策机构和管理机构，每届任期3—5年，可连选连任。理事会一般由5人组成，设主任1人，副主任2人，分设财务、技术、办公和市场四个部门。在任期内如有失职，可临时召开股民大会给予审理和罢免。

第四，监事会。监事会是股民大会和股民代表会议领导下的监督机构，代表全体股民履行监督，检查理事会工作，由股民大会选举产生，一般由5人组成，每届任期3—5年，可连选连任，在任期内如有失职，可临时召开股民大会给予审理和罢免。

五、总结阶段

股份制改革工作全面完成后，各村要认真进行总结，对照省、区有关改革的要求进行完善，对改革过程中形成的具有保存价值的文字、图表、声像、数据等各种形式和载体的原始记录应及时收集整理归档保存。主要内容包括：改革机构和人员名单、工作方案；清产核资报表；股民统计登记表；资产处置情况；社员（代表）大会的决议、会议记录；相关调查资料和报告；群众来信来访接待记录和处理意见；有关意见、请示、报告、批复和其他文件资料；会议、活动以及与改革有关的其他资料等，确保今后产生争议时有据可查，并报贵安新区政府备案。

工作要求

一、统一思想，提高认识

推行农村集体经济股份制改革是集体资产量化到户、深化农村经济体制改革的有效形式，是农村集体资产经营管理的制度创新，也是统筹城乡经济社会协调发展的重要抓手。各村要把村集体经济组织股份合作制改革作为全面深化改革的重要内容来抓，要充分发挥村党组织的领导核心作用，正确处理村党组织、村委会和股份经济合作社之间的责权利关系，组织实施改革的具体工作。要积极探索深化改革措施，不断激发农村集体产权制度改革的活力。

二、加强领导，精心组织

全面推行村级股份制改革，是贵安新区推进城乡一体化、保民生奔小康、维护农村社会稳定的重大措施。股改面广、量大，时间紧、任务重，群众关注度高。各村必须高度重视，把其作为一件大事来抓，主要负责人亲自抓，村班子成员要结合分工认真抓好各自分管范围内的工作，在时间上要合理安排，在人力上要妥善配置。乡（镇）驻村、包村干部要经常下村指导工作，确保改制工作平稳、有序推进，如期完成改革目标任务。

三、加大宣传，营造氛围

推行村集体经济合作社股份制改革是一项政策性、群众性很强的工作，关系到千家万户农民的切身利益和农村社会稳定。各村要通过广播、召开座谈会、动员大会等多种形式进行广泛宣传发动，营造良好的舆论氛围，取得社员群众的支持。

四、明确责任，紧密协作

乡（镇）股改领导小组各成员要切实抓好村经济合作社股份制改革中的清产核资、产权界定、折股量化等重要环节的具体指导和检查监督；乡（镇）纪检、宣传等单位要强化服务意识，要加强协作，密切配合，使农村股份制改革顺利进行。

典型案例

一、案例一：龙山村"公司+村委+协会+农户"改革模式

（一）基本情况

党武镇龙山村地处黔中大道旁，毗邻花溪大学城，是个有着数百年历史的古村寨，300 多年前，清代诗人吴中蕃便隐居于此。龙山村属亚热带季风湿润区，具有较明显的高原性季风气候特点，夏无酷暑、冬无严寒、雨量充沛、无霜期长，年平均气温 14℃—15℃左右。村中苗族、汉族世代居住，少数民族占 32%，具有浓厚的民族特色；全村 80% 的村民姓吴。龙山村依山傍水，松柏山水库及花溪水库环绕周围。全村森林覆盖率达 45%以上，村内古树参天、风景秀丽。但是，长期以来，这里的村民以传统农耕为主，前些年因土地贫瘠收成有限，大多数人选择外出谋生，土地撂荒现象普遍，村集体经济出现"空壳化"。

（二）改革过程

2014 年，贵安新区不断推进开发建设的同时，大力实施美丽乡村建设，和新区的大多数村子一样，龙山村的基础设施得到全面改善，村容村貌焕然一新，吴中蕃故居也得以修葺完善。

正是在 2014 年，村里的致富能人吴锦刚看到发展机遇后返乡并当选村主任。村民代表大会上，吴锦刚分析：龙山村文化底蕴深厚，交通便利，又能搭上新区发展的快车，为何不探索一条农旅结合的致富路？吴锦刚的建议很快得到了多数村民的赞同。结合实际，在外打拼多年视野开阔的吴锦刚明白，龙山村要发展，必须把村里闲置的土地、林地等集体资源盘活。于是，他在村里牵头成立了村集体所有制企业贵州黔真龙旅游开发有限公司。"只有通过'集体 + 公司 + 农户'的模式，我们才能充分利用集体资源，从而让每个村民都成为受益者。"吴锦刚说。在龙山村发展农旅产业，打造游客接待中心是吴锦刚为村里规划的第一步。公司成立后，吴锦刚把目光瞄准了村口位置优越的几十亩荒地。"村集体通过土地入股，村里家家户户都是股东，村民还可通过资金入股提升持股比例，资金不够还可引进社会资本参与，游客接待中心盈利后，大家按持股比例分红。"龙山村村支"两委"达成一致意见，30 多名党员挨家挨户征求群众意见时，得到了村民的积极响应，20 多户村民踊跃入股。

龙山村的主动"求变"，得到了贵安新区农林水务局及党武镇等相关部门的大力支持。2018 年，贵安新区将农村集体产权制度改革列为 100 项改革任务之一，龙山村便是改革试点村。2018 年 5 月，经过两年多的建设后，龙山村游客接待中心正式投入运营，取名"悦子庭"。"现在仅仅是酒店和餐饮服务，我们每个月便可实现营收 100 多万元。"吴锦刚告诉记者，如今"悦子庭"不仅为龙山村及周边村寨提供了 100 多个就业岗位，还成了村里的农民技能培训中心。眼下，龙山村正通过"悦子庭"推广党武辣子鸡等农特产品，并积极布局电商产业推广新区农特产品。就在龙山村"三变"改革颇具成效的时候，2018 年 6 月，《贵安新区直管区农村集体产权制度改革实施方案》出台，启动农村集体产权制度改革工作，推动农村"三变"，助推乡村振兴。

（三）改革效果

第一，环境优美，宜居宜业。

走进龙山村，给人的第一印象是干净、整洁、宁静、和谐。"静对祛浮妄，微吟领秀寒。幽踪千古秘，犹怨墨光残。"这是 300 多年前明末清初著名诗人吴中蕃诗作《龙山六咏》其中一首《款端峦》中的一句。诗中，吴中蕃盛赞龙山的美景。

"龙山村已完成通村、通组、串户路共 3.9 公里，完成公墓停车场建设及村内农用停车场建设。此外，由新区相关部门代建完成寨门广场、中心广场、两廊一戏台及荷花池。"龙山村村主任吴锦钢告诉记者，目前，总投资超过 5000 万元的龙山村悦子庭游客接待中心已经建成开业，开办在村里的党武镇农村电商平台即将上线，村里又多了一个品尝各地美食，选购当地农特产品的好地方。

目前，龙山村已建成电话、电视、手机网络等配套设施，互联网已实现全覆盖；电网与天然气管道建设已完成；安装节能路灯上百盏；建设了农家书屋、文化活动广场；安装垃圾箱 5 个，垃圾桶 16 个等，当地人居环境得到极大的改善。

第二，美丽乡村，产业富民。

围绕"将地方特色与旅游经济结合起来，建设山水生态、田园风光、民俗风情为一体的体验型旅游文化度假村"的思路，龙山村结合美丽乡村建设，大力挖掘历史文化与民族民俗文化，致力于将该村打造为融合自然美景、人文历史、民俗风情的乡村旅游风景区。龙山村以种植及养殖业为主，目前村里已成立果蔬专业合作社 1 个、生猪养殖协会 1 个，共有会员 70 余名，采取"公司 + 协会 + 农户"合资参股的经营模式，养殖生猪存栏 1500 余头，种植美国大红桃 500 余亩，为村民提供就业岗位的同时带动村民致富。

（四）经验启示

第一，提高思想认识是改革的基础。党武镇龙山村由致富能人吴锦刚牵头，走出了一条农旅结合新兴乡村振兴道路。吴锦刚长期在外打拼，视野开阔，思想先进。在吴锦刚的带领下，村里成立了村集体所有制企业——贵州黔真龙旅游开发有限公司。通过打造"集体＋公司＋农户"的模式，走出了一条符合当地特色的致富道路。

第二，提供政策支持是改革的保障。贵安新区农村集体产权改革以明晰农村集体产权归属、维护农村集体经济组织成员权利为目的，以清产核资、推进集体经营性资产改革为重点任务，以发展股份合作等多种形式的合作与联合为导向，与农村"三变"改革、农村土地"三权分置"等工作紧密结合。

龙山村的主动"求变"，得到了贵安新区农林水务局及党武镇等相关部门的大力支持。2018 年，贵安新区将农村集体产权制度改革列为 100 项改革任务之一，龙山村便是改革试点村。政策的大力支持，为龙山村的进一步发展提供了更好的支持，使得产业推进的持续性增强。

第三，有效盘活资源是改革的前提。新区的改革坚持农村土地集体所有，坚持家庭承包经营基础性地位，探索集体经济新的实现形式和运行机制，不断解放和发展农村社会生产力，促进农业发展、农民富裕、农村繁荣。改革内容包括全面开展清产核资、明确集体资产所有权、确认农村集体经济组织成员身份、有序推进经营性质资产股份合作制改革、严格股权管理、保障农民集体资产股份权利、组建农村集体经济组织、多种形式发展集体经济、建立农村产权流转交易机制 9 个部分。

党武镇龙山村结合自然以及人文地理条件，在龙山村发展农旅产业。打造游客接待中心是村主任吴锦刚为村里规划的第一步。公司成立后，吴锦刚把目光瞄准了村口地理位置优越的几十亩荒地。"村集体通过土地入股，村里家家户户都是股东，村民还可通过资金入股提升持股比例，资金不够还可引进社会资本参与，游客接待中心盈利后，大家按持股比例分红。"以这样的形式既调动了村民的积极性，同时也充分利用了自然地理条件，树立了因地制宜的典范。

二、案例二：洋塘村"党支部 + 合作社 + 基地 + 农户"模式

（一）基本情况

洋塘村位于平坝县东部，隶属马场镇，东连凯洒村，南接烂坝村，清镇牛奶场，北抵松林村，面积 9.4 平方公里。全村有洋塘、新寨、屯脚、小陇、牧场五个自然寨，共 367 户 1411 人。洋塘村距马场镇政府所在地 7 公里，距省城贵阳 41 公里，境内有新艺机械厂，交通便利、区位条件优越；洋塘村地处亚热带季风气候区，平均海拔 1898 米，年平均气温 17.2 度，冬无严寒，夏无酷暑。属平坝县粮食生产旱作区，现有耕地面积 367 亩，其中水田 235 亩，旱地 323 亩，人均占有耕地 0.26 亩；洋塘村地势较为平坦，寨内已基本实现硬化。

洋塘村现已完成农村电网改造，入户率 100%，已解决用电问题，无线通讯、有线电话已基本覆盖全村，但有线电视、网络通讯和广播不通，制约了信息交流与沟通。教育、文化、卫生等社会事业发展滞后。教育已实现"两基"和"普九"目标。农村卫生合作医疗开展较好，参合率为 90% 以上，有村卫生室，但相关配套医疗器械设施不足，医疗保障条件差。没有村文化活动室及相关配套设施、文化生活单调贫乏。村容村貌脏、乱、差。农民住房质量还有待进一步加强，存在乱搭乱建情况。无排水排污渠道，无垃圾收集场所，沼气池建设 5 口，改厨、改厕、改圈配套跟不上。村寨内无公益设施，无公共绿化，人居环境较差。

近年来，通过积极推进农业产业结构调整，洋塘村的农业农村经济取

得了长足的发展，农业产业结构趋于多元化，生产能力明显增强，通过农业产业结构调整，洋塘村逐步发展形成了以种植经济作物等的村域产业支柱，较充分运用和发挥了该村的资源优势和区位优势，使产业结构逐步趋于合理。

（二）改革过程

作为红枫湖这口"大水缸"边上的村寨，洋塘村生态资源良好，土壤肥沃，极具种植优势。长期以来，洋塘村以水稻、玉米等为主要农作物。虽然洋塘村有部分经济作物，但不成规模，产值低、获利不大。据洋塘村村委会主任万顺介绍，在 2015 年以前，洋塘村仍然是以种植玉米、水稻为主。"要调整农业产业结构，我们才有出路！"通过学习和考察，万顺更深刻认识到，只有调整产业结构，找准路子，洋塘村才能走出困境。与此同时，洋塘村村支两委在马场镇的指导下，群策群力、一心一意抓好村级经济发展，并找出影响发展的症结，积极寻求出路。

洋塘村村支两委非常重视调研和学习，一方面，走村串户，摸清洋塘村贫困户的居住、就医、就学、劳动力等生产生活情况，全面掌握土地、农业、交通等现状，找准问题所在；另一方面，深入学习中央、省、新区、镇关于"三农"发展及脱贫攻坚方面的文件精神，吃透政策。此外，村支两委相关人员还到省内的安顺市塘约村、黔南州荔波县学习发展经验，到省外如福建省彰州市、辽宁省丹东市考察食用菌项目等，借鉴成功经验。

洋塘村的生态种植产业，主要利用宜居宜耕的山地丘陵地理环境，适合发展经济作物的气候以及与贵安大道相连的优越交通条件等，在原来种植水晶葡萄的基础上，鼓励村民种植经济高效的葡萄、李子、猕猴桃等，让他们增收致富。此外，洋塘村还向上级部门争取到 400 余万元资金支持，鼓励 9 户村民共同出资 16.3 万元，筹集资金 171.3 万元，按照风险共担、收益共享的方式，拟定章程、明确股权，由村委会发起成立了农民专业合作社，以合作社运作的方式，建成食用菌基地 18 亩，试种平菇等食用菌；摸索试种生态蔬菜，如芥蓝、菠菜等，在生态农业上做文章，打出了"一组一品牌"的特色山地农业品牌。

值得一提的是，在积极发展生态种植产业的同时，洋塘村村支两委还认识到"修路助致富"的硬道理。近两年来，在洋塘村驻村第一书记的带领下，洋塘村积极改善基础设施条件，向新区有关部门协调争取，共筹集资金 584.5 万元，实施通组路硬化 2.7 公里、基耕道 2.8 公里、生产步道 1 公里，安装路灯 246 个，建成 8 个村民组的通组路，村民生产生活条件得到极大改善。家乡发展得如此好，不仅吸引了洋塘村在家的村民积极投身产业发展，许多以前在外打工的村民也主动回来，加入发展大潮中。

（三）改革效果

第一，家家户户有产业。"调整产业结构的第一步就是种植葡萄，从最早仅有几十亩葡萄到现在的 3000 余亩，这仅仅完成了目标的第一步。"万顺告诉记者，村里还建设了 2 个大型冷库以便储存葡萄。"从 2017 年开始，春季，村里种植的几十亩草莓上市了；夏季，村里的 60 余亩桃子相继成熟；到了秋季，我们有葡萄、猕猴桃等水果；冬季，则有芥蓝、菠菜等蔬菜。"万顺说，现在洋塘村家家户户都有了属于自己的特色产业。

第二，农民增收又致富。以"党支部＋合作社＋基地＋农户"的模式发展，洋塘村葡萄产业从最初的几十亩发展到现在的 3000 余亩，近 300 户村民加入了葡萄种植合作社，其中大部分是贫困户。去年，全村葡萄产值近 1300 万元。"如果今年葡萄价格变化不大，那我家光是种葡萄就有几万元的收入哩。"村民吴锡高兴地说。实际上，经过产业结构调整，洋塘村增收致富的路子早已不再单一。

2017 年，洋塘村不仅销售葡萄、桃子和猕猴桃等水果，几十亩草莓也顺利上市，合作社试种的生态蔬菜供不应求，为村集体带来了 20 万元的纯利润。洋塘村食用菌种植基地，自从建设投用以来发展良好，仅 2017 年就种植了食用菌 10 万棒，产值达 40 余万元。目前该食用菌种植基地的 10 个大棚内有平菇、猴头菇、茶树菇、姬松茸、木耳、灵芝等 10 余个品种，已经成为新区食用菌产业示范基地，带动了更多群众增收致富，村民个个乐开怀。家乡发展得如此好，不仅吸引了洋塘村在家的村民积极投身产业发展，许多以前在外打工的村民也主动回来，加入发展大潮中

（四）经验启示

第一，积极发展农民股份合作。土地是农村和农民最重要的资源，栗木村实行股份制合作，打造"股份农民"，让农民在"耕者有其田"的基础上实现"耕者有其股"。引导农民以土地经营权入股企业、农民合作社、家庭农场等经营主体，是创新农业生产经营机制、发展农业适度规模经营、建立农民与各类经营主体利益联结机制的有效形式。农区在全面完成农村土地承包经营权确权登记颁证的基础上，以充分尊重农民意愿为前提，放活土地经营权，鼓励和推动农民以土经营权入股各类经营主体，推动各种现代生产要素向农业积聚，为盘活农村资源要素、发展现代生态农业、促进农民持续增收探索新的路径；同时，着力推进农村集体资产确权到户和股份合作制改革，赋予农民更多的财产权利。

第二，努力实现与农业产业发展的有机结合。推进农村集体产权制度改革，确权出来的资源、量化形成的股权都需要有承载平台来承接。目前，农村集体产权制度改革大多集中于土地等自然资源，而农业产业发展最需要的也正是土地等资源。因此，要把农村集体产权制度改革与农业产业发展有机结合起来，一方面通过农业产业的不断发展去吸纳更多的土地等资源；另一方面通过土地等资源的持续活跃来助推农业产业的发展。

洋塘村通过合作社这一平台，把农村集体产权改革和农业产业很好的

结合在了一起，发展了葡萄、食用菌等产业，起到了很好的示范作用。同时，产业的发展进一步解开了农民心中的疑团，更加有利于产权制度改革的推进。

第三，培养并充分发挥农民的主体能力。洋塘村的产业政策的推进也是基于合作社基础上进行的。通过建立土地股份合作社，有利于农民主体能力的培养，培养新型农民。在农村，对于大多数农民来说，由于相对落后的教育环境以及传统的保守思想，他们缺乏系统的知识以及长远的目光。小农经济的长期存在，农民的组织能力低下，话语权小。并且缺乏农业方面的专业知识，市场意识、竞争意识、创新意识的缺少都在不断制约着农民发展农村经济和市场竞争力。农民将承包的土地入股到合作社，作为股东成立股东大会，作为土地合作社的管理者，不断的接收新的知识和理念，在市场竞争中增强市场竞争的观念。定期的为村民培训管理知识和科学技术知识，开阔农民的眼界，提高他们的素质，使他们不断成长为有文化、有技术、能管理、能创新的新型农民。

三、案例三：平寨村"公司＋党支部＋合作社＋农户"模式

（一）基本情况

贵州省安顺市平坝县马场镇平寨村位于平坝县东部，隶属马场镇，东连新村村，南接川心村，西至普贡村，北抵加禾村，面积9.2平方公里。全村共527户、2203人。平寨村距马场镇政府所在地13公里，距省城贵阳45公里，交通便利、区位条件优越；平寨村地处亚热带季风气候区，平均海拔1898米，年平均气温17.2℃，冬无严寒，夏无酷暑。属平坝县粮食生产旱作区，土壤肥沃，耕地资源丰富，面积3060亩，其中水田2157亩，旱地903亩，人均占有耕地1.38亩；全村2203人，中专或高中文化程度的55人，初中文化的643人，小学文化的820人，劳动力1211人，全村

有党员 32 人。依托良好的田园风光、民族文化风情，平寨村大力发展乡村旅游。截至目前，平寨村已有 80 余家农家乐、乡村客栈、酒吧、刺绣坊、茶室等。

（二）改革过程

"原地踏步、单打独斗，都谋不出发展来，必须走出一条新路。"平寨村村委会主任徐家庆说，要改变农民祖祖辈辈养成的种植习惯不容易，把土地、人力、资金等资源聚集起来，抱团闯市场，将"为吃而生产"转变为"为卖而生产"更不容易，但也只有这样，平寨村才能真正走出困境，实现乡村振兴。

曾经的平寨村，旱地种植业主要以玉米为主，每亩产值仅 580 元。而如今，依托良好的田园风光、民族文化风情等，平寨村积极调减玉米等低效农作物种植面积，大力发展乡村观光旅游。截至目前，已有 80 余家农家乐、乡村客栈、刺绣坊、茶室在此"生根"。"平寨村的产业主要以旅游为主，依托北斗湾开元酒店、电子信息产业园等重大项目，我们把平寨村打造成为休闲放松地、田园风光体验地。"平寨村村委会主任徐家庆说，平寨村的民宿、饮食等都已经具备，但休闲观光项目单一。

针对上述情况，平寨村推出了 2018 年度乡村经济提升计划，其中首推 600 亩苹果林项目。在贵安新区相关部门的支持下，600 亩苹果林项目在平寨村落地。2018 年 2 月底，平寨村种下了 2.52 万株苹果树。早在项目筹备期间，平寨村村支两委就已经与贵红农业种植有限公司展开合作。"公司提供苗木、现场管理、技术支撑、种植培训，保障了苹果树成活率。尤其是公司持续提供技术保障，使乡村经济提升计划有了强力支撑。"徐家庆介绍，种下的苹果树每亩约有 40 株，其中 30% 的树苗今年 10 月份就可以挂果。届时恰逢旅游旺季，平寨村又多了一个采摘亮点。

"以党支部为引领，通过'合作社＋农户'的形式带动经济发展，并对合作社进行股份制改革，村集体控股 51%，村民融资控股 49%，平寨村成立了贵安新区荷韵生态农业旅游服务农民专业合作社，筹集基金 400 余万元将其进行市场化运作，助力农产品打开市场销路，助推乡村旅游市场化，通过一场立足于农业产业革命'八要素'，实现了'三农'和市场的共赢。"平寨村党支部书记张卫敏介绍。目前，平寨村通过党支部引领搭建平台，依靠党员的示范带动作用，全面推动村内产业结构调整，除了平寨组种植的 600 亩苹果外，在距离平寨组不远处的克酬组，也种植了 300 亩地萝卜（学名：豆薯）、200 亩折耳根，这些极大丰富了平寨村在经济作物种植上的探索之路。

不仅如此，在合作社的带领下，平寨村对优势产业旅游业也做了调整。2018 年 3 月，该村实施"平寨田园综合体计划"，在村口荷塘内修建了 6 个划垂钓亭，挖通了连接水上河道，增设游船观光采莲项目，还安装了直饮水设备，方便村民和游客喝水；同时建设水生态餐厅，立足荷花优势，着力点亮平寨旅游又一盏"明灯"。

通过积极推进农业产业结构调整，平寨村的农业农村经济取得了长足的发展，农业产业结构趋于多元化，生产能力明显增强。通过农业产业结构调整，平寨村逐步发展形成了以种植经济作物等的村域产业支柱，较充分运用和发挥了该村的资源优势和区位优势，使产业结构逐步趋于合理。

（三）改革效果

第一，道路平了，交通便利了。2013 年以前，平寨村还没有水泥路，村民外出基本靠步行。在美丽乡村建设下，平寨村修建了水泥路，实现了组组通，村民出行方便多了。现在从村里到镇上全是水泥路，开车去镇里只要几分钟时间，平寨到贵阳的路程也从 2 个小时缩短到半个小时。

第二，环境靓了，日子富裕了。2013 年以前，平寨村主要以种植传统农作物为主，靠天吃饭，自给自足，村民们大都过着"日出而作，日落而息"的生活。现在，沐浴着美丽乡村建设的春风，平寨村换了新颜，村民有了笑容。贵安新区对平寨村的水、电、房等基础设施进行改造，建设了污水处理场和文化广场，让平寨村村容村貌得到彻底改变。美丽乡村建设不仅要让村寨"外表光鲜"，还要让村民"兜里有钱"。环境变靓了，贵安新区就依托平寨村良好的田园风光、民族文化风情，大力发展乡村旅游，使平寨村逐步从传统农耕经济向旅游观光产业转型。

在乡村旅游的带动下，平寨村的农家乐和乡村客栈，已从20多家发展到70多家，村民的年人均收入由2013年以前的6000多元发展到如今的1.5万元，村民日子越过越好。

第三，精神好了，素质提升了。看不到烟头，见不到纸屑，文明宣传标语随处可见……在平寨村，形成了浓厚的文化氛围，良好的社会风气。如今的平寨村设有电子阅览室、道德讲堂、篮球场、乒乓球台、电影院、农家书屋等，农闲时节，村民可以看书、打球、上网。村民们还自发成立了文艺表演队，精神生活十分丰富。村里开设了电影院，闲暇时组织村民观看弘扬正能量的电影；开设的道德讲堂会邀请专业人士不定期组织村民进行文化素质培训。

（四）经验启示

第一，充分利用村民及社会资金。平寨村以土地股份合作社为载体，吸纳村民闲散资金及其他社会资金，以股份的形式入股土地股份合作社，实现了土地股份合作社的资金来源多元化，不仅解决了合作社融资难题，而且促进农民的资金变成合作社的股金，使农民享受利益的分红，从"输血"变成了"造血"。广泛吸引农村各类新型经营主体，以资金、技术、设施参股经营，优化合作社股权结构，借智借力，共同推动乡村振兴。

第二，结合本地特色，盘活固有的资源。农村集体产权改革是统筹城乡发展的壮举，农村的发展中面临资金的短缺等问题，这就需要盘活农村的固有资源。支持村级的积累资金、"四荒"资源、基础设施、厂房场院以及政策性资金、项目等资金、资产、资源，折股入社，量化集体资产，实现集体产权多元化，增加集体收入。

平寨村逐步发展形成了以种植经济作物等的村域产业支柱，通过与其他公司的合作，积极的与探索自身自然资源的地理优势，种植苹果、萝卜等经济作物，并结合发展旅游产业，较充分运用和发挥了该村的资源优势和区位优势，使产业结构逐步趋于合理。

第三，培养并充分发挥农民的主体能力。平寨村以党支部为引领，通过"合作社＋农户"的形式带动经济发展，并对合作社进行股份制改革，村集体控股 51%，村民融资控股 49%，平寨村成立了贵安新区荷韵生态农业旅游服务农民专业合作社。

通过建立土地股份合作社，有利于农民主体能力的培养，培养新型农民。在农村，对于大多数农民来说，由于相对落后的教育环境以及传统的保守思想，他们缺乏系统的知识以及长远的目光。小农经济的长期存在，农民的组织能力低下，话语权小。并且缺乏农业方面的专业知识，市场意识、竞争意识、创新意识的缺少都在不断制约着农民发展农村经济和市场竞争力。农民将承包的土地入股到合作社，作为股东成立股东大会，作为土地合作社的管理者，不断的接收新的知识和理念，在市场竞争中增强市场竞争的观念。定期的为村民培训管理知识和科学技术知识，开阔农民的眼界，提高他们的素质，使他们不断成长为有文化、有技术、能管理、能创新的新型农民。

四、案例四：栗木村"支部＋协会＋农户"模式

（一）基本情况

栗木村位于平坝县南部，距高峰镇政府 15 公里，距县城 35 公里，距

贵阳82公里，与黔南州凯佐乡的大堡村接壤，东连活龙村，西接排山农场，南至凯佐乡的大堡村，北抵岩孔村，面积4.25平方公里。全村包括桥边、麻秆、栗木、沙戈、新寨、大陇6个自然村寨，分6个村民小组，共242户、946人。

栗木村地处亚热带季风气候区，平均海拔1250米，年平均气温17.5℃，冬无严寒，夏无酷暑。属平坝县中部溶盆稻油区，土壤肥沃，耕地资源丰富，面积达1604亩，人均占有耕地为1.7亩，高于全省平均水平0.9亩，田多地少，稻田面积达1308亩，占全村耕地面积的81%，方圆十多公里范围内无工厂，更无任何污染源，麻线河自上而下贯穿全村，四周森林植被较好，森林覆盖率达45%，将近高于全省平均水平20个百分点，空气清新，6个自然村寨依山而居错落有致。栗木村是高峰镇较为边远的村寨，布依族人口占总人口的68%，民族特色鲜明，原房屋大多为砖木结构的四合院，现随社会的进步，多数改为平房或新颖的小楼房。

全村住房3.05万平方米，人均住房面积21.2平方米，每年的春节都组织唱民歌、山歌、跳民族舞蹈及现代舞蹈等活动。栗木村没有工业，没有服务行业，经济结构单一，是典型的农业村寨，农业主要以水稻种植为主，主要生产的是水稻、玉米、油菜等农产品。养殖业主要以猪、牛等大牲畜和鸡、鸭、鹅等家禽养殖为主，均为传统的家庭式养殖，规模小、技术水平低。

（二）改革过程

为发挥产业优势，推进"三变"改革，高峰镇发挥政府主导作用和龙头企业、龙头合作社的带动作用，以促进农民增收为核心，引导村集体经济组织和农户发展多种形式，创新"三变+特色农业+乡村旅游+商贸服务"等产业发展模式促进"三变"，让农村分散的资金聚起来、增收的渠道多起来。

过去，栗木村以种植水稻为主，经济效益一直不高。水稻田一年只能种一季水稻，村民收割完水稻后，田就荒着，大片良田的闲置。2016 年，经专家研究证明栗木村、岩孔村一带是猕猴桃的天然原产地，有着适合猕猴桃生长的环境、气候。龙普学带领村两委做农户的工作，以村合作社为主体很快流转了 500 亩地，从盘县请来专业种植猕猴桃的公司，从该公司引进红心猕猴桃，并于 2016 年底前将 500 亩地全部种植完成。同时，村民以土地入股，每亩每年获 800 元固定分红，丰产后每 3 年分红晋升一个档次，分别为 1200 元、2000 元、2600 元。

在技术方面，由种植公司无偿提供并培训村民，村民们在获得土地收入的同时，也学会技术。村里还雇佣这部分村民到基地打工，每人每月能得到 2000 余元工资。"我们的目的就是把栗木村建成宜业、宜居的美丽乡村。"龙普学对未来充满期待，"预计到 2019 年，猕猴桃丰产，亩产 8000斤，每斤市场价 15 元，每年的经济总收入可达 5000 多万元。""2018 年，我们打算利用好村里的生态环境优势，围绕麻线河，开辟农旅结合的发展道路，推进美丽乡村的建设，让村民增加收入。"龙普学说。

与此同时，栗木村推进农旅融合发展。在山水旅游、休闲避暑、康体养生等产业中，引导村民将植物资源、湖泊资源等入股，让资源找到出路，带动农民增收。春天的栗木村被一片油菜花所包围着，随着气温回升，不少村民喜欢到村中的文化广场上健身、散步。近年来，栗木村经济在发展的同时，也更加注重文化建设和群众的精神文化生活。精神文明建设在富足、优质的基础上，还需要发展自己的特色，有着浓厚民族文化底蕴的栗木村，每逢节日，都会展现出布依族的民族特色，进行歌舞表演，吸引村里村外的人前来观看。

栗木村民族特色鲜明，原房屋大多为砖木结构的四合院，随着社会的进步，多数改为平房或新颖的小楼房，这也是让龙普学感到惋惜的一点。"美丽乡村建设离不开保留乡村文化遗产，发扬乡村文化。"龙普学说，下一步，该村要加强乡村文化建设，保留乡村的历史，把古建筑、古树、古文明保留下来，让乡村民俗文化得以传承，构建一道独特的风景线。

（三）改革效果

交通设施方面，长达4公里的X001县道进村，2.7公里长的茶园路和云漫湖配套路网4号路穿村而过，朝阳路也在热火朝天建设中；环境方面，村容村貌极大改善，保洁公司进村，白色垃圾越来越少，每天9个保洁员为干净整洁的村容"保驾护航"；创业就业方面，村子紧邻云漫湖景区和贵澳、富士康等园区，全村在家门口就业100余人；返乡创业农民工越来越多，村民幸福感增强；村集体经济方面，目前以"支部+合作社+农户"的形式，分别在白岩、孟寨、青松、谢家组等几个寨子发展地瓜、折耳根、猕猴桃、葡萄等经济作物共约300亩，几乎覆盖了所有农户。

（四）经验启示

第一，改革必须实现与农业产业发展的有机结合。推进农村集体产权制度改革，确权出来的资源、量化形成的股权都需要有承载平台来承接。目前，农村集体产权制度改革大多集中于土地等自然资源，而农业产业发展最需要的也正是土地等资源。因此，要把农村集体产权制度改革与农业产业发展有机结合起来，一方面通过农业产业的不断发展去吸纳更多的土地等资源；另一方面通过土地等资源的持续活跃来助推农业产业的发展。

栗木村通过合作社这一平台，把农村集体产权改革和农业产业很好的结合在了一起，发展了猕猴桃产业，起到了很好的示范作用。同时，产业的发展进一步解开了农民心中的疑团，更加有利于产权制度改革的推进。

第二，改革必须实现与社会资本的紧密联合。农村资产丰富，但资本缺乏。随着农业供给侧结构性改革的不断深入，大量的社会资本正从传统生产领域退出，急需找到新的投资领域。因此，要充分利用好这一有利机遇，一方面鼓励、引导社会资本投入农村、投向农业；另一方面通过深化农村集体产权制度改革，改变农村资产与社会资本低层次简单的"租赁式联合"，按市场经济和现代企业制度的要求，发掘农村资产的市场价值，以股份合作为链接，构建起较高层次的"资本式联合"，从而推动要素升级，促进城乡要素一体、联动发展。

栗木村通过合作社与盘县专门种植猕猴桃的公司合作，并且达成了猕猴桃公司合作，从该公司引进红心猕猴桃，这种做法就算是一种"村集体＋农户＋公司"的形式，相当于社会资本的引入。在技术方面，由种植公司无偿提供并培训村民，村民们在获得土地收入的同时，也学会技术。村里还雇佣这部分村民到基地打工，每人每月能得到 2000 余元工资。

第三，改革必须积极发展农民股份合作。土地是农村和农民最重要的资源，栗木村实行股份制合作，打造"股份农民"，让农民在"耕者有其田"的基础上实现"耕者有其股"。引导农民以土地经营权入股企业、农民合作社、家庭农场等经营主体，是创新农业生产经营机制、发展农业适度规模经营、建立农民与各类经营主体利益联结机制的有效形式。农区在全面完成农村土地承包经营权确权登记颁证的基础上，以充分尊重农民意愿为前提，放活土地经营权，鼓励和推动农民以土经营权入股各类经营主体，推动各种现代生产要素向农业积聚，为盘活农村资源要素、发展现代生态农业、促进农民持续增收探索新的路径；同时，着力推进农村集体资产确权到户和股份合作制改革，赋予农民更多的财产权利。

参考文献

［1］裴小革：《新自由主义产权理论与马克思主义产权理论比较》，《政治经济学评论》2004 年 7 月。

［2］徐颖：《马克思的产权理论》，《中国特色社会主义研究》2004 年 6 月。

［3］梅金兰：《论我国对私有财产权保护之完善——以西方财产权理论与视角》，《法制与社会》2013 年 1 月。

［4］白云扑、惠宁：《马克思经济学与新制度经济学产权理论的比较》，《经济纵横》2013 年 1 月。

［5］《中共中央　国务院关于实施乡村振兴战略的意见》，《人民日报》2018 年 2 月 5 日。

［6］中共中央、国务院：《关于稳步推进农村集体产权制度改革的意见》，《中华人民共和国农业部公报》2017 年 1 月 20 日。

［7］周念群、杨立新、周红霞：《乡村振兴战略中人才支撑问题研究》，《济南职业技术学院学报》2018 年 8 月 15 日。

［8］朱启臻：《乡风文明是乡村振兴的灵魂所在》，《农村工作通讯》2017 年 12 月 19 日。

［9］刘晓雪：《新时代乡村振兴战略的新要求——2018 年中央一号文件解读》，《毛泽东邓小平理论研究》2018 年 3 月 31 日。

［10］常颖：《大庆乡村产业兴旺发展的对策建议》，《中国市场》2018年第12期。

［11］陈锡文：《实施乡村振兴战略，推进农业农村现代化》，《中国农业大学学报（社会科学版）》2018年第35期。

［12］孔祥智：《产业兴旺是乡村振兴的基础》，《农村金融研究》2018第2期。

［13］万俊毅、曾丽军、周文良：《乡村振兴与现代农业产业发展的理论与实践探索——"乡村振兴与现代农业产业体系构建"学术研讨会综述》，《中国农村经济》2018年第3期。

［14］韩长赋：《构建三大体系推进农业现代化——学习习近平总书记安徽小岗村重要讲话体会》，《休闲农业与美丽乡村》2016年第6期。

［15］曾福生、蔡保忠：《以产业兴旺促湖南乡村振兴战略的实现》，《农业现代化研究》2018年第39期。

［16］孟丽、钟永玲、李楠：《我国新型农业经营主体功能定位及结构演变研究》，《农业现代化研究》2015年第36期。

［17］陈晓华：《大力培育新型农业经营主体——在中国农业经济学会年会上的致辞》，《农业经济问题》2014年第35期。

［18］胡冰川、杜志雄：《完善农业支持保护制度与乡村振兴》，《中国发展观察》2017年第24期。

［19］邵书慧：《湖北农村产业结构调整难点与对策探讨》，《科技创新月刊》2014年11月10日。

［20］邵书慧：《湖北农村产业结构调整难点与对策探讨》，《科技创新月刊》2014年11月10日。

［21］蔡文成：《基层党组织与乡村治理的现代化：基于乡村振兴战略的分析》，《理论与改革》2018年5月19日。

［22］张春华：《民间农村组织参与乡村治理的解释路径与工具选择——社会资本理论分析视角》，《理论与改革》2016年7月。

［23］吴海江、郭涛涛：《浅谈农民专业合作社面临的问题及对策——基于对新乡市部分农民专业合作社的调查》，《现代经济信息》2017年7月。

［24］张春华：《农村民间组织参与乡村治理的解释路径与工具选择——社会资本理论分析视角》，《理论与改革》2016年7月。

［25］吴海江、郭涛涛：《浅谈农民专业合作社面临的问题及发展对策——基于对新乡市部分农民专业合作社的调查》，《现代经济信息》2017年7月5日。

［26］陈钢勇：《协同治理背景下乡村社会组织培育发展研究——以诸暨市枫桥镇为例》，《江南论坛》2017年12月15日。

［27］李之凤：《关于农村乡土人才资源开发的研究》，《甘肃农业》2008年2月15日。

［28］吕蕾、黄玉、王大鹏、王晓峰：《城市化进程中失地农民安置措施研究》，《经济研究导刊》2011年4月25日。

［29］赵立娟、史俊宏：《可持续生计框架下的灌溉管理改革问题分析》，《贵州大学学报（社会科学版）》2012年1月25日。

［30］郭勇：《大方县：筑牢人才扶贫"新磁场"》，《毕节日报》2017年4月19日。

［31］梁艳：《（通讯员）贵州独山乡土人才"破茧而出"助脱贫》，《中国组织人事报》2017年9月11日。

［32］李惠男、苏鸿雁、闫宏伟：《让"人民小酒"美好更多人的生活——记党的十九大代表、贵州省岩博村党支部书记余留芬》，《思想政治工作研究》2017年12月。

［33］马刚、陈曦：《大山深处：小小吉他弹出大产业和弦》，《贵州日报》2015 年 8 月 31 日。

［34］张天运：《欠发达县市人才队伍建设的思考》，《人才资源开发》2010 年 11 月 10 日。

［35］常一青：《民族地区乡土人才队伍建设的现状、问题及对策研究——以武陵山区为例》，《中南民族大学学报（人文社会科学版）》2015 年 1 月 20 日。

［36］曲直、刘照亭、王敬根、傅反生：《乡土人才开发的途径、制约及对策——镇江农科所开展科技服务和乡土人才培养工作的实践》，《江苏农村经济》2008 年 11 月 10 日。

［37］曲直、刘照亭、王敬根、傅反生：《乡土人才开发的途径、制约及对策——镇江农科所开展科技服务和乡土人才培养工作的实践》，《江苏农村经济》2008 年第 11 期。

［38］张敏：《安康市乡土人才开发问题研究》，西北农林科技大学硕士论文，2014 年 4 月 1 日。

［39］项继权、周长友：《主体重构："新三农"问题治理的路径分析》，《吉首大学学报（社会科学版）》2017 年 10 月 31 日。

［40］王亚平：《浅析城乡利益关系与构建和谐社会》，《东方企业文化》2012 年 5 月 8 日。

［41］袁世华：《基于 SWOT 分析的山西农耕文化传承保护与开发利用研究》，山西农业大学硕士论文，2017 年 6 月 1 日。

［42］陈录琴：《新中国成立后乡风文明建设思想与实践研究》，《西华大学学报》，2017 年。

［43］檀江林、顾文婷：《社会主义新农村建设中乡风文明的有机生态系统构建》，《华中农业大学学报（社会科学版）》2011 年第 5 期。

［44］叶薇:《浙江景宁:乡村文化振兴战略的路径探索》,《中国文化报》2018 年 4 月 18 日。

［45］彭维锋:《探索乡村文化振兴的中国路径》,《农村工作通讯》2018 年 5 月。

［46］祝雪娟:《"五大路径"推进乡村振兴》,《河北经济日报》2018 年 3 月 21 日。

［47］杨启祥:《塘约村巨变给了我们什么启示?基层党建》,见 http://dangjian.gmw。

［48］郭新力:《中国农地产权制度研究》,华中农业大学博士论文,2007 年 1 月 1 日。

［49］李裴、罗凌、崔云霞、赵雪峰:《六盘水市农村"三变"改革调查》,《农村工作通讯》2016 年 3 月 21 日。

［50］乔贵星:《六盘水"三变"改革的现实意义》,《现代化农业》2017 年 8 月 15 日。

［51］李裴、罗凌、崔云霞、赵雪峰:《六盘水市农村"三变"改革调查》,《农村工作通讯》2016 年 3 月 21 日。

［52］刘远坤:《农村"三变"改革的探索与实践》,《行政管理改革》2016 年 1 月 10 日。

［53］马良灿、罗铄:《从确权到易权:农地产权改革的运行实践》,《贵州大学学报(社会科学版)》2018 年 10 月 25 日。

［54］马良灿:《多重逻辑视野下西部农村基层政权行为及其政权建设问题研究》,《学术论文联合对比库》2016 年 11 月 2 日。

［55］马良灿:《乡村振兴背景下农村基层治理体系创新》,《贵州民族报》2018 年 10 月 26 日。

［56］阿马蒂亚·森(著):《以自由看待发展》,中国人民大学出版社

2002 年版。

　　［57］阿马蒂亚·森、詹姆斯·福斯特著：《论经济不平等》，中国人民大学出版社 2015 年版。

　　［58］阿马蒂亚·森著：《再论不平等》，中国人民大学出版社 2016 年版。

　　［59］奥利弗威·威廉姆森著：《资本主义经济制度——论企业签约与市场签约》，商务印书馆 2002 年版。

　　［60］本杰明、克莱因等著：《纵向一体化、可占用租金与竞争性缔约过程》，上海人民出版社 1996 年版。

　　［61］纳克斯著：《不发达国家资本的形成问题》，商务印书馆 1966 年版。

　　［62］刘京生著：《中国农村保险制度论纲》，中国社会科学出版社 2000 年版。

　　［63］龙文军著：《谁来拯救农业保险：农业保险行为主体互动研究》，中国农业出版社 2004 年版。

　　［64］黄承伟编著：《中国扶贫行动》，五洲传播出版社 2015 年版。

　　［65］丘皓威：《我国普惠型农村金融改革理论与实践研究》，《学术论文联合比对库》2015 年 4 月 27 日。

　　［66］宁满秀：《农业保险与农户生产行为关系研究》，南京农业大学博士论文，2006 年 6 月 1 日。

　　［67］徐黎明：《中国农业保险的政府行为、利益博弈及制度创新研究》，华中师范大学博士论文，2016 年 5 月 1 日。

　　［68］中共中央、国务院印发：《乡村振兴战略规划（2018—2022 年）》，《农村工作通讯》，2018 年 9 月 26 日。

　　［69］中共中央、国务院印发：《乡村振兴战略规划（2018—2022 年）》，

《农村工作通讯》，2018 年 9 月 26 日。

［70］谢文博：《食品安全监管人员行政不作为影响因素分析》，《学术论文联合对比库》2011 年 11 月 17 日。

［71］王建华、马玉婷、王晓莉：《农产品安全生产：农户农药施用知识与技能培训》，《中国人口——资源与环境》2014 年 4 月 11 日。

［72］王建华、马玉婷、朱湄：《从监管到治理：政府在农产品安全监管中的职能转换》，《南京农业大学学报（社会科学版）》2016 年 7 月 25 日。

［73］沈费伟、刘祖云：《发达国家乡村治理的典型模式与经验借鉴》，《农业经济问题》2016 年 9 月 23 日。

［74］张姗：《美丽乡村建设国外经验及其启示》，《农业科学研究》2017 年 12 月 20 日。

［75］杨爱军：《图们江开发基础设施建设项目融资风险管理研究》，《学术论文联合比对库》2011 年 12 月 28 日。

［76］《畅流金融活水浸润农村大地——漫步乡村》，见 http://blog.sina.com。

责任编辑:高晓璐

图书在版编目(CIP)数据

农村产权改革与乡村振兴战略对接研究/伍国勇 等著. —北京:人民出版社,
　2019.7
ISBN 978 - 7 - 01 - 021008 - 7

Ⅰ.①农…　Ⅱ.①伍…　Ⅲ.①农村-产权制度改革-研究-中国②农村-
　社会主义建设-研究-中国　Ⅳ.①F321.1②F320.3

中国版本图书馆 CIP 数据核字(2019)第 133929 号

农村产权改革与乡村振兴战略对接研究
NONGCUN CHANQUAN GAIGE YU XIANGCUN ZHENXING ZHANLÜE DUIJIE YANJIU

伍国勇　等著

人民出版社 出版发行
(100706　北京市东城区隆福寺街 99 号)

环球东方(北京)印务有限公司印刷　新华书店经销

2019 年 7 月第 1 版　2019 年 7 月北京第 1 次印刷
开本:710 毫米×1000 毫米 1/16　印张:22.5
字数:338 千字

ISBN 978 - 7 - 01 - 021008 - 7　定价:66.00 元

邮购地址 100706　北京市东城区隆福寺街 99 号
人民东方图书销售中心　电话 (010)65250042　65289539